Die altorientalischen Kirchen

Christian Lange/Karl Pinggéra (Hrsg.)

Die altorientalischen Kirchen

Glaube und Geschichte

Einbandgestaltung: Peter Lohse, Büttelborn
Einbandabbildung: Gottesdienst im Antonius-Kloster
in Waldsolms-Kröffelbach am 8. 10. 2002;
© dpa – Bildarchiv

Gedruckt mit großzügiger Unterstützung
der Stiftung PRO ORIENTE, Wien.

Die Deutsche Nationalbibliothek verzeichnet diese Publikation
in der Deutschen Nationalbibliografie;
detaillierte bibliografische Daten sind im Internet über
http://dnb.d-nb.de abrufbar.

© 2010 by WBG (Wissenschaftliche Buchgesellschaft), Darmstadt
Die Herausgabe des Werkes wurde durch
die Vereinsmitglieder der WBG ermöglicht.
Gedruckt auf säurefreiem und alterungsbeständigem Papier
Printed in Germany

Besuchen Sie uns im Internet: www.wbg-wissenverbindet.de

ISBN 978-3-534-22052-6

Inhalt

V

Vorwort

„Fremd und faszinierend" – so beschreibt der Paderborner Theologe Johannes Oeldemann das östliche Christentum. Und so lassen sich wohl auch die Eindrücke beschreiben, die westliche Besucher und Besucherinnen vom Christentum des Orients oft mit nach Hause nehmen.

Viele entdecken nämlich erst durch Kontakte mit orientalischen Christen, sei es in der Gemeindearbeit vor Ort, im Urlaub oder auf einer Pilgerreise, dass das Christentum eine ursprünglich orientalische Religion ist. Jesus und seine Jünger haben zunächst in und im weiteren Umfeld von Jerusalem gewirkt. Die Bezeichnung „Christ" ist in Antiocheia (heute *Antakya*), der Hauptstadt des römischen Syrien, entstanden (*Apg* 11,26); und noch im achten Jahrhundert hat mit Johannes von Damaskus (ca. 650-750) ein Theologe eine wichtige Rolle für die byzantinische Kirche gespielt, der selbst bereits unter der Herrschaft der muslimischen Omayyaden – das heißt: außerhalb der Grenzen des Reiches – lebte.

Es ist das Anliegen dieses Bandes, eine allgemein verständliche Einführung in die Welt der altorientalischen Kirchen zu geben (zur konfessionskundlichen Bestimmung dieses Begriffs vgl. S. XI). Dabei geht es den Herausgebern nicht nur darum, die historische Entwicklung dieser Kirchen in knappen Übersichten darzustellen. Es ist ihnen ebenso ein Ziel, auf die sich rasch wandelnde Gegenwartslage einzugehen und einen Einblick in die Liturgie und Spiritualität der Christen im Orient sowie den aktuellen Stand des ökumenischen Dialoges zu bieten. Übersichtskarten und kurze Zusammenfassungen wichtiger Daten sowie Indices erleichtern dabei das Verständnis.

Die Herausgeber danken den Universitätsprofessoren Erich Renhart (Graz) und Dietmar W. Winkler (Salzburg) für Ihre Bereitschaft zur Mitarbeit an diesem Band. Herrn Guido Apel (Bamberg) gilt der Dank für die gelungene Gestaltung und Bearbeitung der Karten und Graphiken. Frau Martina Dremel (Bamberg), Frau Nina Stephan (Bamberg) und Herr Michael Leipold (Bamberg) sowie Katharina Willebrandt (Marburg) haben an der Erstellung der Druckvorlage und des Registers mitgewirkt. Arlett Rumpff (München) hat gründlich Korrektur gelesen, die Erstellung des Satzes wurde in bewährter Weise von Björn Röhrer-Ertl (Rothenburg ob der Tauber) vorgenommen. Die Druckvorbereitung des Bandes haben die Stiftung Pro Oriente (Wien), der Freundeskreis des Ostkirchlichen Instituts (Würzburg) und das Erzbistum Bamberg großzügig gefördert. Die Herausgeber danken im Besonderen Herrn Dr. Johann Marte, Herrn Prof. Dr. Walter Eykmann und H. H. Domkapitular Prälat Luitgar Göller. In gleicher Weise wollen die Herausgeber der Wissenschaftlichen Buchgesellschaft in Darmstadt – in erster Linie Herrn Dr. Bernd Villhauer – für die Bereitschaft zur Drucklegung dieses Bandes und die stets kooperative Arbeitsatmosphäre danken.

Dieser Band möchte einen Beitrag dazu leisten, dass alle Christen durch ein besseres Verständnis dem Wunsch Jesu näher kommen: „auf dass alle eins seien!" (*Joh* 17,11).

Die Herausgeber

Einleitung

Christian Lange, Karl Pinggéra

Das Christentum des Nahen und Mittleren Ostens ist im abendländischen Kulturkreis eine weithin unbekannte Größe geblieben. Das mag damit zu tun haben, dass sich die Wahrnehmung des Orients oft schwerpunktmäßig auf den Islam richtet. Nur gelegentlich findet das orientalische Christentum die Aufmerksamkeit einer breiteren Öffentlichkeit. In der Berichterstattung zum Irak etwa wird seit dem jüngsten Golfkrieg immer wieder auf die Besorgnis erregende Lage der einheimischen Christen hingewiesen. Aus Ägypten werden Meldungen weitergegeben, die von wiederholten Gewalttaten an Christen sprechen. Wird die krisenhafte Entwicklung des Libanon ins Visier genommen, fehlen nicht Mitteilungen über politische Gruppierungen eines noch immer relativ hohen christlichen Bevölkerungsanteils. Die Eigenart der Kirchen, zu denen Christen im Orient gehören, rückt dabei allerdings kaum in das Blickfeld.

Zunächst einmal ist festzuhalten, dass das Christentum im Orient zum allergrößten Teil *kein* Produkt von Missionsbemühungen aus Europa oder Nordamerika ist. Seit der Zeit der Apostel lassen sich im Orient die Spuren einer kontinuierlichen Christentumsgeschichte verfolgen. Im Westen wird leicht vergessen, dass die christliche Religion im Orient entstanden ist, hier ihre früheste Verbreitung gefunden und ihre erste Ausprägung erfahren hat. Auf orientalische Christen muss es deswegen befremdlich wirken, wenn sie von westlichen Gesprächspartnern in der Annahme, ihre Konversion sei sicher erst in der jüngeren Vergangenheit geschehen, gelegentlich gefragt werden, wann sie oder ihre Familie denn zum christlichen Glauben gekommen seien.

In konfessioneller, ethnischer und sprachlicher Hinsicht gleicht die Christenheit des Orients einem vielfarbigen Mosaik. Die je eigene Geschichte, Liturgie und Spiritualität der verschiedenen Kirchen mutet manchmal fremd an. Eine genauere Kenntnis des orientalischen Christentums ist deswegen aber um so wünschenswerter. Einige der orientalischen Kirchen bewahren gottesdienstliche und theologische Traditionen des ältesten Christentums auf. Über Jahrhunderte pflegten sie in unterschiedlichen Sprachen eine reiche Literatur, die zum gemeinsamen Erbe des Christentums wie auch des Orients zählt. Unter islamischer Herrschaft wurden die Christen zwar Zug um Zug zu einer religiösen Minderheit, doch haben sie weiterhin wichtige Beiträge zum kulturellen, wissenschaftlichen und politischen Leben geleistet. Das gilt in manchen Ländern des Nahen und Mittleren Ostens unvermindert bis heute fort. Im orientalischen Christentum begegnen wir der wechselhaften Geschichte einer religiösen Minderheit unter islamischer Herrschaft. Die Erfahrungen, die von orientalischen Christen dabei gemacht wurden und werden, sollten zum selbstverständlichen Bestandteil christlich-islamischer Dialoge gehören.

Die Beschäftigung mit dem Christlichen Orient trägt auf ihre Weise dazu bei, ein einseitig auf Europa fixiertes Bild des Christentums zu überwinden. Angesichts des Zusammenwachsens der einen Welt, des zunehmenden Austausches zwischen Völkern und Kulturen war Ostkirchengeschichte für den Marburger Kirchenhistoriker Peter Kawerau (1915-1988) „nicht Ausdruck eines abseitigen, weltfremden Spezialistentums, sondern Ausdruck des Fortschritts der theologischen Wissenschaft auf dem Gebiet der Kirchengeschichte." Wer von ihr keine Notiz nehme, müsse sich darüber im Klaren sein,

„dass er ein objektiv falsches, den modernen Anforderungen nicht genügendes Geschichtsbild mit sich durchs Leben trägt, das moderne wissenschaftliche Erkenntnisse einfach
ignoriert" (Kawerau, P.: *Einführung in das Studium der Ostkirchengeschichte*, Marburg
1984, 6).

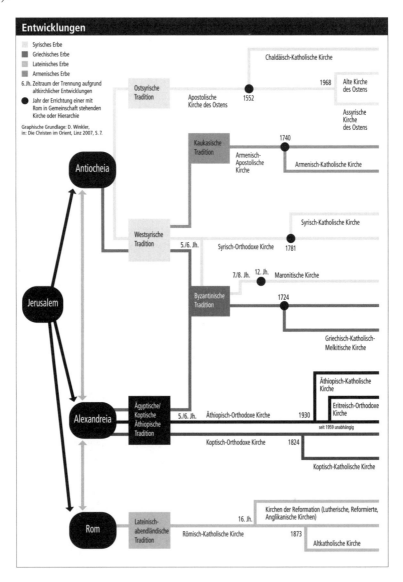

Die Beschäftigung mit dem Christlichen Orient trägt dann auch dazu bei, die Landkarte christlicher Konfessionen im eigenen Land besser lesen zu lernen. Die Migrations-
bewegungen der jüngeren Vergangenheit haben dazu geführt, dass alle im vorliegenden
Band behandelten Kirchen heute als Teil ihrer weltweiten Diaspora in den Staaten des
deutschen Sprachraums vertreten sind. Gemeinden orientalischer Kirchen sind damit in

unsere unmittelbare Nähe gerückt. Aber erst historische und konfessionskundliche Grundkenntnisse über „die Anderen" ermöglichen das Gelingen ökumenischer Kontakte.

Bei den Kirchen, die im vorliegenden Band vorgestellt werden, handelt es sich um eine Auswahl, von der die Welt des Christlichen Orients nicht erschöpfend erfasst wird. Gegenstand unseres Bandes sind diejenigen Kirchen, die sich von der römisch-byzantinischen Reichskirche getrennt haben. Es entspricht einer konfessionskundlichen Tradition, diese Kirchen unter dem Begriff „altorientalisch" zusammenzufassen (vgl. etwa Müller: *Geschichte der orientalischen Nationalkirchen*, 269f.). Wie zu zeigen sein wird, waren für diese Trennung unterschiedliche Auffassungen in der Christologie ausschlaggebend. Um der besseren Orientierung willen scheint es ratsam, schon an dieser Stelle die einander widerstreitenden theologischen Diskurse kurz zu benennen. Die folgende konfessionskundliche Orientierung soll zudem deutlich machen, warum es durchaus stimmig und sinnvoll ist, sich in einem Band allein auf die „Altorientalen" zu konzentrieren.

Die Reichskirche hatte sich auf dem Konzil von Chalkedon (451) darauf festgelegt, von *einer* „Person" (Hypostase) und *zwei* Naturen, nämlich einer göttlichen und einer menschlichen, in Christus zu sprechen, um das Wesen des Gottessohnes angemessen zu beschreiben. Die Christen Persiens nahmen im Laufe des fünften bis siebten Jahrhunderts mehrheitlich eine Lehre an, wonach Christus nicht nur in zwei Naturen, sondern auch in *zwei* „Hypostasen" in einer Person existierte. Nicht nur organisatorisch, sondern auch dogmatisch war die Persische Kirche nun von der Reichskirche getrennt. Diese einst die Weiten Asiens umspannende Missionskirche bezeichnet sich selbst als „Apostolische Kirche des Ostens der Assyrer".

Schon im fünften Jahrhundert wurde Chalkedon auch von einer anderen Seite her angegriffen: Dort lehnte man die Rede von den zwei Naturen ab und lehrte die *eine* gottmenschliche Natur Christi. Im Laufe des sechsten und siebten Jahrhunderts entstanden im ganzen Orient eigene Kirchen, die sich aus dem Reichskirchenverband lösten, um dieser sogenannten „miaphysitischen" Lehre anzuhängen (griech.: *mia physis*, „eine Natur"). Dazu gehören die Äthiopische, Armenische, Eritreische, Koptische, Syrische und Malankara Orthodoxe Kirche. Im Sprachgebrauch heutiger Ökumene werden diese miaphysitischen Kirchen als „orientalisch-orthodoxe" Familie bezeichnet. Diese orientalisch-orthodoxen Kirchen werden im vorliegenden Buch zusammen mit der Apostolischen Kirche des Ostens unter der Bezeichnung „altorientalisch" zusammengefasst.

Der Ausdruck „östlich-orthodox" findet dagegen auf jene Kirchen Anwendung, die zur byzantinischen Kirchenfamilie zählen (und die im vorliegenden Band nicht behandelt werden). An erster Stelle stehen hier die alten reichskirchlichen Patriarchate von Konstantinopel, Alexandreia, Antiocheia und Jerusalem; es folgen die teils viel größeren Kirchen Ost- und Südosteuropas (etwa die Russische, die Serbische, die Rumänische oder die Bulgarische Orthodoxe Kirche). Innerhalb dieser Kirchengemeinschaft genießt der Patriarch von Konstantinopel einen Ehrenvorrang. Die drei im Nahen Osten gelegenen Patriarchate von Alexandreia, Antiocheia und Jerusalem werden in der Regel „griechisch-orthodox" genannt. Darin spiegelt sich die Tatsache, dass sie aus der alten, griechisch-sprachigen Reichskirche hervorgegangen sind. Nur im Fall des alexandrinischen Patriarchates ist der Ausdruck „griechisch" heute noch bis zu einem gewissen Grad ethnisch gedeckt. Das Patriarchat umfasst in Ägypten nach wie vor eine stark geschrumpfte Zahl von Gläubigen, die sich in kultureller Hinsicht als Hellenen verstehen, während in Schwarz-

Einteilung nach Johanens Oeldemann: Die Kirchen des christlichen Orients, S. 10–14

afrika aber auch Angehörige einheimischer Völker missioniert wurden. In Jerusalem liegt lediglich die Kirchenleitung in den Händen von Griechen, das Kirchenvolk besteht aus Arabern. In Antiocheia sind Kirchenvolk und Kirchenführung arabisch.

Im Falle Alexandreias und Antiocheias tritt uns die Spaltung des orientalischen Christentums in besonderer Schärfe vor Augen. Denn hier begegnen uns jeweils mehrere Patriarchen, die den Namen der Stadt in ihrem Titel führen. So nennt sich das Oberhaupt der Griechisch-Orthodoxen, der Koptisch-Orthodoxen und der Koptisch-Katholischen Kirche jeweils „Patriarch von Alexandreia". Den Titel eines Patriarchen von Antiocheia führen sogar fünf Kirchenführer: der griechisch-orthodoxe, der griechisch-katholische, der syrisch-orthodoxe, der syrisch-katholische und der maronitische Patriarch. Vergegenwärtigen wir uns, was der Titel „Patriarch" nach allgemein ostkirchlichem Verständnis bedeutet: Haupt und Vater einer eigenständigen, sich selbst regierenden Kirche zu sein. Dass es in Alexandreia drei und für Antiocheia sogar fünf Patriarchen gibt, ist nach alt- und ostkirchlichem Verständnis etwas, was es eigentlich nicht geben darf; denn grundsätzlich kann es in einer Stadt nur einen Bischof geben.

Wie die Titulaturen der einzelnen Patriarchen anzeigen, führte das Bestreben der Römisch-Katholischen Kirche, die Orientalen in die Gemeinschaft mit bzw. unter dem römischen Papst zu führen, in Mittelalter und früher Neuzeit zu einer weitgehenden Verdoppelung der Hierarchien. Zu den östlich-orthodoxen und altorientalischen Kirchen traten mit Rom „unierte" Kirchen: zu den drei griechisch-orthodoxen Patriarchaten die Griechisch-Katholische (auch „Melkitisch" genannte) Kirche; zur Apostolischen Kirche des Ostens die Chaldäische Kirche; zu den orientalisch-orthodoxen Kirchen die Äthiopisch-, Armenisch-, Koptisch- und Syrisch-Katholische Kirche; in Indien entstanden ferner die Syro-Malabarische und die Syro-Malankarische Kirche, die dem ost- bzw. westsyrischen Ritus folgen. Dabei konnte in der Regel nur ein kleinerer Teil des Klerus und der Gläubigen gewonnen werden, die nun unter eigenen, in Gemeinschaft mit Rom stehenden Patriarchen geleitet werden. Lediglich der im Libanon beheimateten maronitischen Kirche fehlt ein orthodoxes Pendant. Sie gehört zum Zweig des syrischen Christentums und hat ihre Zugehörigkeit zu Rom schon im Mittelalter ohne Spaltung erklärt.

Es entspricht dem evangelischen Verständnis vom Wesen der Kirche, dass die zahlreichen protestantischen Kirchen des Orients keinen Anspruch auf die altkirchlich-patriarchalen Titel und die damit verbundenen Leitungsansprüche erheben. Dennoch haben auch die protestantischen Christen ihre Ursprünge zumeist in den alten östlich-orthodoxen und orientalisch-orthodoxen Kirchen. Die europäischen und nordamerikanischen Missionsgesellschaften beabsichtigten seit dem 19. Jahrhundert zwar, Muslime für den christlichen Glauben zu gewinnen, doch waren solche Versuche zum Scheitern verurteilt. Das islamische Gesetz verbietet den Übertritt zu einer anderen Religion. Apostasie gilt als todeswürdiges Verbrechen. So waren es Angehörige der alteingesessenen Kirchen, die zu den nun auch im Orient vertretenen protestantischen Kirchen übertraten.

Die Gruppe der Kirchen, die wir als „altorientalische" zusammenfassen, hebt sich in mehrfacher Hinsicht von den übrigen Kirchen des Orients ab: Durch ihre ekklesiale Eigenständigkeit haben sie das eigene orientalisch-christliche Erbe vollständiger als andere Kirchen bewahren können. So waren die östlich-orthodoxen Patriarchate seit dem Mittelalter und erst recht in der Neuzeit unter den Einfluss des Patriarchates von Konstantinopel geraten. Ihre eigene Prägung auf dem Feld der Liturgie, der Spiritualität, der Theologie wie auch des kirchlichen Rechts haben sie dadurch weithin verloren. Erst in jüngster Zeit werden Bemühungen erkennbar, das ursprüngliche Erbe wieder zu entdecken und zu pflegen – vor allem im Patriarchat von Antiocheia. Die protestantischen Kirchen folgen ohnehin durchgehend westlichen Ausdrucks- und Reflexionsformen des Glaubens. Die mit Rom unierten Kirchen, auch jene, die das Seitenstück zu einer orientalisch-orthodoxen Kirche darstellen, folgen zwar in Fragen des Ritus der eigenen Tradition. Doch war die Pflege ihres Erbes lange Zeit verknüpft mit den Schwierigkeiten, die sich aus der Zugehörigkeit eines auf Rom zentrierten Weltkatholizismus ergaben. Bis weit in das 19. Jahrhundert hinein lässt sich beobachten, dass Frömmigkeit, Kult und Disziplin immer stärker der lateinischen Kirche angeglichen wurden. Diese Vorgänge werden zu Recht als „Latinisierung" beschrieben. Obwohl spätestens das Zweite Vatikanische Konzil (1962-1965) die katholischen Ostkirchen dazu ermutigte, zu ihren eigenen Traditionen wieder zurückzukehren, ist das Problem der Latinisierung noch keineswegs überall gelöst worden. Das gilt auch für das Gebiet des kirchlichen Rechts. Es liegt zwar ein neues Rechtsbuch für die unierten Kirchen vor, doch wird von nicht wenigen Kanonisten die Auffassung vertreten, dass dabei den Eigenheiten ostkirchlicher Rechtsauffassung zu wenig Raum gewährt wurde.

Die Eigentümlichkeit der altorientalischen Kirchen zeigt sich nicht zuletzt in der Pflege ihrer Liturgien. Allein schon die Sprachen, in denen hier Gottesdienst gefeiert wird, macht etwas von der Vielfalt der altorientalischen Kirchen deutlich. Neben semitischen Sprachen (Äthiopisch, Syrisch, Arabisch) finden auch eine afro-asiatische Sprache (Koptisch), eine indoeuropäische Sprache (Armenisch) und eine dravidische Sprache (das südindische Malayalam) Verwendung. Geographisch reicht der Radius unseres Bandes vom Kaukasus bis zu den Quellen des Nils und von der Levante bis an die Südspitze Indiens. Dort, im südindischen Bundesstaat Kerala, führen sich die Christen auf die Predigttätigkeit des Apostels Thomas zurück. In einer überaus komplexen Kirchengeschichte hat sich dieses Thomaschristentum in den letzten fünf Jahrhunderten auf eine Vielzahl von christlichen Konfessionen verteilt. In unserem Zusammenhang werden wir mehrfach nach Kerala geführt: Neben zwei mit Rom unierten Kirchen verteilt sich die

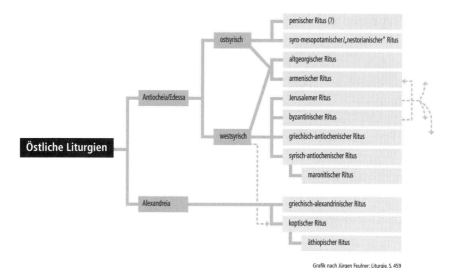

Grafik nach Jürgen Feulner: Liturgie, S. 459

Thomaschristenheit heute auch auf Kirchen der syrisch-orthodoxen Tradition und auf die Apostolische Kirche des Ostens.

Nach dem bisher Gesagten wird es sinnvoll erscheinen, wenn zwei Themen vorab dargestellt werden, da sie das orientalische Christentum als Ganzes bzw. weithin betreffen: die christologischen Diskussionen der Alten Kirche und die Lebensbedingungen unter dem Islam (Christian Lange, S. 1-20).

Danach werden die einzelnen Kirchen in historischen Längsschnitten dargestellt (Karl Pinggéra, S. 21-88). Hier sollen wesentliche Stationen ihres Werdens bis in die Gegenwart vorgestellt werden. Voran steht die Apostolische Kirche des Ostens der Assyrer, der aufgrund ihrer singulären konfessionellen Stellung und der weiten geographischen Ausdehnung, die sie im Laufe der Geschichte erreichte, etwas mehr Raum gegeben wird.

Schließlich wurden aus der Fülle möglicher Einzelaspekte zwei Themen ausgewählt, die näher entfaltet werden: die altorientalischen Kirchen in der Ökumene (Dietmar W. Winkler, S. 89-122) sowie ihre Liturgie und Spiritualität (Erich Renhart, S. 123-158). Hier wird Hintergrundwissen vermittelt, das in besonderer Weise zum besseren Verständnis und zur gelingenden Begegnung mit altorientalischen Kirchen beitragen kann. Über andere Themenfelder kann man sich leicht einen Zugang über die im Literaturverzeichnis genannten Handbücher erschließen.

Um dem Charakter einer Einführung besser entsprechen zu können, erleichtern Übersichtsgraphiken und Landkarten die Orientierung. Die wenigen ausgewählten Quellenangaben finden sich im Fließtext kurz zitiert; die vollständigen Angaben können dem Quellen- und Literaturverzeichnis ab Seite 163 entnommen werden. Für die Eigennamen und Fachbegriffe aus den verschiedenen orientalischen Sprachen wurde bewusst eine stark vereinfachende Wiedergabe gewählt. Ein Glossar erläutert wichtige Fachbegriffe, die im Text nicht bzw. nicht immer an Ort und Stelle erklärt werden.

Die altorientalischen Kirchen: Dogmengeschichtliche Orientierung – Leben im Haus des Islam

Christian Lange

Im vorliegenden Band wird auf S. 21-88 die geschichtliche Entwicklung der Christen im Orient getrennt nach einzelnen Kirchen behandelt. Um Wiederholungen zu vermeiden, sollen zwei grundlegende Themen vorab behandelt werden, von denen alle bzw. mehrere Kirchen betroffen sind: die Diskussion um das wahre Wesen Christi, weil durch sie die Kircheneinheit im Orient zerbrochen ist; und die Lebensbedingungen der orientalischen Christen im Haus des Islam, in dem diese seit dem siebten Jahrhundert leben.

1. Dogmengeschichtliche Orientierung: Der Christus-Glaube in der Alten Kirche und der Zerfall der kirchlichen Einheit im Orient

1.1 Die Anfänge der Christologie in den neutestamentlichen Schriften

In seinem Standardwerk *Jesus der Christus im Glauben der Kirche* führt Alois Grillmeier aus, dass der Ursprung der Christologie, also der Frage nach dem Dasein Christi als Gott und Mensch, in der judenchristlichen Urgemeinde zu suchen sei (Grillmeier: *Jesus der Christus I*, 14). Auf die im Judentum verwurzelten Jünger habe Jesu öffentliches Auftreten „messianisch" gewirkt. Daher habe die Überzeugung, dass der gekreuzigte Jesus von den Toten auferstanden sei, dazu geführt, dass Aussagen Jesu wie die über den kommenden „Menschensohn" von *Lk* 12,8 in der Rückschau „christologisch" erklärt worden seien: Die Auferstehung des Herrn sei deshalb als „Erhöhung und Inthronisation des Menschensohnes" gedeutet und weitere sich aus der jüdischen Messiaserwartung ergebende „Funktionen" und „Ehrentitel" seien auf Jesus übertragen worden. Diese Entwicklung habe zu einer Reflexion über die Frage geführt, wer Jesus gewesen sei. Dieses Nachdenken habe sowohl zu christologischen Hoheitstiteln wie zu „christologischen" Bekenntnisformeln geführt, die bereits in den neutestamentlichen Schriften greifbar werden. So setzen die synoptischen Evangelien Jesus beispielsweise mit dem „Gesalbten" (griech. *Christos*) gleich (*Mk* 8,29), sprechen ihn als „Sohn Davids" (*Mk* 12,35) und „Sohn Gottes" (*Mk* 1,1) an oder nennen ihn den „Erlöser" (*Lk* 2,11) und den „Herrn" (*Mk* 12,36). Eine frühe Bekenntnisformel begegnet im *Brief an die Römer*, wo es von Jesus heißt: „der dem Fleisch nach geboren ist als Nachkomme Davids, der dem Geist der Heiligkeit nach eingesetzt ist als Sohn Gottes in Macht seit der Auferstehung von den Toten" (*Röm* 1,3-4).

Im *Brief an die Galater* entfaltet Paulus den Gedanken der Präexistenz Christi – der Vorstellung, dass der Sohn Gottes bereits vor der Welt existiert habe: „Als aber die Zeit erfüllt war, sandte Gott seinen Sohn, geboren von einer Frau und dem Gesetz unterstellt, damit er die freikaufe, die unter dem Gesetz stehen" (*Gal* 4,4). Im „Loblied auf Christus" des *Briefes an die Kolosser* wird Jesus als „das Ebenbild des unsichtbaren Gottes" und „Erstgeborener der ganzen Schöpfung", durch den „alles erschaffen" wurde, bezeichnet (*Kol* 1,15-16).

Die dem *Johannesevangelium* zu Grunde liegende Tradition schließlich identifiziert Jesus mit dem von Gott gesandten Logos. Er ist das endgültige „Wort" (*logos*), das Gott an die Menschen richtet: „Und der Logos ist Fleisch geworden und hat unter uns gewohnt, und wir haben seine Herrlichkeit gesehen, die Herrlichkeit des einzigen Sohnes vom Vater, voll Gnade und Wahrheit" (*Joh* 1,14). Im Gegensatz zu Moses, der den Menschen als Gottes Mittler das Gesetz brachte (*Joh* 1,17), ist Jesus mehr als Moses: Er ist der sich selbst offenbarende Gott (*Joh* 14,9), er ist Träger von Gnade und Wahrheit (*Joh* 1,14). Insofern ist der göttliche Logos selbst Gott (*Joh* 1,1), der einziggeborene Sohn des Vaters, der allein den Vater geschaut hat (*Joh* 1,18). Der Logos existiert deshalb über der Zeit, ist aber zugleich in der Schöpfung gegenwärtig und wirksam.

1.2 Die Diskussionen um die Einheit Gottes der ersten Jahrhunderte

An diese frühen christologischen Aussagen knüpften die Christen des zweiten Jahrhunderts an. Ihnen ging es um die Fragen: Wer war Christus? Und: Wie kann Gott nur ein einziges göttliches Wesen sein, wenn er einen Mensch gewordenen Sohn hat? Damit stand zunächst die Problemstellung im Vordergrund, die Einheit und Einzigkeit Gottes zu bewahren. Ein erster Lösungsansatz bestand beispielsweise darin, Jesus als einen gewöhnlichen Menschen, als Sohn des Josefs und der Maria, zu betrachten. Dieser sei während der Taufe von Gott adoptiert worden, als die Stimme des Vaters vom Himmel gerufen habe: „Du bist mein geliebter Sohn" (*Mk* 1,11). In Jesus hätten der Heilige Geist bzw. die göttliche Wirkkraft (*dynamis*) so gewirkt wie in den alttestamentlichen Propheten. Dieser „Adoptianismus" wird auch „dynamistischer Monarchianismus" genannt.

Ein anderes Denkmodell begriff Jesus als eine bloße Erscheinungsform (*modus*) des Vaters, weswegen der Sohn im Grunde genommen der Vater sei. Diesen „Modalismus" bzw. „modalistischen Monarchianismus" soll Noët aus Smyrna vertreten haben: „Dieser eine, welcher erschienen sei, der die Geburt aus der Jungfrau auf sich genommen und als Mensch unter Menschen geweilt habe, bekannte sich den Augenzeugen gegenüber als Sohn wegen der erfolgten Zeugung; denen aber, die es faßten, verbarg er es nicht, daß er der Vater sei" (Hipp., *ref.* 9,10,9). Daher rührt auch die Bezeichnung „Patripassianismus" für diese Vorstellung: Nach ihr muss Gott, der Vater (*pater*), selbst gelitten haben (*passus est*), da er sich den Menschen in der Erscheinungsform des Sohnes gezeigt hat.

Nach einer weiteren, zum Beispiel von Basileides von Alexandreia geäußerten Lehrmeinung, hat der von Gott gesandte Erlöser nur zum Schein einen Leib angenommen. Diese Auffassung wird als „Doketismus" (griech. *dokein*, „scheinen") bezeichnet. Dieser „Doketismus" findet seine Erklärung teilweise in der von vielen gnostisch orientierten Theologen geteilten Überzeugung, dass es zwei göttliche Prinzipien gebe, die sich gegenüber stehen: Der „gute Gott" des Neuen Testamentes, und der „Schöpfergott" – oder abwertend „Demiurg" – des Alten Testamentes. Der „gute Gott" stand dabei für die geistige, ideelle Welt, der „Schöpfergott" hingegen für die materielle Schöpfung, aus der die geistigen Seelen befreit werden mussten.

Gegen solche Ansichten haben „großkirchliche" Theologen die ersten zusammenhängenden Denkmodelle einer christlichen Trinitätslehre entwickelt. Tertullian von Karthago (ca. 160-220) hat präzise Formeln geprägt, die sowohl die Einheit Gottes als auch die Dreiheit der Personen von Vater, Sohn und Heiligem Geist zum Ausdruck bringen. Er hielt an der einen „Substanz" Gottes fest, in der die drei göttlichen Personen, in denen sich Gott den Menschen im Lauf der Heilsgeschichte mitteilt, leben. Das innere Verhältnis der göttlichen Personen zueinander hat dann vor allem Origenes (185-253/54) einer näheren Klärung zugeführt. Gott ist für ihn im strengen Sinne nur der Vater. Der Sohn, der vom Vater in einer ewigen „Zeugung" hervorgebracht wird, ist ihm untergeordnet. Die relative Eigenständigkeit der göttlichen Personen findet ihren terminologischen Niederschlag, wenn Origenes für sie den Begriff „Hypostasen" verwendet. Damit stand das begriffliche Instrumentarium bereit, mit dem im vierten Jahrhundert um die Frage nach dem Verhältnis der göttlichen Personen zueinander gerungen wurde.

1.3 Der Areianische Streit

Im vierten Jahrhundert beschäftigte die Christen im Römischen Reich eine Streitfrage, die mit dem Namen des Areios (ca. 260-336), eines Presbyters in Alexandreia, verbunden ist: die Frage, inwieweit der Sohn „eines Wesens" (*homoousios*) mit dem Vater sei oder nicht. Auch wenn umstritten ist, welche Lehrmeinung Areios tatsächlich vertreten hat, da von seinen Werken nur Fragmente erhalten sind, scheint das Festhalten am Monotheismus sein vordringliches Anliegen gewesen zu sein. Für ihn war der Sohn ein Geschöpf des Vaters – zwar das erste und bedeutendste aller Geschöpfe und vor allen Zeiten geschaffen, aber eben doch ein Geschöpf und somit dem Vater untergeordnet. Allein Gott, der Vater, war für Areios unvergänglich, ohne Anfang und ungeschaffen. Gott sei erst in dem Moment zum Vater geworden, als er den Sohn schuf.

Die Auffassungen des Areios sind auf den Widerstand des Bischofs Alexander von Alexandreia († 328) und seines Anhängers und späteren Nachfolgers Athanasios (ca. 295-373) gestoßen. Dieser beharrte darauf, dass der Sohn kein Geschöpf sei. Da Gott für Athanasios ein einziges „Wesen" (*ousia*) und eine einzige „Hypostase" (*hypostasis*) war, musste der Sohn „eines Wesens" mit dem Vater sein, wenn er vollständig Gott – und eben kein Geschöpf – sein sollte. Daher ist der areianische Streit im Laufe der Zeit auch zu einer Auseinandersetzung um dieses Schlüsselwort der „Homoousie" des Sohnes geworden.

Samt seinen Anhängern wurde Areios wohl 318/19 aus der Kirche von Alexandreia ausgeschlossen. Da die Bischöfe Euseb von Kaisareia (ca. 260-340) und Euseb von Nikomedeia († 341) Areios hingegen unterstützten, weitete sich der Streit aus. Er führte dazu, dass Kaiser Konstantin zu einem neuen Mittel griff, um die Frage zu lösen: Er berief die Bischöfe des Reichs zu einem Konzil, das im Jahr 325 in Nikaia zusammentrat. Dort setzten sich die Gegner des Areios durch. Die Väter des Konzils formulierten nämlich, dass der Sohn aus dem Vater „geboren", aber nicht „geschaffen" sei. Der Sohn müsse das Wesen des Vaters teilen, also „eines Wesens mit dem Vater" sein, da Gott nur ein Wesen und eine Hypostase sei. Der Sohn ist dabei dem Vater nicht untergeordnet, sondern wie dieser selbst Schöpfer, weil „durch ihn alle Dinge geschaffen worden sind" (vgl. *Joh* 1,3). Daher habe es auch keine Zeit gegeben, in der er nicht gewesen wäre (Wohlmuth: *Decreta*, 5).

Mit diesem Konzilsbeschluss war die Diskussion aber nicht beendet, sondern dauerte bis in das letzte Viertel des vierten Jahrhunderts an. Im Grunde genommen standen sich Vertreter zweier Sichtweisen gegenüber. Für die einen existierten drei göttliche Hypostasen (Vater, Sohn und Heiliger Geist), die sich in ihrem Rang und ihrer Herrlichkeit unterschieden (vgl. das Glaubensbekenntnis der sogenannten „Kirchweihsynode" von Antiocheia 341; Kelly: *Glaubensbekenntnisse*, 266-267). Für die anderen gab es nur ein Wesen und eine Hypostase in Gott. Daher musste der Sohn „eines Wesens" mit dem Vater sein. Ein Kompromiss zwischen beiden Zugangsweisen schien kaum möglich. Deshalb entstand in den 350er Jahren eine neue Richtung, die eine Diskussion der umstrittenen Fachbegriffe dadurch ausklammern wollte, dass sie diese einfach mit dem Hinweis verbot, sie seien nicht biblisch. Stattdessen wurde der Sohn als dem Vater „ähnlich (*homoios*) in allen Dingen" beschrieben. Auf einer Doppelsynode von Seleukeia und Arminium wurde dieses „homöische" Bekenntnis 359/60 zur Norm im gesamten Reich erklärt.

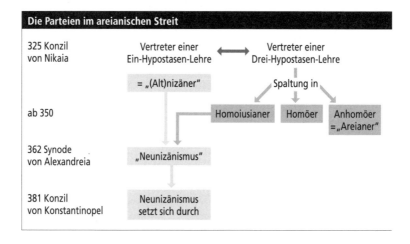

Im Widerspruch zu dieser Formel verständigten sich die Anhänger des Konzils von Nikaia (die „Altnizäner") mit gemäßigten Verteidigern der Drei-Hypostasen-Lehre („Homoiousianern") auf einer Synode von Alexandreia (362). Die theologische Grundlage für den Kompromiss leistete die sogenannte „neunizänische" Theologie, indem sie die bis dahin als gleich gebrauchten Begriffe „Wesen" und „Hypostase" neu deutete. Seit dieser begrifflichen Klärung bezeichnete das „Wesen" die Einheit Gottes, während die drei gleichrangigen (!) „Hypostasen" die Personen von Vater, Sohn und Heiligem Geist umschrieben. Basileios von Kaisareia (ca. 329-379) veranschaulichte dies so: „Die Unterscheidung zwischen Natur und Hypostase ist dieselbe wie zwischen dem Gemeinsamen und dem Besonderem, z.B. zwischen dem Lebewesen und diesem bestimmten Menschen" (*ep.* 236,6). Mit dieser begrifflichen Trennung konnte auch für Befürworter der Drei-Hypostasen-Lehre der Sohn dem Vater als „aus dem gleichen Wesen" (*homoousios*) bekannt werden. Auf Grund der Unterstützung des Kaisers Theodosios (379-395), der in dem Edikt *Cunctos Populos* von 380 den Glauben der Bischöfe von Rom und Alexandreia als verbindlich für die Bewohner des Reichs erklärte, vermochte sich diese „neunizänische" Richtung durchzusetzen. Die später als Zweites Ökumenisches Konzil anerkannte Synode von Konstantinopel hat 381 diese Entscheidung bekräftigt.

1.4 Der Beginn der vertieften christologischen Diskussion: Apollinarios von Laodikeia

Mit Apollinarios von Laodikeia (ca. 310-390) verschob sich der Akzent der Debatte. Zunächst hatte Apollinarios die nizänische Partei unterstützt. Nachdem die Gottheit des Logos anerkannt worden war, warf der Bischof von Laodikeia die Problematik auf, wie sich Gottheit und Menschheit in Christus zueinander verhielten. In dieser Problemstellung erwies sich Apollinarios als von Platons Lehre vom Menschen beeinflusst. Denn Apollinarios lehrte, dass der göttliche Logos bei seiner Menschwerdung zwar einen unbeseelten menschlichen Leib und eine menschliche Seele angenommen habe. Da sich seiner Meinung nach zwei vollkommene Dinge nicht miteinander vereinigen konnten, sei an die Stelle des menschlichen Geistes (*nous*) jedoch der göttliche Logos selbst getreten. Insofern erkannte Apollinarios auf der einen Seite zwar die vollständige Gottheit Christi an, lehnte aber auf der anderen Seite die Auffassung ab, Christus sei auch ein vollständiger Mensch gewesen. Christus war für Apollinarios demnach „Gott" bzw. „Geist im Fleisch" (*nous ensarkos*), weswegen sein christologisches Modell auch als „Logos-Sarx-Schema" bezeichnet wurde. Dieses Schema beinhaltet die Gefahr, den Fleisch gewordenen Logos zu einem gottmenschlichen Zwischenwesen zu machen, das kein vollständiger Mensch mehr ist.

Apollinarios stieß auf den Widerspruch insbesondere der drei „Kappadokier": Basileios von Kaisareia (329-379), Gregor von Nazianz (326-390) und Gregor von Nyssa (335-394). Diese bestanden aus soteriologischen Gründen darauf, dass Christus ein vollständiger Mensch gewesen sein müsse. Denn nur das könne erlöst werden, was vollständig angenommen worden sei. Die Frage, die Apollinarios aufgeworfen hatte – in welchem Verhältnis göttliches und menschliches Sein in Christus stehen – leitete gleichwohl die Auseinandersetzungen des fünften Jahrhunderts ein.

1.5 Die Auseinandersetzung um Nestorios

Durch diesen Anstoß des Apollinarios, das er in seinem christilogischen Modell ausführte, intensivierte sich die Diskussion um das Verhältnis zwischen Gottheit und Menschheit in Christus: die Christologie. Dabei standen sich zwei Denkschulen gegenüber: die antiochenische und die alexandrinische Denkrichtung.

Die Antiochenische Schule betonte die Zweiheit der Naturen in Christus. Theodor von Mopsuestia (ca. 350-429), ihr prominentester Vertreter, unterstrich: „So lehren uns

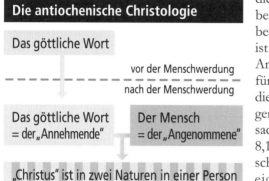

Die antiochenische Christologie

Das göttliche Wort

vor der Menschwerdung

nach der Menschwerdung

Das göttliche Wort = der „Annehmende"

Der Mensch = der „Angenommene"

„Christus" ist in zwei Naturen in einer Person

die heiligen Schriften den Unterschied der beiden Naturen. Dies müssen wir also unbedingt erkennen: wer der Annehmende ist und wer der Angenommene, daß der Annehmende die göttliche Natur ist, die für uns alles bewirkt hat, während dieser die menschliche Natur ist, die für uns angenommen worden ist von dem, der Ursache aller Dinge ist [...]" (Theod. *hom. cat.* 8,10). Theodor unterschied demnach zwischen dem göttlichen Logos, der sich als eigene Natur mit dem Menschen (*anthropos*), d.h. der menschlichen Natur in Christus, vereint hat. Deshalb ist diese Lehre auch als „Logos-Anthropos-Christologie" bekannt geworden. Die Einung der beiden Naturen vollzog sich für Theodor nicht auf der Ebene der Natur, sondern in der einen „Person" (*prosopon*). Folgerichtig sprachen Vertreter der antiochenischen Schule davon, dass Christus in zwei Naturen und einer „Person" existierend zu denken sei.

Der Vorteil dieser Position bestand darin, dass sie die Zweiheit Christi in den beiden Naturen der Gottheit und der Menschheit verständlich beschreiben konnte. Da sie den Terminus der „Person" (*prosopon*) wählten, um das Objekt der Einung der beiden Naturen in Christus zu beschreiben, und von einer „Einwohnung" des göttlichen Logos in dem angenommen Menschen sprachen, taten sie sich aber ungleich schwerer damit, darzulegen, dass sich Gottheit und Menschheit in Christus wirklich „geeint" hatten. Gegner dieser Anschauung warfen deshalb Theologen wie Theodor und seinen Anhängern vor, sie spalteten den einen Christus in zwei eigenständige, nur durch eine lose Verbindung miteinander geeinte selbstständige „Personen" auf, oder sie lehrten einen „Adoptianismus".

Im Gegensatz zu diesem eher rationalen Zugang bildete die Bibelstelle *Joh* 1,14 („und der Logos ist Fleisch geworden und hat unter uns gewohnt") den Ausgangspunkt für die alexandrinische Christologie. Kyrill, Bischof von Alexandreia (412-444), brachte diese Vorstellung in seinem *Zweiten Brief an Nestorios* zum Ausdruck, der, in Antiocheia theologisch ausgebildet, seit 428 als Bischof in Konstantinopel residierte: „Denn wir sagen nicht, daß die Natur des Wortes verwandelt wurde und Fleisch geworden ist; aber auch nicht, daß sie in einen ganzen Menschen aus Seele und Leib verwandelt wurde; vielmehr dies, daß das Wort, indem es das mit einer vernunftbegabten Seele beseelte Fleisch

Die alexandrinische Christologie

Das göttliche Wort

vor der Menschwerdung

nach der Menschwerdung

Das göttliche Wort ist Mensch geworden in einer zusammengesetzten Natur, Hypostase und Person

mit sich selbst der Hypostase nach einte, auf unaussprechliche und unbegreifliche Weise Mensch geworden und Menschensohn genannt worden ist, nicht alleine seinem Willen oder Gutdünken entsprechend, aber auch nicht allein gleichsam in der Annahme einer

Person; ferner behaupten wir, daß die Naturen, die sich zu einer wahrhaftigen Einheit verbunden haben, zwar verschieden [sind], Christus und der Sohn aber einer aus beiden [ist], nicht etwa weil der Unterschied der Naturen wegen der Einung aufgehoben worden wäre, sondern vielmehr weil die Gottheit und Menschheit durch die unaussprechliche und geheimnisvolle Verbindung zu einer Einheit uns den einen Herrn und Christus und Sohn gebildet haben" (Wohlmuth: *Decreta*, 41).

Für die Alexandriner vollzog sich die Einung der beiden Naturen Christi also auf der Ebene der Hypostase und der „Natur". Deshalb bestanden sie darauf, dass von einer „hypostatischen Union" der beiden Naturen ausgegangen werden müsse. Darunter verstanden sie die Vorstellung, dass der göttliche Logos sich mit dem vollkommenen, beseelten und vollständigen Fleisch so geeint habe, dass beide Naturen nach der Einung nurmehr eine einzige, zugleich göttliche und menschliche Hypostase, Natur und Person bildeten. Kyrill übernahm daher die – einer missverständlichen Deutung nicht verschlossene – Formel von der „einen Fleisch gewordenen Natur des Gott-Logos" (*mia physis tou theou logou sesarkomene*).

Die Stärke dieser Position bestand darin, dass es den Alexandrinern vergleichsweise einfach gelang, die Einheit der beiden Naturen in Christus zutreffend zu beschreiben. Es stellte sie aber vor eine große Herausforderung, darzulegen, dass Christus ein vollständiger Mensch geblieben sei, wenn sie zwar von zwei Naturen vor der Einung, aber nur noch einer – wenn auch „zusammengesetzten" – Natur nach der Einung ausgingen. Gegner dieser Auffassung konnten nämlich aus der Formulierung „zwei Naturen vor der Einung, aber nur eine Natur nach der Einung" schließen, dass die menschliche Natur in der göttlichen Natur aufgegangen sein müsse, wenn es nach der Einung der beiden Naturen in Christus nur noch eine Natur gebe. Der Fleisch gewordene Logos wäre damit kein vollständiger Mensch mehr.

Die Auseinandersetzung zwischen Kyrill und Nestorios begann damit, dass Nestorios in Predigten in Konstantinopel den Titel „Gottesgebärerin" (*theotokos*) für Maria ablehnte. Seiner antiochenischen Ausbildung folgend, bevorzugte er die Bezeichnung „Christusgebärerin" (*christotokos*), da er die beiden Naturen in der Person des einen Christus auseinander hielt. In seinem *Zweiten Brief an Kyrill* kam Nestorios zu der Schlussfolgerung: „Überall in der göttlichen Schrift, wo auch immer an das Heilshandeln des Herrn erinnert wird, wird uns Geburt und Leiden nicht der Gottheit, sondern der Menschheit Christi überliefert, so daß die heilige Jungfrau mit einem treffenderen Titel Christusgebärerin, nicht Gottesgebärerin genannt wird" (Wohlmuth: *Decreta*, 61).

Für Kyrill stellte sich der Sachverhalt anders dar. Von seiner alexandrinischen Grundüberzeugung ausgehend, musste Maria als „Gottesgebärerin" bezeichnet werden. Deshalb betonte er in den *Zwölf Anathematismen gegen Nestorios*, welche der Alexandriner seinem *Dritten Brief an Nestorios* beifügte: „Wer nicht bekennt, daß das Wort Gottes im Fleisch gelitten hat, im Fleisch gekreuzigt wurde, im Fleisch den Tod gekostet hat und der Erstgeborene aus den Toten geworden ist, da es ja als Gott Leben und Lebensspender ist, der sei mit dem Anathema belegt" (Wohlmuth: *Decreta*, 5). Weil das göttliche Wort „im Fleisch" geboren worden ist, musste Maria für Kyrill die „Gottesgebärerin" sein. Würde man sie nur „Christusgebärerin" nennen, so hieße dies, Maria sei allein die Mutter des Menschen Jesus, nicht aber die des Mensch gewordenen Logos Gottes. Wenn aber, so der Vorwurf, Maria nur den Menschen Jesus geboren habe, dann konnten sich die beiden Naturen zum Zeitpunkt seiner Geburt noch nicht miteinander vereint haben – und daher musste es eine Zeit gegeben haben, in der die menschliche Natur in Christus getrennt von der göttlichen Natur existiert habe. Folglich erweckte es für Kyrill den Anschein, als lehre Nestorios damit einen längst überwunden geglaubten „Adoptianismus".

Um den Streit zu schlichten, berief Theodosios II. im Jahr 431 ein Konzil nach Ephesos ein. Obwohl sich die Anreise der Antiochener verzögerte, eröffnete Kyrill mit seinen Gefolgsleuten die Synode, stellte fest, dass seine eigene Terminologie in Übereinstimmung mit dem Konzil von Nikaia sei und setzte Nestorios als Häretiker ab (*ACO* I,1,1/ 2, 45). Als Johannes von Antiocheia eintraf, protestierte er gegen das eigenmächtige Vorgehen Kyrills, erklärte dessen *Zwölf Anathematismen gegen Nestorios* für häretisch und

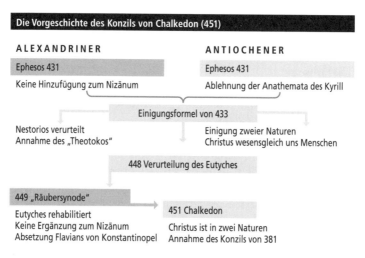

enthob Kyrill seines Amtes. Mit dem Beistand der römischen Legaten erklärte Kyrill daraufhin ebenfalls Johannes für abgesetzt, so dass das Konzil im Streit endete.

Auf kaiserlichen Druck kam es im Jahr 433 zu der *Einigungsformel* von Antiocheia, die einen Kompromiss zwischen beiden Positionen darstellte. Auf der einen Seite erkannten die Antiochener die Zulässigkeit des Ehrentitels „Gottesgebärerin" für Maria an. Auf der anderen Seite stimmte Kyrill antiochenischen Termini zu, mit welchen die Einung der beiden Naturen in Christus beschrieben wurde: „Wir bekennen also, daß unser Herr Jesus Christus, der einziggeborene Sohn Gottes, vollkommener Gott und vollkommener Mensch aus vernunftbegabter Seele und Leib, [...] am Ende der Tage aber unsretwegen und um unseres Heiles willen der Menschheit nach aus Maria, der Jungfrau, geboren wurde, daß derselbe wesensgleich ist dem Vater der Gottheit nach und wesensgleich uns der Menschheit nach. Denn es geschah die Einung zweier Naturen; deshalb bekennen wir [den] einen Christus, [den] einen Sohn, [den] einen Herrn. Entsprechend diesem Verständnis von der unvermischten Einung bekennen wir die heilige Jungfrau als Gottesgebärerin, weil Gott, das Wort, Fleisch und Mensch geworden ist und schon von der Empfängnis an den Tempel, den er aus ihr empfing, mit sich geeint hat" (*ACO* I.1,4, 8). – Im Gegenzug erreichte Kyrill, dass Nestorius endgültig abgesetzt wurde. Auf Dauer erwies sich der Kompromiss von 433 aber als brüchig.

1.6 Die Auseinandersetzung um Chalkedon

Extreme Anhänger der kyrillischen Christologie suchten eine Generation später nach Wegen, die Einigungsformel von 433 aufzuheben. Einer von ihnen war Eutyches, ein Klostervorsteher in Konstantinopel. Im Jahr 448 vor eine Synode in der Reichshauptstadt unter Vorsitz des Ortsbischofs Flavian im Jahr 448 zitiert, weigerte er sich, der Einigungsformel von 433 zuzustimmen. Stattdessen wollte er nur bekennen, dass Christus zwar aus zwei Naturen geworden sei, nach der Einung aber nur noch aus einer Natur bestehe (*post vero adunationem unam naturam confiteor*; zitiert im *Tomus Leonis*, Wohlmuth: *Decreta*, 81). Als ihn die Synode daraufhin absetzte, appellierte Eutyches an Kyrills Nachfolger, Dioskur, den Bischof von Alexandreia (441-451) und das Haupt des „kyrillischen Lagers". Leo von Rom schloss sich hingegen dem Urteil der Synode an. In seiner *Epistula dogmatica ad Flavianum Episcopum* vom 13. Juni 449, bekannt als *Tomus Leonis*, formulierte er die Zwei-Naturen-Lehre des Westens: „Unter Wahrung der Eigentümlichkeit jeder der beiden Naturen und durch ihre Einigung zu einer Person […] jede der beiden Gestalten wirkt nämlich in Gemeinschaft mit der anderen, was ihr eigen ist (*agit enim utraque forma cum alterius communione quod proprium est*), das heißt, das Wort wirkt, was des Wortes ist, und das Fleisch führt aus, was des Fleisches ist" (Wohlmuth: *Decreta*, 78).

Dioskur erreichte indes, dass der Kaiser für das Jahr 449 eine weitere Synode nach Ephesos einberief, deren Vorsitz er dem Alexandriner übertrug. Ohne auf die römischen Legaten zu warten, rehabilitierte die Synode Eutyches, wobei Vertretern der antiochenischen Richtung kein Stimmrecht eingeräumt wurde (*ACO* I,2,1/1, 90-91). Flavian von Konstantinopel wurde abgesetzt, die Einigungsformel von 433 mit dem Hinweis für überflüssig erklärt, das Bekenntnis von Nikaia (325) genüge, um den Glauben adäquat zu beschreiben. Während der Beratungen soll es zu Tumulten gekommen sein, bei denen Flavian so schwere Verletzungen erlitten haben soll, dass er wenig später seinen Wunden erlag. Angesichts dieser Vorgehensweise sprach Leo von einem „Räuberkonzil" (*ep. ad Pulcheriam Augustam*; *ACO* I,2,4, 51). Das alte Bündnis zwischen Rom und Alexandreia war somit zerbrochen.

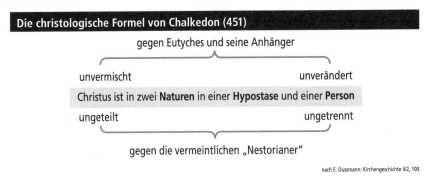

Die christologische Formel von Chalkedon (451)

gegen Eutyches und seine Anhänger

unvermischt · · · unverändert

Christus ist in zwei **Naturen** in einer **Hypostase** und einer **Person**

ungeteilt · · · ungetrennt

gegen die vermeintlichen „Nestorianer"

nach E. Dussmann: Kirchengeschichte II/2, 100.

Der Kaiserwechsel zu Markian ermöglichte es, dass zwei Jahre später ein erneutes Konzil in Chalkedon unweit der Kaiserstadt Konstantinopel zusammentrat. Dieses erklärte Dioskur für abgesetzt, weil er sich weigerte, sich vor der Synode zu rechtfertigen, als ihm wegen seines Verhaltens in Ephesos Vorwürfe gemacht wurden. Die Konzilsväter verfassten eine Glaubensentscheidung, die Christus als in *zwei* Naturen und in einer Hypostase und einer Person seiend beschrieb: „[E]in und derselbe Christus, Sohn, Herr, Einziggeborener, in zwei Naturen unvermischt, unverändert, ungeteilt und ungetrennt zu erkennen, in keiner Weise unter Aufhebung des Unterschieds der Naturen aufgrund der Einung, sondern vielmehr unter Wahrung der Eigentümlichkeit jeder der beiden Naturen und im Zusammenkommen zu *einer* Person und *einer* Hypostase" (Wohlmuth: *Decreta*, 86). Obwohl das Konzil nach den Unsuchungen von André de Halleux das theologische Anliegen Kyrills – die gott-menschliche Einheit des Erlösers zu bewahren – durchaus in seinem Sinne aufgenommen hat, sprach der Text dennoch von *zwei* Naturen. Schon bald bildete daher sich eine hartnäckige Opposition gegen Chalkedon.

1.7 Die gescheiterte Rezeption von Chalkedon

Die Opposition zu Chalkedon erfolgte vor allem aus zwei Beweggründen: Zum einen erblickten die Vertreter der kyrillischen Christologie eine Abkehr von den Anschauungen ihres Patriarchen. In Ephesos (431) verurteilt, kehre Nestorios durch die Zwei-Naturen-Lehre Chalkedons – so ihre Befürchtung – gleichsam durch die Hintertür zurück. Hinzu kam, dass die Absetzung Dioskurs nicht unbedingt dazu beigetragen hat, dass die ägyptischen Christen erfreut auf die Beschlüsse des Konzils blickten.

Greifbar wird die Auflehnung gegen die Beschlüsse von Chalkedon in Ägypten in der Person des Timotheos Ailuros (457–477). Nach der syrischen Übersetzung seiner Schrift *Widerlegung des Konzils von Chalkedon* bringt der Bischof von Alexandreia zum Ausdruck, dass für die Konzilsgegner die Begriffe Natur (*kyana*) und Hypostase (*qnoma*) einander bedingten: „Es gibt keine Natur, die nicht auch Hypostase ist, und keine Hypostase, die nicht Person (*parsopa*) ist. Wenn es also zwei Naturen gibt, gibt es auch mit aller Notwendigkeit zwei Personen und auch zwei Christoi, wie die neuen Lehrer verkünden" (Timoth. *ref. syn.*, PO 13, 229). Folglich konnte es in den Augen der Gegner des Konzils nur eine Natur und eine Hypostase in Christus geben, aber nicht zwei Naturen in einer Hypostase, wie das Konzil von Chalkedon definiert hatte. Timotheos erweist sich als Vertreter der alexandrinischen Christologie, indem er sich auf den Lehrsatz Kyrills berief, dass der Sohn „die eine Fleisch gewordene Natur des Gott-Logos" sei. Kyrill hatte diese Formel aufgegriffen, weil sie ihm als Lehrsatz des Athanasios untergekommen war, obwohl die Formel eigentlich von Anhängern des Apollinarios von Laodikeia in Umlauf gebracht worden war. Alois Grillmeier hat deshalb in seinem Werk *Jesus der Christus im Glauben der Kirche I* bedauernd festgehalten: „Das Richtige wäre nun gewesen, wenn Cyrill diese ‚apollinaristische' Sprache der Mia-Physis-Formel endgültig aufgegeben hätte. Damit wäre ohne Zweifel viel Verwirrung aus der weiteren Entwicklung des christologischen Dogmas ferngehalten worden. [...] Aber die apolinaristischen Fälscher hatten ihr Werk vortrefflich getarnt. Das Bewußtsein, vor einer kirchlich sanktionierten Formel zu stehen, hat Cyrill davon abgehalten, sie preiszugeben" (S. 677).

Die Gegner des Konzils gebrauchten den Kernsatz Kyrills nicht in dem Sinn, in dem ihn die Anhänger des Apollinarios (vgl. S. 5) verstanden hatten. Diese hatten die Auffassung vertreten, der göttliche Logos habe die Stelle des menschlichen Geistes in Christus eingenommen. Während Apollinarios dem Fleisch gewordenen Gott-Logos die Wesensgleichheit mit den Menschen absprach, stand dies für die Gegner von Chalkedon sehr wohl fest. Diese Überzeugung betont ebenfalls einer der bedeutendsten Theologen der Konzilsgegner, Bischof Severos von Antiocheia (512-518), dessen im Original auf Griechisch verfasste Schriften bis auf wenige Fragmente nur in syrischer Übersetzung erhalten geblieben sind: „Denn diese Hypostasen und Naturen, die ohne Schmälerung aneinandergefügt sind und nicht getrennt und für sich selbst bestehen, bilden die eine Person des einen Herrn und Christus und Sohn und die eine Natur und Hypostase des fleischgewordenen Logos" (*ep.* 16). Insofern stellt der Fleisch gewordene Logos für Severos eine „zusammengesetzte" Natur dar. Es ist deshalb für Severos wie für seine Anhänger nur in der theoretischen Betrachtung möglich, die beiden vollständigen Naturen zu unterscheiden. Wie für Kyrill und Timotheos Ailuros steht für Severos jedoch fest, dass Christus beides ist: vollständiger Gott und vollständiger Mensch.

Da die Gegner des Konzils von Chalkedon unterstrichen, dass der Fleisch gewordene Logos Gottes ein vollständiger Mensch geblieben sei, hat die jüngere Forschung angeregt, die unzutreffende und missverständliche Bezeichnung „Monophysitismus" für ihre christologischen Anschauungen aufzugeben. Weil Severos, Timotheos und ihre Anhänger an der Mia-Physis-Formel Kyrills von Alexandreia festhalten wollten, die ihrer Ansicht nach die althergebrachte Lehre der Kirche repräsentierte, erscheint es angemessener, von „Miaphysitismus" zu sprechen. Denn dieser Begriff macht deutlich, dass die Gegner von Chalkedon den Fleisch gewordenen Gott-Logos weiterhin als „eines Wesens" mit uns Menschen ansahen, weil sie die kyrillische „mia physis" als eine „aus Gottheit und Menschheit zusammengesetzte Natur" verstanden. Als „echten" Monophysitimus bezeichnet man hingegen die Vorstellung, derzufolge es nach der Einung von Gottheit und Menschheit in Christus nur noch eine, nämlich die göttliche Natur gebe, weswegen das Ergebnis der Einung kein vollständiger Mensch mehr sei.

1.8 Die Entstehung paralleler Kirchenstrukturen

Die Ablehnung des Konzils von Chalkedon in Syrien und Ägypten führte nicht gleich zu einer Kirchenspaltung. In den ersten Jahrzehnten nach Chalkedon (451) wechselten sich vielmehr Befürworter wie Gegner des Konzils auf den wichtigen Bischofssitzen im Orient ab. Die Kaiser suchten unterdessen nach Möglichkeiten eines Kompromisses, um die Streitparteien miteinander auszusöhnen.

Den Anfang machte Basiliskos, der im Jahr 475 einen Aufstand unternahm und Kaiser Zenon vom Thron stieß. Wohl in der Hoffnung, bei den Gegnern des Konzils Unterstützung zu finden, veröffentlichte er ein *Enkyklion*, ein Rundschreiben, an Timotheos Ailuros in Ägypten, in welchem er das Konzil von Chalkedon ablehnte. Basiliskos suchte die Annäherung an die Ägypter, indem er ihre alte Position teilte, wonach der Glaube von Nikaia genüge und die Väter von Chalkedon (451) Unrecht getan hätten, als sie ein neues Glaubensbekenntnis zu dem von Nikaia (325) hinzufügten. Bereits im Folgejahr musste Basiliskos jedoch Zenon weichen, der aus Antiocheia in seine Kaiserstadt zurückkehrte. Wie sein Widersacher stand allerdings auch Zenon vor der Frage, wie er einen Ausgleich mit den Gegnern von Chalkedon finden könne. Im Jahr 482 veröffentlichte er das sogenannte *Henotikon*, eine Verlautbarung des Kaisers an die Bischöfe und Gläubigen in Alexandreia und Ägypten, das die drei Synoden von Nikaia (325), Konstantinopel (381) und Ephesos (431) sowie Kyrills *Zwölf Anathemata gegen Nestorios* zu Richtlinien der Orthodoxie erklärte und die Einheit der Kirche wieder herstellen sollte: „Das haben wir geschrieben, nicht, um Glaubensneuerung einzuführen, sondern um Euch im Glauben sicher zu machen. Jeden, der anderes gedacht hat oder denkt, sei es jetzt oder sonstwann, sei es in Chalcedon oder auf einer anderen Synode, belegen wir mit dem Anathem, vornehmlich die genannten Nestor-ius und Eutyches und deren Anhänger" (Evagr. *h.e.* 3,14). Zwar gelang es Kaiser Zenon und Patriarch Akakios von Konstantinopel auf diese Weise, die Zustimmung des Petros Mongos von Alexandreia zu ihrer Kompromissformel zu gewinnen. Die Abkehr von Chalkedon führte aber zur Kirchenspaltung mit Rom, da Papst Felix II. (483-492) aus formaljuristischen Gründen das Unionsvorhaben ablehnte („akakianisches Schisma"). Aber auch in Ägypten lehnten entschiedene Gegner Chalkedons das *Henotikon* ab, da es keine ausdrückliche Verurteilung von Chalkedon beinhaltete.

Einigungsversuche der Kaiser von Konstantinopel	
475	Enkyklion des Basiliskos
482	Henotikon des Zenon
553	Verurteilung der „Drei Kapitel" durch Justinian
ca. 624	Monotheletismus des Herakleios

Dieses Beispiel führt das Dilemma vor Augen, in dem sich die Kaiser befanden. Näherten sie sich den Gegnern des Konzils von Chalkedon an, so überwarfen sie sich mit Rom und den Befürwortern der Synode im Osten. Hielten sie hingegen mit Rom an der Formel von Chalkedon fest, so verharrten viele Gläubige im Osten des Reiches im Widerstand. Nach einer Phase der Förderung der Konzilsgegner unter Kaiser Anastasios (491-518) führten die Regierungszeiten Justins (518-527) und vor allem Justinians (527-565) zu einer neuen Besinnung auf das Chalcedonense. Für beide rückte der Westen nämlich wieder stärker in den Blickwinkel. Daher suchte Justin den Ausgleich mit Papst Hormisdas (514-523). Als sich Johannes von Konstantinopel (518-520) zu Chalkedon bekannte, wurde die Kirchenunion zwischen Rom und Konstantinopel im Jahr 519 wiederhergestellt. Mit ihr ging eine Vertreibung antichalkedonensischer Bischöfe in Syrien von ihren Stühlen einher. Severos von Antiocheia hatte sich schon 518 gezwungen gesehen, nach Ägypten zu fliehen.

Erst Anfang der 530er Jahre ging Justinian wieder auf die Gegner von Chalkedon zu. Im Jahr 532 lud er sie in die Reichshauptstadt zu einem Religionsgespräch, der *Collatio cum Severianis*, das jedoch erfolglos verlief. Der Ansatz Justinians und seiner Berater bestand dabei darin, durch Betonung der einen Hypostase in dem einen Christus die Zwei-Naturen-Lehre von Chalkedon im SInne eine Betonung der Einheut neu zu deuten. Dies versuchten sie später unter anderem dadurch, dass der Kaiser in einem Edikt aus dem Jahr 544 die Person und die Schriften Theodors von Mopsuestia, die kyrill-kritischen Schriften Theodorets von Kyrrhos († um 466) und einen Brief des Ibas von Edessa († 457) an den Perser Mari (die sogenannten „Drei Kapitel", die von den Gegnern des Konzils von Chalkedon als Vertreter der „nestorianischen Häresie" angesehen wurden) verurteilte. Zwar regte sich von chalkedonensischer Seite Widerstand gegen dieses Vorgehen des Kaisers, doch erteilte schließlich auch Papst Vigilius von Rom auf kaiserlichen Druck hin sein Einverständnis. Das Fünfte Ökumenische Konzil von Konstantinopel (553) bestätigte die Politik des Kaisers. Prochalkedonensische Kreise – vor allem in Nordafrika – kündigten daraufhin die Kirchenunion mit Papst Vigilius auf. Im fünften Kanon des Konzils von Konstantinopel wird die Argumentation des Kaisers sichtbar: „Wer [den Ausdruck] ‚eine Hypostase unseres Herrn Jesus Christus' so versteht, als ob sie die Bedeutung von vielen Hypostasen annehmen könnte, und dadurch im Geheimnis Christi zwei Hypostasen bzw. zwei Personen einzuführen versucht, und, nach-dem von ihm zwei Personen eingeführt worden sind, von einer Person der Würde, Ehre und Anbetung nach spricht, wie dies Theodor und Nestorius in ihrem Unverstand ge-schrieben haben, und das heilige Konzil in Chalkedon verleumdet, es habe in diesem gottlosen Sinne den Ausdruck ‚eine Hypostase' verwendet, aber leugnet, daß sich das Wort Gottes in der Hypostase mit dem Fleisch geeint hat und es deshalb eine Hypostase bzw. eine Person desselben [gibt], und daß in diesem Sinne auch das heilige Konzil in Chalkedon eine Hypostase unseres Herrn Jesus Christus bekannt hat, der sei mit dem Anathema belegt" (Wohlmuth: *Decreta*, 116). Auf diese Weise versuchten der Kaiser und sein Klerus, den Ausgleich mit den Gegnern des Konzils zu finden. In der Dogmen-geschichte nennt man die Neuinterpretation der Zwei-Naturen-Lehre von Chalkedon den „Neu-chalkedonismus".

Zu einer Einigung mit den Gegnern des Konzils von Chalkedon führten alle späteren Versuche des Kaisers nach der durch die Synode von Konstantinopel (536) vollzogene endgültigen „chalkedonensische Wende" nicht mehr. Jene hatten sich mittlerweile über der Frage zerstritten, ob der menschliche Leib Jesu von Natur aus leidensfähig – und damit verweslich – sei. Für diese Annahme sprach sich Severos von Antiocheia aus, der betonte, dass Christus den Menschen wesensgleich sei. Dagegen wandte sich Julian von Halikarnass. In Alexandreia standen sich daher zwei antichalkedonensische Patriarchen gegenüber: auf der einen Seite Theodosios, ein Freund des Severos, der 535 zum Bi-schof gewählt wurde, und auf der anderen Seite Gaianos, den die Anhänger Julians auf den Bischofsstuhl erhoben. Eine kaiserliche Kommission erklärte Theodosios zwar zum rechtmäßigen Patriarchen, doch konnte sich Gaianos halten. „Gaianitische" Gruppen sind noch einige Jahrhunderte später bezeugt.

Als Justinian den Theodosios im Jahr 537 nach Konstantinopel rief und es dieser ablehnte, sich zum Symbol von Chalkedon zu bekennen, wurde er verbannt. Zum Bi-schof von Alexandreia berief der Kaiser stattdessen Paul von Tabennesi, der in Konstan-tinopel vom Patriarchen der Reichshauptstadt geweiht wurde. Von diesem Zeitpunkt an gab es in Ägypten zwei unterschiedliche Hierarchien, da die Gegner von Chalkedon weiterhin zu Theodosios hielten. Den von Konstantinopel eingesetzten Patriarchen ge-lang es offenbar nur mit militärischer Hilfe, sich im Amt zu halten. Die Gegner des Konzils organisierten sich in einer eigenen Struktur. Den vom Kaiser geförderten prochalkedonensischen Patriarchen und seine Anhänger nannten sie die „Melkiten" (von syrisch *malka*, „König"), d.h. die Leute des Kaisers. Aus den Gegnern des Konzils von Chalkedon erwuchs die Koptisch-Orthodoxe Kirche.

Wie in Ägypten entstand auch in Syrien eine eigene antichalkedonensische Hierarchie, nämlich durch das Wirken des Jakob Baradaios, der 541 vom exilierten Theodosios von Alexandreia zum Bischof von Edessa geweiht wurde. Daraus ist die Syrisch-Orthodoxe Kirche entstanden, die wegen der bedeutenden Gründungsrolle des Jakob Baradaios auch häufig als „jakobitische" Kirche bezeichnet worden ist.

Im siebten Jahrhundert unternahm Kaiser Herakleios (610-641) einen letzten Einigungsversuch. Er bekannte sich zu der Lehre, dass es in Christus nur eine „Wirkweise" (*energeia*) bzw. einen „Willen" (*thelema*) gebe. Doch auch diese letzten Unionsversuche scheiterten. Den Chalkedon-Gegnern ging diese Betonung der Einheit in Christus, die an der Zwei-Naturen-Lehre prinzipiell festhielt, nicht weit genug. Umgekehrt lehnten aber auch prominente chalkedonensische Theologen wie Patriarch Sophronios von Jerusalem (ca. 634-638) und Maximos „der Bekenner" (*Confessor*, ca. 580-662) den Kompromissvorschlag ab. Zum wahren Menschsein Christi, mithin zum Werk der Erlösung, gehörte für sie auch ein eigener menschlicher Wille: Christus erfüllt in seinem Mensch-Sein den Willen Gottes. Das Sechste Ökumenische Konzil von Konstantinopel (680/681) hat die Lehre von den zwei Willen und Wirkweisen Christi schließlich zur verbindlichen Glaubensnorm erhoben.

1.9 Die christologische Position der Kirche im Perserreich

Die bisher geschilderten Diskussionen bezogen sich auf das Römische Reich. Parallel zu ihnen verlief im fünften Jahrhundert die Fixierung des christologischen Bekenntnisses im persischen Osten, da es der Kirche in Persien zu Anfang dieses Jahrhunderts gelang, sich eine feste Struktur zu geben. Dabei kam es auch einer genaueren Definition des Glaubens. Die Synode von Seleukeia-Ktesiphon 410 erkannte das Glaubensbekenntnis von Nikaia (325) in einer syrischen Adaption auch für die Christen im Osten an. Es lautet: „Wir glauben an einen Gott, den Vater, der in seinem Sohn Himmel und Erde machte. Und in ihm wurden begründet die Welten oben und unten, und in ihm machte er eine Auferstehung und eine Erneuerung der ganzen Schöpfung. Und an seinen einen Sohn, der gezeugt wurde von ihm, das heißt von der Substanz seines Vaters, Gott von Gott, Licht von Licht, wahrer Gott von wahrem Gott, gezeugt und nicht geschaffen, der von der gleichen Natur ist mit dem Vater, der für uns Menschen, die durch ihn geschaffen wurden, und für unser Heil herabstieg, einen Leib anzog und Mensch wurde, und litt und aufstand am dritten Tag, und in den Himmel aufstieg, und er setzte sich zur Rechten des Vaters, und kommt, zu richten die Toten und die Lebendigen. Und wir bekennen den lebendigen und hl. Geist, den lebendigen Parakleten, der vom Vater und vom Sohn [ist], in einer Trinität, in einer Substanz, in einem Willen" (zitiert nach Baum/ Winkler: *Die Apostolische Kirche*, 21).

Während sich die Christen des Ostens mit diesem Bekenntnis in Übereinstimmung mit der Kirche im Römischen Reich befanden, galt dies nicht für ihre Christologie. Denn die Kirche des Ostens folgte der antiochenischen Christologie. Die Grundzüge ihrer Christologie stellten die wohl in Edessa angefertigten syrischen Übersetzungen der Schriften Theodors von Mopsuestia dar. Der abgesetzte Nestorios spielte für die Christologie der persischen Christen demgegenüber nur eine untergeordnete Rolle. Narsai (ca. 399-502), der Leiter der berühmten Schule von Nisibis, erwähnt Nestorios – zusammen mit Diodor von Tarsos (ca. 325-394) und Theodor von Mopsuestia – als einen der drei „Lehrer", erblickt in ihm aber eher ein Opfer der Machenschaften Kyrill als einen maßgeblichen theologischen Zeugen. Die jüngere Forschung betont, dass die alte Sichtweise, die Christen in Persien hätten nach der Ablehnung der antiochenischen Christologie im Römischen

Reich den „Nestorianismus" eingeführt, nicht den Tatsachen entspricht. Die Christologie der Kirche des Ostens war schlicht antiochenisch.

Dies zeigt das Glaubensbekenntnis der Synode von 486: „Es bestehe unser Glaube in Bezug auf das Heilswirken Christi in dem Bekenntnis der zwei Naturen der Gottheit und der Menschheit, während keiner von uns es wagen soll, Mischung, Vermischung oder Verwechslung in die Unterscheidung der beiden Naturen einzuführen; sondern dadurch, dass bestehen bleiben und bewahrt werden die Gottheit in dem, was zu ihr gehört, und die Menschheit in dem, was zu ihr gehört, vereinigen wir die Abschriften der Naturen wegen der vollständigen und untrennbaren Verbindung, welche geschieht für die Gottheit und die Menschheit. Und wenn einer denkt oder lehrt etwas anderes, nämlich dass Leiden und Veränderung sich verhaftet haben mit der Gottheit unseres Herrn, und [wenn] er nicht in Bezug auf die Einheit der Person unseres Erlösers das Bekenntnis des vollkommenen Gottes und des vollkommenen Menschen bewahrt, [dann] soll ein solcher aus der Kirche ausgeschlossen sein" (Chabot: *syn. or.*, 55,1-9). In klassischer antiochenischer Art und Weise wird hier die Zweiheit der Naturen in Christus betont.

Die christologische Formel der Kirche des Ostens	
410	Übernahme des Nicaenums
486	Zwei-Naturen-Lehre der Synode von Beth Lapat
612	Endgültige Fixierung durch Babai den Großen

Diese befinden sich in einer „vollständigen und untrennbaren Verbindung". Das Objekt der Einung der beiden Naturen ist die „Person" (*parsopa*) Christi.

Der Zuzug miaphysitischer Christen in Persien führte am Anfang des siebten Jahrhunderts zu einer weiteren Fixierung des Christusglaubens in der Kirche des Ostens. Zum einen hatte ein gewisser Henana aus der Adiabene – wahrscheinlich in miaphysitischer oder neuchalkedonensischer Ausrichtung – zuvor eine Diskussion über die Lehren Theodors an der Schule von Nisibis angezettelt. Zum anderen hatte Jakob Baradaios um das Jahr 558 mit Ahudemmeh von Bet Arbaye einen Metropoliten für Tagrit geweiht, womit der Grundstein für eine miaphysitische Hierarchie auch in Persien gelegt war.

Auf Anstiftung des Gabriel von Siggar lud Großkönig Chosrau II. 612 zu einem Religionsgespräch zwischen Miaphysiten und Vertretern der Kirche des Ostens, für welches Babai der Große (ca. 551-628) ein Bekenntnis anfertigte, das die Christologie seiner Kirche zum Abschluss brachte: „Es ist klar zu verstehen, dass Christus vollständiger Mensch und vollständiger Gott ist. Einmal wird er Gott genannt, vollständig in der Natur und im *qnoma* der Gottheit; dann wieder vollständiger Mensch in der Natur und im *qnoma* der Menschheit. So, wie es aus dem Gegensatz der Worte, die über Christus ausgesagt worden sind, bekannt ist, dass er zwei Naturen (*kyane*) und zwei *qnome* ist, [so] ist es auch bekannt, dass Christus einer ist, weil dies über Christus, den Sohn Gottes, ausgesagt worden ist; [er ist einer], nicht in der Einzahl der Natur (*kyana*) oder des *qnoma*, sondern in der Person (*parsopa*) der Sohnschaft" (Chabot: *syn. or.*, 575/11-18).

In Weiterentwicklung der Formel von 486 führt Babai den Begriff *qnoma* in das Christusbekenntnis ein. Formal entspricht dieser Terminus, der den „Selbststand" der beiden Naturen zum Ausdruck bringt, dem griechischen Ausdruck „Hypostase". Dennoch kann eine Rückübersetzung von *qnoma* mit „Hypostase" zu Missverständnissen führen. Im voranstehenden Zitat wurde deswegen auf eine Übersetzung ganz verzichtet.

15

Die verschiedenen Christologien im Überblick				
Bezeichnung	Natur	Hypostase/qnōmā	Person	wesensgleich uns Menschen
Miaphysiten	1	1	1	ja
Chalzedonenser	2	1	1	ja
Strenge Dyophysiten	2	2	1	ja

Denn *qnoma* teilt bei Babai nicht alle Assoziationen, die sich mit dem griechischen „Hypostasis" verbinden können. Zum Beispiel behauptet Babai nicht zwei unterschiedliche Ausgangspunkte von Aktivität in Christus, wie dies die Rede von zwei „Hypostasen" nach griechischem Verständnis nahe legen könnte.

Für Babai bedingen die Begriffe Natur (*kyana*) und *qnoma* einander. Daher konnte es für ihn, der vom Bekenntnis zu den zwei Naturen ausging, auch nur zwei *qnome* in der einen Person (*parsopa*) Christi geben. Babai erblickte in den beiden *qnome* in Christus die konkreten Ausdrucksformen der beiden vereinten Naturen in dem einen Sohn. Deshalb ist auch das Christusbekenntnis der Kirche des Ostens im siebten Jahrhundert nicht „nestorianisch", wenn darunter die häretische Behauptung von zwei Subjekten bzw. „Söhnen" in Christus verstanden wird (eine Ansicht, die im übrigen weder Nestorios noch seine Anhänger vertreten hatten). Es unterscheidet sich – wahrscheinlich bewusst – von dem im Byzantinischen Reich herrschenden Bekenntnis von Chalkedon (namentlich von der neuchalkedonensischen Betonung der *einen* Hypostase) und lehnt erst recht die miaphysitische Formel Kyrills ab. Insofern ist die Kirche des Ostens von der Forschung als „streng dyophysitisch" angesprochen worden (griech. *dyo physeis*, „zwei Naturen").

2. Die Kirche im Haus des Islam

2.1 Die politischen Veränderungen im siebten Jahrhundert

Das ausgehende sechste und das frühe siebte Jahrhundert hatte die Lage des Byzantinischen Reiches im Orient erschüttert. Von politischen Wirren in Byzanz begünstigt, besiegte der persische Großkönig Chosrau II. (591-628) im Jahr 611 die Byzantiner bei Emesa und nahm Antiocheia ein. 613 eroberte er Damaskus und 614 zog er siegreich in Jerusalem, der heiligen Stadt der Christen, ein. Es schien, als stünde die byzantinische Position im Orient kurz vor dem Zusammenbruch. Patriarch Nikephoros berichtet, die Lage sei Kaiser Herakleios (610-641) so verzweifelt erschienen, dass er Konstantinopel habe aufgeben wollen (Nikephoros: *brev. hist.* 8,6-16). Erst als das Schiff, das der Kaiser mit seinen Schätzen beladen ließ, noch im Hafenbecken versunken war, habe sich Herakleios entschlossen, die Gegenoffensive von der Kaiserstadt aus in Angriff zu nehmen. Der wahrscheinlich legendarisch ausgeschmückte Bericht unterstreicht, für wie ernst die Byzantiner ihre Lage zu Beginn des siebten Jahrhunderts eingeschätzt haben dürften. Dank einer gewaltigen Kraftanstrengung war der Feldzug des Herakleios von Erfolg gekrönt. Er besiegte die Perser 627 bei Ninive entscheidend. Der Krieg endete mit einem Waffenstillstand: Persien gab alle Gebiete zurück, die zum Byzantinischen Reich gehört hatten – dazu noch eine der wichtigsten Reliquien der Christenheit: das wahre Kreuz.

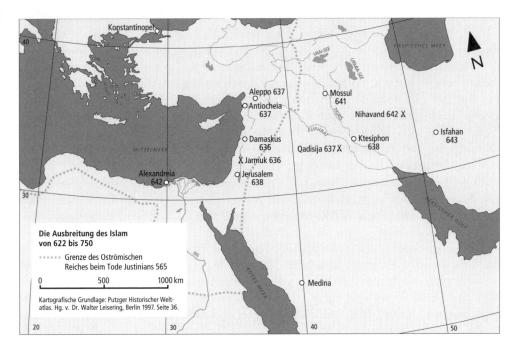

Der lange Abnutzungskampf zwischen Byzanz und Persien erschöpfte indes die Kräfte der beiden jahrhundertealten Vormächte. In dieses Machtvakuum stießen die Araber. Es gelang ihnen, binnen weniger Jahre die Herrschaft im Orient an sich zu reißen. Nach dem Sieg über die Truppen des Kaiser Herakleios am Yarmuk im Jahr 636 fielen ihnen die wichtigsten Städte des Orients zu: Damaskus (636), Aleppo (637), Antiocheia (638), Jerusalem (638) und Alexandreia (642).

Parallel zu diesem Sturmlauf über die byzantinischen Kräfte verlief der Vormarsch der Araber in Persien. Im Jahr 636 oder 637 besiegten sie bei Qadisiya das persische Heer, woraufhin sie die Hauptstadt Seleukeia-Ktesiphon im gleichen Jahr einnehmen konnten. 642 fiel die endgültige Entscheidung zu Gunsten der Araber bei Nihavand. Damit hörte das Persische Reich auf zu bestehen.

Mit diesen raschen Erfolgen der Muslime änderten sich die Lebensbedingungen für die orientalischen Christen grundlegend. Wie in der Zeit vor dem vierten Jahrhundert herrschten in den ehemaligen Provinzen des Römischen Reichs wieder Nicht-Christen über Christen. Der omayyadische Kalif in Damaskus regierte dabei über die Christen aller Konfessionen im Orient.

2.2 Die orientalischen Christen unter islamischer Herrschaft

Es ist wahrscheinlich, dass Muhammad selbst orientalische Christen gekannt hat. Im Koran finden sich einige Aussagen über die Christen. So wird beispielsweise die Trinitätslehre der Christen in *Sure* 18,5 scharf abgelehnt. Zudem sollen sich die Muslime Christen nicht zu Freunden machen (*Sure* 5,51). Andererseits stehen die Christen den Muslimen in der Liebe am nächsten (*Sure* 5,82). Grundsätzlich ist für das Verhalten der neuen muslimischen Herrscher gegenüber den Christen wichtig, dass die Christen als „Leute des Buches" (*ahl al-kitab*) angesehen wurden. Daher blieb ihr Glaube in der Theorie grundsätzlich geschützt. „Gegen Zahlung einer ‚Kopfsteuer' (*dschizya*) war ihnen als ‚Schutzbefohlenen' (*ahl al-dhimma* bzw. *dhimmiyun*) freie Religionsausübung gestattet, allerdings mit bestimmten Einschränkungen, die vor allem die öffentliche Repräsentation und die Missionierung unter Muslimen betrafen" (Bobzin: *TRE* 16, 1987, 336).

In der Praxis wurden die Rechte und Pflichten der unterlegenen Christen in der Frühzeit des Islam durch individuelle Kapitulationsverträge zwischen den Christen und den siegreichen muslimischen Befehlshabern geregelt. Gérard Troupeau weist darauf hin, dass ein solcher Vertrag, den Muhammad selbst mit den christlichen Bewohnern der jemenitischen Stadt Nadschran im Jahr 631 abgeschlossen haben soll, als ein Vorbild für diese muslimische Praxis gedient habe. Muslimische Generäle wie Khalid ibn al-Walid und Abu Ubaida hätten sich an ihm orientiert, als sich ihnen christliche Städte in Mesopotamien, Syrien und Ägypten ergaben (Troupeau: „Kirchen und Christen im muslimischen Orient", 393). Auf diese Weise sei im Laufe der Zeit ein System von Regelungen für die orientalischen Christen entstanden, die lokal flexibel gehandhabt wurden, vom jeweiligen Herrscher aber stets aufs Neue im vollen Umfang in Kraft gesetzt werden konnten.

Dazu gehörte, dass die Christen die erwähnte „Kopfsteuer" (*dschizya*) entrichten und bestimmte Dienstleistungen für die muslimischen Heere erbringen mussten. Hatte eine christliche Stadt kapituliert, so scheint die Höhe dieser „Kopfsteuer" im Zuge von Verhandlungen festgesetzt worden zu sein. Leistete eine Stadt jedoch Widerstand, so lag es offenbar allein im Ermessen des muslimischen Eroberers, die Steuer festzulegen. Ausgenommen von der „Kopfsteuer" waren offenbar Frauen, Minderjährige, Sklaven und zu gewissen Zeiten auch Kranke und Mönche. Neben der „Kopfsteuer" konnte noch eine „Grundsteuer" (*kharadsch*) für Grund besitzende Christen erhoben werden. Diese zusätzlichen Steuern stellten für die Christen eine besondere Belastung dar, der man sich durch eine Konversion zum Islam vergleichsweise einfach entziehen konnte.

Als diskriminierend empfanden orientalische Christen die besonderen „Erkennungszeichen", welche keine Grundlage im Koran haben und wahrscheinlich zur Zeit Omars II. (717-720) eingeführt wurden. Demnach mussten die Christen einen Gürtel über der Kleidung sowie zwei gelbe Stoffbänder auf der Schulter tragen. Die Stirn war zu scheren. Sie durften nicht den Turban der Muslime tragen, Pferde besteigen, Ledersättel nutzen oder Waffen tragen, die Namen von Muslimen annehmen, eine Muslimin zur Frau nehmen oder höhere Bauten als Muslime errichten.

Wie das wirtschaftliche und politische Leben allgemein, so sah sich auch die Ausübung des christlichen Kultes Einschränkungen ausgesetzt. Gérard Troupeau unterstreicht, dass sich vor allem ein Verbot für die Christen des Orients als schwierig herausstellte: das

Verbot, neue Kirchen oder Klöster zu errichten, oder verfallende neu in Stand zu setzen. Die Christen versuchten, diese Bestimmungen zum Beispiel dadurch zu umgehen, dass sie muslimische Beamte bestachen: „Man kann sagen, daß sie sich buchstäblich erschöpften in ihrem Kampf mit den muslimischen Autoritäten, den Kalifen und Gouverneuren, die in regelmäßigen Abständen die Zerstörung von heimlich gebauten oder wiederhergestellten Kirchen anordneten – ein Abnutzungskrieg, der immer zum Schaden der Christen ausging und mit einem Rückgang des Christentums auf islamischem Boden endete" (Troupeau: „Kirchen und Christen im muslimischen Orient", 395).

Zwar hat es kein ausdrückliches Verbot für Christen gegeben, öffentliche Ämter anzunehmen. Muslimische Rechtsgelehrte haben aber oftmals die Auffassung vertreten, Christen im öffentlichen Dienst könnten als Spione für auswärtige christliche Mächte agieren. Dennoch dienten in der Praxis viele gelehrte Christen muslimischen Herrschern, beispielsweise als Ärzte. Rechtsgelehrte, wie der hoch angesehene al-Mawardi (gest. 1058), betonten, dass Christen sehr wohl in der öffentlichen Verwaltung dienen könnten, solange sie sich loyal gegenüber den muslimischen Autoritäten verhielten. Koptisch-orthodoxe Christen dominierten *in praxi* bis ins 14. Jahrhundert die ägyptische Verwaltung. Insofern blieben die lokalen Gegebenheiten in dieser Frage maßgeblich.

Es ist auch zu Religionsgesprächen zwischen christlichen Würdenträgern und muslimischen Herrschern gekommen. Überhaupt brachte die arabische Eroberung eine literarische Beschäftigung der Christen mit dem Islam mit sich. So entstanden christliche *Apologien*, welche die Christen in ihrem Glauben zu stärken suchten. Auch die christlich-orientalischen Historiker mussten das Erscheinen der Araber mit der traditionellen Weltsicht in Einklang bringen, in der das christianisierte Imperium Romanum das letzte der von Gott eingesetzten Weltreiche in der Geschichte der Menschheit darstellen sollte.

Am Schwierigsten erwies sich für die orientalischen Christen die Bestimmung, die es Muslimen bei Androhung der Todesstrafe verbot, sich vom Islam zum Christentum zu bekehren. Während der Übertritt vom Christentum relativ einfach war, gesellschaftlichen Aufstieg versprach und von den Einschränkungen für Christen – wie der Sondersteuer – befreite, gab es keinen Weg mehr zurück. Angesichts dieser Umstände ist es nicht verwunderlich, dass die Christen im Orient immer mehr zu einer Minderheit wurden.

Für die verbliebenen Christen stellte die Ausweitung der osmanischen Herrschaft über Syrien und Ägypten 1516 bzw. 1517 einen weiteren wichtigen Einschnitt dar. Denn die osmanischen Sultane in Istanbul betrachteten die orientalischen Christen als „Religionsvölker" (*millets*), für welche die Patriarchen zu Repräsentanten und Ansprechpartnern wurden. Das einheimische Christentum „konnte sich [...] unter dem Dach des Millet-Systems mit seinen im Ganzen erträglichen Existenzbedingungen nicht nur halten, sondern sogar seinen Bevölkerungsanteil wieder mehren; und Christen verschiedener Kirchen, zumal Griechen und Armenier, trugen wesentlich zum ökonomischen wie kulturellen Leben des Gesamtreichs bei" (Hage: *Das orientalische Christentum*, 51). Die krisenhafte Situation, in der sich das Osmanische Reich im 19. und frühen 20. Jahrhundert befand, führte dann jedoch zu schwersten Verfolgungen von Christen. In den Nationalstaaten des 20. Jahrhunderts mit mehrheitlich muslimischer Bevölkerung wirkt das osmanische Religionsrecht teilweise noch fort. Das Zusammenleben von Christen und Muslimen kann sich je nach Staat unterschiedlich gestalten. Die folgenden Abschnitten dieses Buches werden darauf anhand einiger Fallbeispiele eingehen.

3. Zusammenfassung

Die ersten sieben Jahrhunderte der Kirchengeschichte sind für die Christen im Orient zunächst von der erfolgreichen Verbreitung und Stabilisierung ihres Glaubens geprägt. Die Beschäftigung mit den heiligen Schriften bringt die Entstehung neuer christlicher Literaturen hervor. In den Ländern des Nahen Ostens entwickeln sich mannigfache Formen des asketischen und monastischen Lebens.

Die christologischen Streitfragen des fünften Jahrhunderts führen in der Folgezeit zum Entstehen unterschiedlicher, miteinander konkurrierender kirchlicher Hierarchien. Befürworter wie Gegner des Konzils von Chalkedon (451) stehen sich erbittert gegenüber. Vermittlungsversuche der Kaiser in Konstantinopel scheitern. Im siebten Jahrhundert werden diese altkirchlichen Einigungsversuche aufgegeben.

Die siegreichen Muslime waren im siebten Jahrhundert einem konfessionell gespaltenen Christentum begegnet. Diese Entwicklung verfestigte sich, als die jeweiligen Kirchenoberhäupter gegenüber den neuen muslimischen Herren immer mehr zu Repräsentanten ihrer Gläubigen werden. Zwar gestaltete sich die politische Situation der Christen in den verschiedenen Regionen des Orients unterschiedlich, doch lassen sich gewisse Grundlinien nachzeichnen, die für die Lage der Christen des Orients in den folgenden Jahrhunderten grundlegend waren und die auch heute noch ihre Auswirkungen haben.

Die Apostolische Kirche des Ostens der Assyrer

Karl Pinggéra

1. Die Anfänge des Christentums im Zweistromland

In den ersten Jahrhunderten der Kirchengeschichte war die christliche Botschaft nicht nur im Römischen Reich auf fruchtbaren Boden gefallen. Auch östlich der Reichsgrenzen, im Reich der Perser, entstanden Gemeinden, aus denen eine eigenständige Kirche hervorgehen sollte. In historischer Kontinuität zu diesen Anfängen steht jene altorientalische Kirche, die sich heute „Heilige und Apostolische Katholische Kirche des Ostens der Assyrer" nennt. Gebräuchlich sind auch die abkürzenden Bezeichnungen „Assyrische" bzw. „Apostolische Kirche des Ostens" oder – in geographischer Hinsicht – die „ostsyrische" Kirche. Aufgrund ihrer theologischen Prägung wurde diese Kirche als „nestorianisch" bezeichnet. Dieser Sprachgebrauch sollte heute endgültig der Vergangenheit angehören, da er ihrem Selbstverständnis erklärtermaßen widerspricht. Sie führt sich auf Ursprünge in apostolischer Zeit zurück und nicht etwa auf Nestorios von Konstantinopel. Auch unter inhaltlichen Gesichtspunkten ist der Ausdruck „nestorianisch" irreführend. Neuere dogmengeschichtliche Forschungen haben im Verbund mit ökumenischen Dialogen zu der Einsicht geführt, dass das ostsyrische Christusbekenntnis nichts mit jener Lehre gemein hat, die man üblicherweise mit dem Terminus „Nestorianismus" (im Sinne einer häretischen Lehre von zwei Söhnen) etikettiert (vgl. S. 118).

Über die Ursprünge des persischen Christentums liegen uns nur stark legendenhaft gefärbte Berichte vor. Der Apostel Thomas wird als Glaubensbote genannt; ferner spielt Addai, einer der 72 Jünger Jesu und Bekehrer Edessas, eine prominente Rolle. Sein Schüler Mari soll um das Jahr 100 in die Hauptstadt des Persischen Reiches Seleukeia-Ktesiphon gekommen sein und in einem Ort namens *Kokhe* („Hütten") zuerst Gottesdienst gefeiert haben. In der *Chronik von Arbela*, deren Authentizität allerdings umstritten ist, wird Addai als Gründer der Gemeinde von Arbela im nördlichen Mesopotamien in Anspruch genommen. Im *Buch der Gesetze und Länder*, einem zwischen 196 und 226 in Edessa entstandenen Traktat, werden jedenfalls christliche Gemeinden in nahezu allen Gebieten des Persischen Reichs erwähnt, und zwar in Parthien, Kuschan, in der Persis, in Medien, in Edessa und Hatra (Bardaisan: *Liber legum regionum* 46).

Auf beiden Seiten der Reichsgrenzen gehörte die Mehrheit der Bevölkerung dem aramäischen Volkstum an. So konnte das Christentum in seiner aramäischen Sprachgestalt in Mesopotamien, dem Land zwischen Euphrat und Tigris, Fuß fassen. Als Ausgangspunkt der Evangelisation darf das auf römischem Boden gelegene Edessa angenommen werden; der aramäische Dialekt dieser Stadt, das Syrische, wurde so auch zur Liturgie- und Theologiesprache der Christen im Zweistromland.

2. Die Kirche im Persischen Reich

2.1 Ausbreitung und Verfolgung

Das Christentum Persiens scheint sich unter der Dynastie der Arsakiden zunächst ungehindert entfaltet zu haben. Langfristig änderte sich die Lage durch den Herrschaftsantritt der Sasaniden im Jahre 224, die den Zoroastrismus im Sinne einer Nationalreligion nachhaltig förderten. Gleichsam als Nebeneffekt der kriegerischen Auseinandersetzungen mit Rom kam es unter dem Großkönig Schapur I. (240-272) zunächst jedoch zu einer weiteren Ausbreitung des Christentums. Da die Truppen Schapurs 260 weit in römisches Gebiet vordrangen und vorübergehend sogar Antiocheia einnehmen konnten, wurden Teile der Bevölkerung, darunter zahlreiche griechischsprachige Christen, in verschiedene Städte Persiens deportiert. Viele von ihnen wurden in Gundischapur, einer Neugründung des Großkönigs („Platz der Armee Schapurs"), angesiedelt. Die Stadt entwickelte sich rasch zum Zentrum der Christen in dem Landesteil Khuzistan und sollte in späterer Zeit zu einem der bedeutendsten Bischofssitze der Kirche des Ostens werden. In einer Inschrift des zoroastrischen Priesters Kartir, der im ausgehenden dritten Jahrhundert über einigen Einfluss auf die Religionspolitik verfügte, ist von „Nazoräern" (*nazraye*) und „Christen" (*kristiyane*) die Rede. Auch wenn hier keine letzte Sicherheit zu gewinnen ist, dürften sich hinter den beiden Bezeichnungen verschiedene Gruppen von Christen verbergen: die einheimischen aramäischen Christen Mesopotamiens (*nazraye*) und die aus dem Römerreich verschleppten Christen griechischer Zunge (*kristiyane*).

Kartir erwähnt die christlichen Gruppen im Zusammenhang erfolgreicher Unterdrückungsmaßnahmen anderer Religionen. Gleichwohl scheint die Situation der Christen zu Beginn des vierten Jahrhunderts soweit gefestigt gewesen zu sein, dass der Bischof der Reichshauptstadt Seleukeia-Ktesiphon, Papa bar Aggai (310-317), den Versuch unternehmen konnte, seine Hoheit über die anderen Bischöfe Persiens auszudehnen. Das Ansinnen Papas stieß freilich auf den Widerstand mehrerer Bischöfe (unter anderem von Gundischapur). Eine innere Konsolidierung der Kirche wurde danach verhindert durch die systematischen Christenverfolgungen unter Großkönig Schapur II. (309-379). Im Hintergrund dürften die wachsenden Spannungen zwischen Persien und dem Imperium Romanum gestanden haben. Mussten die Christen Persiens nicht als Parteigänger des Feindes erscheinen, nachdem sich der Kaiser des Römischen Reiches dem Christentum zugeneigt hatte? Immerhin überliefert Euseb von Kaisareia einen Brief, den Kaiser Konstantin (306-337) kurz vor seinem Tod 337 an Schapur II. geschrieben haben soll (*vita Const.* IV,9-13). Mit seiner Aufforderung an den persischen Herrscher, für den Schutz der Christen Sorge zu tragen, hatte sich Konstantin (so jedenfalls in Eusebs Text) als Patron der Christengemeinden auch außerhalb des Römischen Reiches geriert.

Ausgelöst wurden die Verfolgungen durch die Weigerung der Christen, einen verdoppelten Tribut zur Finanzierung der Feldzüge gegen Rom zu entrichten. Bischof Simon bar Sabbae von Seleukeia-Ktesiphon wurde daraufhin der Kollaboration mit dem Feind für schuldig befunden und am Karfreitag des Jahres 341 hingerichtet. Damit war der Auftakt gegeben zu einer Kette antichristlicher Gewaltmaßnahmen, die bis zum Ende der Regentschaft Schapurs II. (379) nicht abriss. Zahlreiche Märtyrerakten sind erhalten; sie legen Zeugnis ab vom Bekennermut vieler Christen und vom Ausmaß der Verfolgungen. Auch nach der Ära Schapurs II. loderten immer wieder Verfolgungen auf, doch wurden sie nicht mehr systematisch durchgeführt und blieben lokal begrenzt.

2.2 Reorganisation und Selbständigkeit

Erst nach dem Abebben der Verfolgungen konnte die Kirche erneut daran gehen, ihre Organisation zu straffen. Zugleich fand man Anschluss an die Entwicklungen der römischen Reichskirche. Ein erstes Signal des kirchlichen Wiederaufbaus war die Synode von Seleukeia-Ktesiphon, die im Jahr 410 unter der Schirmherrschaft König Yazdgirds I. (399-421) zusammentrat. In einer Phase relativer Entspannung zwischen Persien und Rom war dem Großkönig offenbar daran gelegen, die Christen in die Reichspolitik einzubinden. Jetzt und auch in späteren Jahrhunderten hielten es persische Monarchen nicht selten für vorteilhaft, christliche Bischöfe in diplomatischer Mission in das römische Nachbarreich zu entsenden. Den Weg zur Synode von 410 musste noch ein Bischof aus dem Römischen Reich, Marutha von Maipherkat (Martyropolis), bahnen. Auf der Synode überreichte er den persischen Glaubensbrüdern einen Brief der „Bischöfe des Westens" mit der Aufforderung, das nizänische Glaubensbekenntnis zu übernehmen. Die Bischöfe kamen der Aufforderung nach, adaptierten das nizänische Symbol freilich auf der Basis eines eigenen persischen Bekenntnisses (vgl. S. 14). Für die hierarchische Gliederung der ostsyrischen Kirche war sodann die Bestimmung entscheidend, wonach der Bischof der Reichshauptstadt als „Haupt aller Christen des Ostens" gelten solle. Ihm nachgeordnet waren fünf Metropolitansitze, von denen weitere Bischöfe als Suffragane abhingen. Als Zentren christlicher Präsenz werden damit erkennbar: Bet Lapat (der syrische Name Gundischapurs in Khuzistan), Nisibis (das seit 363 zum Perserreich zählte), Prat de Mai-schan (Basra), Arbela (Erbil) und Karka de Bet Selok (Kirkuk). Im fünften und sechsten Jahrhundert traten zu diesen Metropolitansitzen noch Rew Ardaschir für die Persis und Merw im heutigen Turkmenistan.

Wurde die folgende Synode des Jahres 420 mit Akakios von Amida wiederum von einem Bischof aus dem Westen initiiert, so fällt auf, dass an der Synode von 424 keine westlichen Bischöfe mehr beteiligt waren. Diese Synode verlieh dem Anspruch der Ostsyrer, eine selbständige Kirche zu bilden, unmissverständlich Ausdruck, als sie die Möglichkeit untersagte, in Konfliktfällen an „westliche Bischöfe" zu appellieren. Mit dem Verbot der Anrufung eines der Patriarchen des Westens wurde der Primat des Bischofs von Seleukeia-Ktesiphon als oberste und letzte Instanz der ostsyrischen Kirche gefestigt. Dem entsprach die Annahme des Titels „Katholikos". Aba I. (540-552) erweiterte diese Amtsbezeichnung zu dem bis heute gebräuchlichen Doppeltitel „Katholikos-Patriarch".

2.3 Theologie und Mönchtum

Der Anspruch auf kirchliche Selbständigkeit bedeutete für sich genommen noch nicht die Aufhebung der kirchlichen Gemeinschaft. Zum Bruch mit der römischen Reichskirche kam es erst, als die Kirche des Ostens sich auch dogmatisch von ihr abgrenzte. Denn im Laufe des fünften Jahrhunderts schloss sich die ostsyrische Kirche eben jener theologischen Tradition an, die auf dem Konzil von Ephesos (431) in der Gestalt des

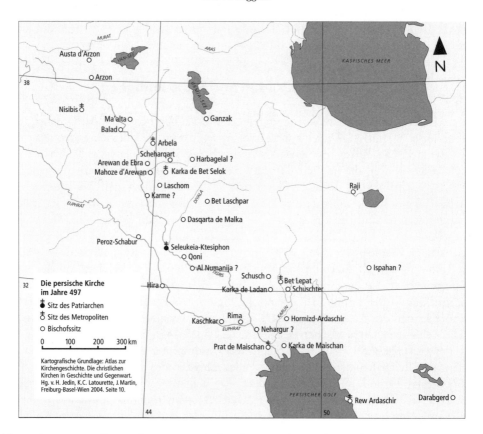

Die persische Kirche im Jahre 497

✝ Sitz des Patriarchen
✝ Sitz des Metropoliten
O Bischofssitz

0   100   200   300 km

Kartografische Grundlage: Atlas zur
Kirchengeschichte. Die christlichen
Kirchen in Geschichte und Gegenwart.
Hg. v. H. Jedin, K.C. Latourette, J. Martin,
Freiburg-Basel-Wien 2004. Seite 10.

Nestorios verurteilt worden war (vgl. S. 8f.). Die Christologie dieser antiochenischen Tradition war es, auf die sich die ostsyrische Synode von 486 verbindlich festlegte. Nach Persien war die antiochenische Lehrform über die Theologenschule von Edessa, die berühmte „Schule der Perser", gedrungen. Dort hatte man das Erbe des überragenden antiochenischen Theologen Theodor von Mopsuestia († 428) eifrig gepflegt und seine Werke teilweise ins Syrische übersetzt. Nachdem Theodor in der Reichskirche des fünften Jahrhunderts in Misskredit geraten war, sah sich die Schule Edessas zusehends Anfeindungen ausgesetzt und wurde von Kaiser Zenon im Jahre 489 geschlossen. Ihre Theologen waren zum Teil schon zuvor nach Persien ausgewichen, wo sie der Metropolit Barsauma im benachbarten Nisibis bereitwillig aufnahm. Von Nisibis aus trat die antiochenische Theologie ihren Siegeszug durch die ostsyrische Kirche an. Schon bald sollte ihr Theodor von Mopsuestia als Normtheologe gelten; er ist gemeint, wenn ostsyrische Texte von *„dem* Ausleger" der Heiligen Schrift sprechen.

Die prägende Gestalt der „Schule der Perser" war im fünften Jahrhundert Narsai (um 399-502), den die Nachwelt als „Harfe des Heiligen Geistes" ehrte. Nestorios spielte in seinem Denken zwar keine entscheidende Rolle, als Schüler Theodors rechnete ihn Narsai dennoch unter die maßgebenden griechischen Theologen. Zusammen mit Diodor von Tarsos und Theodor von Mopsuestia erscheint Nestorios nicht zufällig in Narsais Preisgedicht auf die drei „griechischen Väter". Hier wird eine Haltung erkennbar, die bis in die ökumenischen Dialoge der Gegenwart hineinwirkt: Auch wenn Nestorios theologisch keine herausgehobene Rolle spielt, ja sogar kritisiert werden kann, lässt sich die Assyrische Kirche nicht davon abbringen, ihn als Heiligen zu verehren, der für die Wahrheit der antiochenischen Theologie Unrecht erlitten und das Exil auf sich genommen hat. Es wurde einleitend schon darauf hingewiesen, dass die Kirche des Ostens deswegen aber nicht als „nestorianisch" zu bezeichnen ist.

Vorübergehend ging die ostsyrische Kirche auch eigene Wege in der kirchlichen Disziplin. Eine Synode im Jahr 497 gestand den Bischöfen und selbst dem Katholikos das Recht zu, die Ehe einzugehen; auch wurde das Mönchtum stark zurückgedrängt. Dahinter stand möglicherweise das Bemühen, sich der vom Zoroastrismus geprägten religiösen Umwelt anzugleichen. Den zoroastrischen Magiern galt die Ehe als heilige Pflicht. Im Laufe des 6. Jahrhunderts wurde der bischöfliche Zölibat dann wieder hergestellt. Die Synoden von 554 und 576 gliederten das Mönchtum neu in die Kirche ein; unter dem asketisch lebenden Katholikos Sabrischo I. (596-604) erfuhr es besondere Förderung.

Die Erneuerung des ostsyrischen Mönchtums ist eng verbunden mit Abraham von Kaschkar, der im Jahr 571 ein Musterkloster auf dem Berg Izla im nördlichen Mesopotamien errichte und dafür auf das Modell der ägyptischen Mönchsväter zurückgriff. Vom Berge Izla aus verbreitete sich die monastische Bewegung in der ganzen Kirche (vgl. S. 155).

Aus dem Mönchtum Abrahams ging auch die zentrale theologische und kirchenpolitische Gestalt seiner Epoche hervor: Babai der Große († nach 628). Ihm verdankt die ostsyrische Christologie ihre abschließende terminologische Gestalt, mit der sie sich scharf vom Konzil von Chalkedon (451) und seiner („neuchalkedonensischen") Interpretation in der griechischen Theologie des sechsten Jahrhunderts abgrenzte (vgl. S. 13). Der Bruch mit der römischen Reichskirche war vertieft worden, als das Zweite Konzil von Konstantinopel (553) Theodor von Mospuestia und seine Lehren als häretisch verworfen hatte. Zwei Fronten werden erkennbar, von denen Babai das Erbe seiner Kirche unmittelbar bedroht sah:

Innerkirchlich hatte Henana, der von 572 bis 610 als Leiter der Schule von Nisibis wirkte, eine schwere Krise ausgelöst. Soweit es sich aus den Vorwürfen seiner Gegner, vor allen aus dem Schrifttum Babais, rekonstruieren lässt, vertrat Henana eine Lehre, die ihn in die Nähe der neuchalkedonensischen oder miaphysitischen Christologie geraten ließ. Auch scheint er in der Schriftauslegung andere Wege betreten zu haben, als sie von Theodor von Mopsuestia vorgezeichnet waren. Mehrere Synodalbeschlüsse schrieben die Autorität Theodors dagegen unzweideutig fest.

Zum anderen hatten die miaphysitischen Syrer (also die Syrisch-Orthodoxe Kirche) in der Mitte des sechsten Jahrhunderts auch in Mesopotamien Fuß gefasst. Dass der Kirche des Ostens damit eine spürbare Konkurrenz erwachsen war, wurde spätestens nach dem Hinscheiden von Katholikos Gregor I. im Jahr 609 offenkundig. Unter dem Einfluss seiner christlichen Gemahlin Schirin und seines Hofarztes Gabriel von Siggar, beide miaphysitisch gesinnt, verbot Großkönig Chosrau II. (590-628) die Nachwahl eines Katholikos. Erst mit dem Tod Chosraus 628 bot sich wieder die Möglichkeit zur Wahl eines Kirchenoberhauptes. Es war Babai, der die Kirche in seiner Eigenschaft als Abt durch die mancherlei Gefährdungen jener Jahre hindurchführte.

3. Die Kirche im Reich der Omayyaden und Abbasiden

3.1 Muslimische Herrschaft und arabische Kultur

Erschöpft vom kräftezehrenden Ringen mit Byzanz fiel das Reich der Perser innerhalb weniger Jahre dem Ansturm der muslimischen Araber zum Opfer (Schlacht von Qadisiya 636/37; vgl. S. 18). Der letzte Sasanide Yazdgird III. floh nach Merw, wo er 651 ermordet wurde. Nach dem muslimischen Geschichtsschreiber al-Tabari (gest. 923) soll es der Bischof der Stadt gewesen sein, der den Großkönig zur letzten Ruhe bettete. Zu den neuen Machthabern scheint die Kirche des Ostens bald relativ gute Beziehungen unterhalten zu haben. Dabei half ihr die Erfahrung, stets unter nichtchristlichen Machthabern gelebt und auch nie ein christliches Herrscherideal ausgebildet zu haben. Patriarch Ischoyahb III. (650-658) konnte in einem Brief anerkennend davon berichten, dass die Priester von den Muslimen respektiert, Kirchen und Klöster geschützt würden. Gott selbst habe den Muslimen die Herrschaft über die Welt verliehen (*ep.* III, 14).

Gleichzeitig geht aus dem Briefcorpus des Patriarchen aber auch hervor, dass nicht wenige Angehörige seiner Kirche bereits zum Islam abgefallen waren. Ischoyahb III. macht dafür rein materielle Gründe geltend. Im Hintergrund dürfte die Nichtmuslimen auferlegte Sondersteuer stehen. Auch die in Qatar abgehaltene Synode von 676 spricht von der finanziellen Mehrbelastung der Christen und weiß noch von anderen Schwierigkeiten zu berichten. In hoher Zahl scheinen Gläubige zunächst an der Westküste des Persischen Golfes zum Islam übergegangen zu sein. Christen aus dem Inneren der arabischen Halbinsel wurden schon bald gezwungen, ihre Heimat zu verlassen. Teilweise konnten sie in das südmesopotamische al-Hira ausweichen. Die Stadt war in der Spätantike Hauptort des arabischen Reiches der 602 erloschenen Lakhmidendynastie gewesen. Teile der Bevölkerung wie auch des Königshauses gehörten der Kirche des Ostens an. Die Zahl der christlichen Araber nahm nach der islamischen Eroberung 635 beständig ab, der letzte Bischof al-Hiras ist für das elfte Jahrhundert nachgewiesen.

Zur steigenden Zahl von Konversionen trug auch das Selbstbewusstsein der Muslime von der Überlegenheit ihrer Religion bei, das sich etwa in der Errichtung des Felsendoms 691/92 (mitsamt seinen auf die Christen zielenden Inschriften) unter dem omayyadischen Kalifen Abd al-Malik öffentlich artikulierte. Aus den 720er Jahren ist uns ein syrischer Text erhalten, der exemplarisch zeigt, wie kirchliche Schriftsteller auf die Herausforderung des muslimischen Wahrheitsanspruches reagiert haben. Es handelt sich um das wohl fiktive Gespräch eines muslimischen Würdenträgers mit einem Mönch des Klosters Bet Hale bei al-Hira, das sich um Glaubensfragen drehte. Am Ende soll sich der Muslim vom Christentum überzeugt gezeigt haben. Aus Furcht und Scham vor seinen Glaubensgenossen habe er diese Einsicht freilich für sich behalten. Eine Reihe solcher Berichte war dazu bestimmt, Christen in ihrem Glauben zu stärken. Vielfach kann bezweifelt werden, dass dabei tatsächlich geführte Religionsgespräche aufgezeichnet worden sind.

Mit dem Niedergang der Omayyaden ging das Kalifat 750 an die Abbasiden über. Mit ihnen verlagerte sich der Schwerpunkt des muslimischen Reichs von Damaskus nach Mesopotamien. Kalif al-Mansur gründete 762 unweit von Seleukeia-Ktesiphon seine neue Hauptstadt Bagdad. Damit war die Kirche des Ostens von der Peripherie in die Mitte des Reiches gerückt. Katholikos Timotheos I. (780-823) hat die Chancen, die in dieser Verschiebung lagen, hellsichtig erkannt und energisch genützt. Für sich und seine Kirche vermochte er eine Vorrangstellung im Kreis der anderen christlichen Glaubensgemeinschaften zu sichern; den Sitz des Katholikos verlegte er nach Bagdad. Timotheos besaß Zugang zu den Kalifen al-Mahdi (775-785) und Harun al-Raschid (786-809). Von einem ausführlichen Glaubensgespräch mit al-Mahdi im Jahr 782/83 berichtet Timotheos in einem seiner Briefe (*ep.* 59). Seiner Darstellung dürfte mit hoher Wahrscheinlichkeit ein historischer Kern zugrunde liegen. Möglichkeiten und Grenzen eines Religionsgesprächs im Rahmen muslimischer Herrschaft werden hier sichtbar: Der Katholikos konnte seine christlichen Überzeugungen äußern, freilich ohne jede Kritik am Islam zu üben. Wenngleich er Muhammad nicht als Propheten im Sinne des Islam anerkennt, gesteht er ihm doch zu, „auf dem Pfad der Propheten" gewandelt und für das Volk der Araber viel Gutes bewirkt zu haben. Den Sieg der Araber über die christlichen Byzantiner führt der Katholikos darauf zurück, dass die „Griechen" mit ihrem häretischen Glaubensbekenntnis Gottes Zorn auf sich gezogen hätten.

Als günstig erwies es sich, dass christliche Laien am Kalifenhof in hohe Stellungen gelangen konnten. Das gilt namentlich für eine lange Reihe von Hofärzten, die in der Lage waren, Gunsterweise für ihre Kirche zu erwirken. So wurden die rigiden Maßnahmen, denen Christen unter muslimischer Herrschaft nach strenger Rechtsauslegung eigentlich unterworfen sind, nicht immer konsequent angewandt. Die Position von Hofärzten wurde großteils in ostsyrischen Familien weitergegeben, die aus Gundischapur stammten, insbesondere in den Familien Bokhtischo und Masawaih. Dort war noch zu Zeiten des Persischen Reiches eine medizinische Akademie mit einem Hospital entstanden. Gabriel ibn Bokhtischo war von Harun al-Raschid mit der Errichtung des Krankenhauses in Bagdad betraut worden.

Katholikos Timotheos I. berichtet an anderer Stelle, von al-Mahdi gebeten worden zu sein, die *Topik* des Aristoteles in das Arabische zu übersetzen. Mit Hilfe seines Sekretärs Abu Nuh al-Anbari führte der Katholikos diesen Auftrag aus. Durch ihre Kenntnisse des Griechischen und des Syrischen waren gebildete Christen für diese Aufgabe bestens gerüstet. Die Kenntnisse der Muslime über die antiken Wissenschaften, zuvörderst über Medizin und aristotelische Philosophie, haben diese Übersetzungstätigkeit zur Voraussetzung. Als Übersetzer und als Verfasser eigener Traktate in arabischer Sprache trat besonders Hunain ibn Ishaq (808-873) hervor. Zur Schaffung einer arabischen Wissenschaftssprache auf dem Feld der Medizin hat er entscheidend beigetragen. Seine textkritischen Untersuchungen wie auch seine theoretische Grundlegung einer Theorie sinngemäßen Übersetzens genügen höchsten Ansprüchen. Hunain stammte übrigens aus al-Hira; das Arabische war seine Muttersprache.

Im Laufe der Zeit findet das Arabische unter ostsyrischen Autoren immer häufiger Verwendung. Der in der ersten Hälfte des neunten Jahrhunderts wirkende Ammar al-Basri kann vielleicht als erster systematischer Theologe seiner Kirche bezeichnet werden, der sich in arabischer Sprache ausgedrückt hat. In seinem *Buch der Fragen und Antworten* unternimmt er den Versuch, die Menschwerdung des Gottessohnes auf dem Boden der Vernunft gegen die Muslime zu verteidigen. Von Elias von Nisibis (975-1046) ist die Niederschrift von sieben Zusammenkünften („Sitzungen") mit einem muslimischen Wesir erhalten, die um religiöse Themen kreisen, aber auch um Fragen der Sprache und Kultur. Dass Elias an syrischer und arabischer Kultur gleichermaßen Anteil hatte oder doch haben wollte, zeigen etwa sein arabisch-syrisches Wörterbuch und seine zweisprachig verfasste Weltchronik. Auch späteren Theologen der Kirche des Ostens war diese Form der Zweisprachigkeit geläufig.

3.2 Die Blüte der ostsyrischen Mystik

Das spirituelle Leben der ostsyrischen Kirche wurde von einer mystischen Frömmigkeit genährt, die in den zahlreichen Klöstern und Einsiedeleien hingebungsvoll gepflegt wurde. Ihre traditionsgeschichtlichen Wurzeln liegen in der Alten Kirche. Ihre Blütezeit erlebte die ostsyrische Mystik im 7./8. Jahrhundert. Die geistlichen Schriften des Einsiedlers Isaak von Ninive (7. Jh.) wurden durch griechische und slawische Übersetzungen über die ostsyrische Kirche hinaus bekannt und zählen bis heute zu den Grundtexten ostkirchlicher Spiritualität (und zwar in den orientalisch-orthodoxen wie auch den östlich-orthodoxen Kirchen). Isaak widmete seine besondere Aufmerksamkeit dem sogenannten „Nicht-Gebet", jenem Zustand der inneren Einkehr, in dem alle Worte und diskursive Verstandestätigkeiten verstummen. In diesem inneren Raum der Stille könne die mystische Vereinigung erfahren werden. Die Traktate des Joseph Hazzaya (8. Jh.) zeigen eine ausgereifte systematische Durchdringung mystischer Theologie. Für ihn nimmt der Aufstieg zu Gott seinen Ausgang von der Betrachtung der Menschheit Jesu, die übergeht in die Schau des mit dem Licht der Trinität verklärten Herrn, in das hinein sich der menschliche Geist vermischt und sich mit Gott vereint. Ähnliche Vorstellungen begegnen bei Johannes von Dalyatha (8. Jh.), dessen Briefcorpus kostbare Schilderungen eigener mystischer Erfahrung birgt.

Diese Form der Mystik traf in Katholikos Timotheos I. allerdings auf einen entschiedenen Gegner. Nach seiner Auffassung wurde die antiochenisch-ostsyrische Trennung von Göttlichem und Menschlichem in Christus gefährdet, wo eine Schau des göttlichen Lichtes im verklärten Christus behauptet wurde. Die Gottheit aber könne von keinem Geschöpf geschaut werden. Auf einer Synode des Jahres 786/87 ließ der Katholikos-Patriarch u.a. Joseph Hazzaya und Johannes von Dalyatha verurteilen. Die Verurteilung scheint nicht lange Bestand gehabt zu haben. Eventuell wurde sie bereits vom Nachfolger des Timotheos wieder rückgängig gemacht. Aus dem 10. Jahrhundert besitzen wir die ausführliche Lebensbeschreibung des Rabban Joseph Busnaya aus der Feder seines Schülers Johannes bar Kaldun; alle großen Themen der ostsyrischen Mystik werden hier wieder zur Sprache gebracht.

4. Die Missionskirche Asiens

Nach dem Gebiet ihrer Entstehung wird die Apostolische Kirche des Ostens zwar als „ostsyrische" oder in neuerer Zeit als „assyrische" Kirche bezeichnet, doch hatte sie die Grenzen des aramäischen Volkstums im Zweistromland schon früh überschritten. Christen iranischer und arabischer Sprache zählten bereits in sasanidischer Zeit zu ihren Angehörigen. Rew Ardaschir, der Bischofssitz der Persis, wurde Ende des fünften Jahrhunderts zur Metropolie erhoben. Von den Christen im arabischen Lakhmidenreich war bereits die Rede (vgl. S. 32). Darüber hinaus hatte sich – im Windschatten der persischen Expansion auf der Arabischen Halbinsel – im sechsten Jahrhundert die Möglichkeit eröffnet, bis hin zum Jemen und Oman missionarisch tätig zu werden. Das Auftreten des Islam hat diese Missionserfolge wieder zunichte gemacht. Noch im neunten Jahrhundert hören wir von einem Bischof in Sana, und noch Marco Polo († 1324) berichtet von einem Bischof auf der Südarabien vorgelagerten Insel Sokotra.

Zur größten Missionskirche ihrer Zeit, zur ersten „Weltkirche" der Christentumsgeschichte, wurde die Kirche des Ostens aber durch ihr Ausgreifen bis nach Zentralasien, China, der Mongolei und nach Südindien. Es waren in aller Regel christliche Kaufleute, die auf den Handelswegen, namentlich der berühmten „Seidenstraße", ihren Glauben in diese fernen Regionen trugen. Ihnen folgte die Errichtung von Klöstern und Bischofssitzen, die eine fast ganz Asien umspannende kirchliche Organisation bildeten. Menschen unterschiedlichster Sprachen und Völker fanden sich so in einer Kirche zusammen. Sie schufen christliche Literaturen und beteten auch in ihren je eigenen Sprachen. Zusammengehalten wurden sie von einem weitmaschigen Kommunikationsnetz mit dem Katholikos-Patriarchen an der Spitze und von dem einigenden Band der syrischen Liturgiesprache, wobei Teile des Gottesdienstes in der Volkssprache gehalten werden konnten. Eine eigene Ausbildungsstätte für die Mission errichtete Katholikos Timotheos I. (780-823) im Kloster Bet Abe, wo geeignete Mönche in den Sprachen der verschiedensten Völker Asiens unterwiesen wurden.

4.1 Der Weg nach Zentralasien

Zum Ausgangspunkt des langen Weges nach Zentralasien wurde das an der Seidenstraße gelegene Bistum Merw. Von dort aus führte die Mission ab dem sechsten Jahrhundert über den Oxus (Amu-Darya) und den Jaxartes (Syr-Darya) hinaus und erreichte Angehörige türkischer Stämme sowie die iranischen Soghder. Die Archäologie hat z.B. in Kyrgyzstan bedeutende Zeugnisse ostsyrischen Christentums zu Tage gefördert, so Kirchen- und Klosteranlagen, Felsinschriften und Grabsteine. In Ostturkestan, heute die chinesische Provinz Xinjiang, befand sich in der Stadt Kaschgar ein Bischofssitz. Auf der Südroute der Seidenstraße durch das Tarimbecken fand das Christentum seit dem achten Jahrhundert auch bei den Tibetern Eingang, für die ein eigener Bischof bestellt wurde. Auf dem nördlichen Weg der Seidenstraße entwickelte sich die Turfanoase zu einem Zentrum der Kirche des Ostens. Kunde vom geistigen Leben der dortigen Christen geben uns Textfunde, die besonders in Dunhuang und Bulayiq gemacht wurden. Diese Texte, die großteils auf das neunte und zehnte Jahrhundert zurückgehen, sind auf Syrisch, aber auch in persischen und alttürkischen Sprachen sowie auf Chinesisch und Tibetisch abgefasst. Besonders häufig ist dabei das Soghdische, ein Zweig des Mittelpersischen, vertreten, die Verkehrsprache im Zentralasien des ersten Jahrtausends. Zumeist handelt es sich um Übertragungen aus dem Syrischen, so etwa liturgische, asketische und hagiographische Texte, die das Mönchtum als Träger dieser Übersetzungsbewegung ausweisen.

Doch noch etwas anderes führen die reichen Handschriftenfunde vor Augen: In den freigelegten Höhlen mit ihren literarischen Schätzen wurden keineswegs nur christliche Texte gefunden. Schriften manichäischen und buddhistischen Inhalts übertreffen das christliche Material um ein Vielfaches. Auf ihrem Weg nach Zentralasien befand sich die Kirche des Ostens in einer religiös pluralen Umwelt und dürfte in den seltensten Fällen den Status einer Mehrheitsreligion errungen haben.

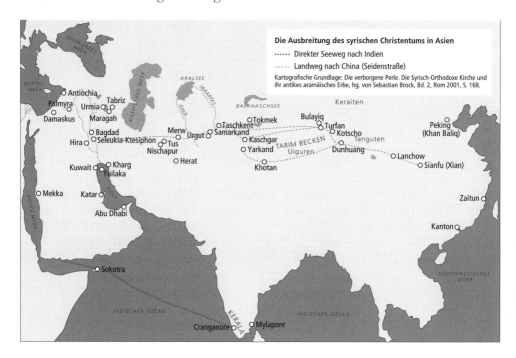

Die Ausbreitung des syrischen Christentums in Asien

...... Direkter Seeweg nach Indien

----- Landweg nach China (Seidenstraße)

Kartografische Grundlage: Die verborgene Perle. Die Syrisch-Orthodoxe Kirche und ihr antikes aramäisches Erbe, hg. von Sebastian Brock, Bd. 2, Rom 2001, S. 168.

4.2 Im China der Tang-Dynastie

Wie das Christentum ostsyrischer Prägung seinen Eingang in das Reich der Mitte fand, erfahren wir aus einem archäologischen Monument ersten Ranges: der Stele von Sian-fu (Xi'an). Diese an die drei Meter hohe Säule, die schon 1623/25 wieder aufgefunden und im Abendland bekannt gemacht wurde, war 781 in der Hauptstadt Chinas unter der Tang-Dynastie (618-907) errichtet worden und gehörte zu einem christlichen Kloster. Die Stele trägt eine chinesische Inschrift mit 1800 Schriftzeichen; nur eine kurze Beischrift mit der Datierung und die Namen der Stifter sind zweisprachig, chinesisch und syrisch, verfasst. Den Haupttext könnte man als eine Art Werbeschrift für das Christentum bezeichnen. Darin wird Rückschau gehalten auf die Anfänge des Christentums in China und ein Abriss der christlichen Glaubenslehre gegeben. So erfahren wir, dass ein syrischer Mönch mit dem Namen „Alopen" (so die chinesische Wiedergabe) im Jahr 635 China erreicht hatte. Die Stele fährt fort mit einem kaiserlichen Edikt vom Jahr 638, das den Bau eines Klosters in der Hauptstadt ermöglichte. Insgesamt sind uns aus dieser Zeit übrigens elf Klöster bekannt.

Schon in ihrer äußeren Gestaltung weist die Stele auf einen charakteristischen Zug des ostsyrisch-chinesischen Christentums hin, den man nicht zu Unrecht mit dem modernen Begriff der „Inkulturation" beschrieben hat. Das aus Stein gemeißelte Monument steht wie viele andere Stelen auch auf dem Rücken einer Schildkröte, dem chinesischen Symbol stabiler Weltordnung. An der Spitze sieht man drei ineinander verschlungene Drachenpaare mit einer Perle als Sonnensymbol. Darunter nennt ein Schild mit neun großen chinesischen Schriftzeichen die Überschrift: „Stele zur Verbreitung der Leuchtenden Religion von Ta Qin [östlicher Mittelmeerraum] im Reich der Mitte". Über den Schriftzeichen ist ein Kreuz erkennbar, das zwischen Wolken und Baumzweigen auf einer Lotusblüte aufruht. Das Christentum tritt uns hier im Gewand von Symbolen aus der chinesischen Kultur entgegen. Auch inhaltlich ist es zu Inkulturationsprozessen gekommen, soweit wir das den wenigen Resten einer chinesisch-christlichen Literatur entnehmen können. Neben der Inschrift von Sian-Fu sind sechs weitere Texte aus dem siebten bis zehnten Jahrhundert erhalten, von denen die beiden ältesten vielleicht auf den Mönch Alopen selbst zurückgehen. Darstellungen der christlichen Lehre bedienen sich hier zuweilen Ausdrucksformen, die buddhistischem und taoistischem Denken entstammen. Wenn die späteren Schriftstücke zentrale Gehalte des Christentums ausblenden und sich buddhistischen Vorstellungen öffnen wie dem guten Karma, das von den Verdiensten der Ahnen abhängt, dann scheint die Grenze zwischen Inkulturation und Synkretismus manchmal überschritten worden zu sein.

Ermöglicht wurde die Ausbreitung des Christentums durch die weltoffene Haltung unter den ersten Kaisern der Tang-Dynastie. Trotz chinesischer Literaturproduktion scheint es dem Christentum aber nicht gelungen zu sein, den Charakter des Fremden abzustreifen. Die ethnisch bunte Gemeinde wird sich in der Hauptsache aus iranischen und turkstämmigen Christen zusammengesetzt haben. So wurde die Kirche des Ostens denn auch ein Opfer der Maßnahmen, die Kaiser Wuzong (841-846), ein überzeugter Taoist, gegen die „ausländischen" Religionen seines Reiches ergriff. Nach der Verbannung des Manichäismus 843 erließ der Kaiser zwei Jahre später ein Edikt gegen den Buddhismus, von dem auch die Christen und die Zoroastrier betroffen waren. Bezeichnenderweise scheint das Christentum als eine Art buddhistische Sekte wahrgenommen worden zu sein. Das Edikt wendet sich besonders gegen die Mönche aller Religionen: Sie galten dem taoistischen Kaiser als wirtschaftlich unnütz und gesellschaftlich schädlich. Der erste Versuch einer christlichen Chinamission scheiterte damit im Jahr 845.

4.3 Unter den Mongolen

Die Kirche des Ostens ist dann aber noch einmal nach China vorgedrungen, als die Mongolen das Reich der Mitte unter Dschingis Khan und seinen Nachfolgern im Laufe des 13. Jahrhunderts eroberten. Vorangegangen waren Missionserfolge unter einer Reihe von turko-tatarischen Völkern: so unter den Uiguren, die in ihrer Mehrheit freilich dem Manichäismus anhingen und bis zur Mitte des neunten Jahrhunderts in China als Schutzherren dieser Religion auftraten. Der Khan der Keraiten bekehrte sich 1007 mit großen Teilen seines Volkes zum Christentum; dieses Volk siedelte südlich des Baikal-Sees. Der Priester, aus dessen Händen der Khan die Taufe empfing, war vom Bischof von Merw entsandt worden. Unter Toghril Khan (1175-1203/04) stiegen die Keraiten zum mächtigsten Volk der Mongolen auf. Toghril wurde von Dschingis Khan entmachtet, der sich 1206 zum Herrscher aller Herrscher ausrufen ließ. Doch ehelichte Dschingis Khan eine Nichte Toghrils und gewährte damit dem Christentum Raum in der Herrscherfamilie.

Unter den weiteren christlichen Ehefrauen in der Familie des Dschingis Khan erwies sich vor allem Sorqaqtani-Beki († 1252), eine andere Nichte Toghrils, als einflussreiche Herrscherin. Als Gemahlin des jüngsten Sohnes Dschingis Khans schenkte sie dem Großkhan Möngke (1251-1259), dem chinesischen Kaiser Kublai Khan (1260-1294) und Hülägü das Leben, der 1256-1265 als Ilkhan über Persien regierte. In der Gefolgschaft Dschingis Khans und seiner Nachfolger sind uns auch manche Minister und Heerführer bekannt, die der Kirche des Ostens zugehörten. Auch die turko-tatarischen Öngüten hatten sich dem Christentum geöffnet. Sie waren es, die der Goldenen Horde das Überqueren der Großen Mauer ermöglicht haben.

Dass das Christentum bis in die Spitzen der Gesellschaft vordringen konnte, hängt mit der grundsätzlich toleranten Haltung der mongolischen Herrscher zusammen. Doch ruhte diese Freizügigkeit auf einem schamanistischen Fundament auf, dessen alltagsreligiöse Praktiken nie in Frage gestellt wurden. So musste auch der Absolutheitsanspruch des Christentums letztlich auf Unverständnis stoßen. Greifbar wird uns diese Haltung aus Reiseberichten abendländischer Ordensleute, die als Gesandte an den Hof einiger Großkhane geschickt wurden. Diesen Berichten sind auch Nachrichten über die religiösen Verhältnisse unter den mongolischen Ostsyrern zu entnehmen, die über eine gewisse Disziplinlosigkeit von Klerus und Kirchenvolk klagen. Dabei ist freilich in Rechnung zu stellen, dass die Ostsyrer den lateinischen Ordensleuten prinzipiell als verstockte Häretiker galten. Das Interesse des Westens für die ostsyrischen Christen war geweckt worden durch unbestimmte und recht phantasievolle Nachrichten, die seit der Mitte des 12. Jahrhunderts in Europa kursierten und von einem christlichen, gegen die Muslime streitenden Priesterkönig Johannes im fernen Asien wussten. Ihren historischen Haftpunkt wird die Überlieferung vom Priesterkönig Johannes in Ereignissen haben wie etwa den Kriegszügen, die keraitische (also ostsyrisch-christliche) Herrscher gegen muslimische Emire geführt haben.

Nachdem die Kreuzfahrer 1244 Jerusalem endgültig verloren hatten, entsandten Papst Innozenz IV. und Ludwig IX. den Franziskaner Johannes von Plano Carpini zu den Mongolen, der im Jahr 1246 im Lager des Großkhan Güyük (1246-1248) in Karakorum eintraf. Johannes berichtete nicht nur von „Nestorianern" in höchsten Staatsämtern, sondern auch davon, dass der Großkhan das Ansinnen, sich taufen zu lassen und an der Seite der Kreuzfahrer zu kämpfen, barsch zurückwies: „Wie weißt du, was Gott gefällt und wem er verzeiht?" (Benedictus Polonus, *rel.* 19). Wilhelm von Rubruk, ebenfalls Franziskaner, kam 1254 in das Jurtenlager des Großkhan Möngke. Auch er konnte den mongolischen Herrscher nicht von der Annahme des (lateinischen) Christentums überzeugen. Die Antwort Möngkes ist bezeichnend: „So wie Gott der Hand mehrere Finger verlieh, so gab er den Menschen mehrere Wege, die Seligkeit zu erlangen" (*itin.* 34). Eine theologische Disputation, die der Großkhan zu Pfingsten 1254 zwischen Christen, Muslimen, Buddhisten und einem Manichäer veranstaltete, endete zur großen Enttäuschung Wilhelm von Rubruks denn auch unentschieden. Bemerkenswert bleibt, dass Wilhelm in diesem Religionsgespräch trotz aller Vorbehalte an der Seite der „Nestorianer" stand, mit denen zusammen er „um der Ehre des Kreuzes willen" auch eine Prozession durch das Zeltlager des Großkhans veranstaltete.

Nach Mesopotamien und in den Vorderen Orient drangen die mongolischen Heere in der Mitte des 13. Jahrhunderts unter Möngkes Bruder Hülägü vor. Bagdad fiel 1258 in seine Hände; der Kalif wurde ermordet. Die Christen der Stadt wurden während der überaus gewalttätigen Eroberung geschont. Dem Katholikos-Patriarchen Makkikha II. (1257-1265) wurde sogar ein ehemaliger Palast des Kalifen als Residenz zugewiesen. Unter den mongolischen „Ilkhanen", die den Christen gegenüber zunächst wohlwollend eingestellt waren, sollte die zweite Hälfte des 13. Jahrhunderts zur – freilich letzten – Blütezeit der Kirche des Ostens und des syrischen Christentums insgesamt werden.

Zum Erliegen gebracht wurde der mongolische Vormarsch allerdings durch den Widerstand der muslimischen Mamlukenherrscher Ägyptens. In der Schlacht von Ain Dschalut in Galiläa 1260 brachte der Emir Baibars den mongolischen Heeren unter der Führung Kitbuqas, eines ostsyrischen Christen, eine entscheidende Niederlage bei. Nun waren es die Mongolen Persiens, die sich um eine Verbindung mit den christlichen Mächten des Abendlandes bemühten. Unter dem Ilkhan Argun (1284-1291) wurde der Mönch Rabban Sauma († 1294) im Jahre 1287 nach Europa entsandt. Rabban Sauma war Uigure und hatte als Einsiedler nördlich von Peking gelebt, ehe er zu einer Wallfahrt nach Jerusalem aufbrach und vom Ilkhan Persiens in Dienst genommen wurde. Über seine Reise an den päpstlichen Hof, nach Paris zu Philipp dem Schönen von Frankreich und nach Bordeaux zu Edward I. von England hat Rabban Sauma einen ausführlichen Bericht in syrischer Sprache angefertigt, den man gerne als orientalisches Gegenstück zum Reisebericht Marco Polos bezeichnet. Zwar fand Rabban Sauma überall freundliche Aufnahme. Doch zeitigte seine Mission keine konkreten politischen und militärischen Ergebnisse.

Rabban Sauma hatte seinen Schüler Markos, einen Öngüten, mit nach Persien gebracht. Dort wurde dieser Markos, der selber der syrischen Kirchensprache nur bedingt mächtig war, 1281 als Yahbalaha III. zum Katholikos-Patriarchen seiner Kirche gewählt. Es erschien vorteilhaft, einen Kandidaten zu wählen, der dem Volkstum der mongolischen Landesherren angehörte. Schicksalhaft war es, dass sich der Ilkhan Ghazan (1295-1304) zum Islam bekehrte und seine neue Religion in jeder Hinsicht förderte. Nun entlud sich der aufgestaute Unmut der Muslime gegen die zuvor begünstigten Christen wie auch gegen Juden, Zoroastrier und Buddhisten. Der Katholikos wurde vorübergehend ins Gefängnis geworfen und gefoltert, Kirchen wurden zerstört und die diskriminierenden Bestimmungen für Nichtmuslime wieder eingeführt. Im Exil ist Yahbalaha III. im Jahr 1317 gestorben.

Am Ende der letzten Blütezeit der Apostolischen Kirche des Ostens steht der Metropolit Abdischo von Nisibis († 1318), der letzte bedeutende syrische Schriftsteller seiner Kirche. In der Zeit der heraufziehenden Gefährdung fasste er die Kenntnisse über Theologie, Recht und Literatur der Ostsyrer noch einmal kompendienhaft zusammen: in der Dogmatik *Perle des Glaubens*, in zwei Rechtssammlungen, die auf einer Synode 1318 als verbindlich anerkannt wurden, und in einer metrisch verfassten *Aufzählung aller kirchlichen Bücher*, die bis heute als unverzichtbare Quelle für das Studium der ostsyrischen Literaturgeschichte gilt.

An der nun strikt islamischen Ausrichtung der mongolischen Herrscher änderte sich auch unter Ghazans Nachfolgern nichts. Der fanatische Muslim Timur Lenk (1386-1405), der seine Residenz in Samarkand aufgeschlagen hatte, verwüstete die Länder von Zentralasien bis hin zum Vorderen Orient und vernichtete auf seinen grausamen Feldzügen nahezu alle Reste des ostsyrischen Christentums.

In China war es unterdessen zum Zusammenbruch der mongolischen Herrschaft gekommen. Die Fortführung einer ostsyrischen Mission im Süden des Riesenreiches war schon unter den Nachkommen des Kublai Khan von einflussreichen taoistischen Kreisen beschnitten worden. Die Eroberung Khan Baliqs und die Einsetzung der chinesischen Dynastie der Ming 1368 besiegelte sodann das Ende der Mongolenherrschaft und führte zur Ausweisung aller fremden Händler und Mönche. Damit war das Christentum zum zweiten Mal aus dem Reich der Mitte verbannt worden – und sollte in seiner ostsyrischen Gestalt dorthin auch nicht mehr zurückkehren.

Nur innerhalb eines Jahrhunderts war die Apostolische Kirche des Ostens von einer die Weiten Asiens umspannenden Kirche zusammengeschrumpft auf einige wenige aramäischsprachige Gemeinden, die sich im Wesentlichen in die unzugängliche Bergwelt Kurdistans, das Hakkari-Gebirge (heutige Südosttürkei), und in die Gegend um das persische Urmia zurückzogen. Unter diesen höchst eingeschränkten Lebens- und Wirkungsmöglichkeiten nahm die ostsyrische Kirche schon bald den Charakter einer Art Stammesreligion an. Um die Mitte des 15. Jahrhunderts wurde das Amt des Katholikos-Patriarchen in einer Familie erblich und ist bis in das 20. Jahrhundert vom Onkel auf den Neffen weitergegeben worden. Nur eine einzige Region des einst riesigen Kirchengebietes blieb von diesen Stürmen verschont und kennt auch heute noch (bzw. wieder) Gemeinden der Kirche des Ostens: Südindien.

4.4 Die Beziehungen zu den Thomaschristen Südindiens

Historisch unsichere Überlieferungen verehren den Apostel Thomas als Glaubensboten an der Malabarküste im Südwesten des indischen Subkontinents. Die Ursprünge dieser Tradition liegen im Dunkeln und werden für uns erst in europäischen Reiseberichten seit dem 13. Jahrhundert recht greifbar. Nach seiner Ankunft im Jahre 52 n.Chr. soll er im heutigen Bundesstaat Kerala mehrere Einheimische bekehrt und erste Kirchen gegründet haben. Die moderne Forschung verweist die Thomas-Tradition, die unter den Christen Südindiens bis heute überaus lebendig ist, deshalb weithin in das Reich der Legende. Dessen ungeachtet ist aber unbestritten, dass es in der Spätantike rege Handelsbeziehungen zwischen Südindien und der Mittelmeerwelt gegeben hat. Auf diesen Routen konnte das Christentum theoretisch also schon sehr früh in das Gebiet der „Thomaschristen" gekommen sein.

Nachrichten über christliche Spuren in Indien aus der Spätantike sind gleichwohl von der Schwierigkeit belastet, dass man unter „Indien" auch die Gebiete im Norden des Subkontinents verstehen konnte (dortin weisen die „Thomasakten" aus dem dritten Jahrhundert) oder auch die Regionen an den Küsten des Roten Meeres. In Edessa, wo seit dem vierten Jahrhundert das Grab des Thomas gezeigt wurde, war man sich dessen bewusst, dass der heilige Leib des Apostels aus „Indien" hierher überführt worden war. Die Tatsache der Reliquienüberführung geht aus einem Preisgedicht Ephraems des Syrers eindeutig hervor, doch muss unentschieden bleiben, welche Gegend hier genau gemeint ist. Über das Grab des Thomas in Meliapur südlich von Chennai (Madras), das bis heute Ziel einer regen Wallfahrt ist, liegen aus dem ersten Jahrtausend keine sicheren Nachrichten vor.

Eine gewisse Wahrscheinlichkeit, dass wirklich Südindien gemeint ist, kann man dagegen einer Notiz der ostsyrischen *Chronik von Seert* aus dem elften Jahrhundert zubilligen, wonach ein Bischof David von Basra um 300 in Indien gewirkt habe. Im sechsten Jahrhundert berichtet Kosmas Indikopleustes, „der Indienfahrer", von christlichen Gemeinden, die von Bischöfen aus Persien, also ostsyrischen Prälaten geleitet wurden und die an der Malabarküste und auf Sri Lanka, der Insel „Tabrobane", zu lokalisieren sind. Dem entspricht es, dass der Metropolit von Rew Ardaschir in der Persis zunächst auch für Indien zuständig war, ehe die Region dann spätestens seit dem ausgehenden achten Jahrhundert eine eigene Provinz innerhalb der Apostolischen Kirche des Ostens bildete.

Aufs Ganze gesehen fließen die Nachrichten über diesen Teil der Kirchengeschichte bis zur Ankunft der Portugiesen jedoch spärlich. Verantwortlich dafür sind nicht zuletzt die Portugiesen selbst, die in Südindien syrische („häretische") Handschriften in erheblichem Umfang vernichten ließen. Immerhin belegen noch einige Kreuzsteine aus dem siebten bis neunten Jahrhundert, die in Keralas Kirchen aufbewahrt werden, die Verbindung zur ostsyrischen Kirche. Es handelt sich um Kreuzreliefs mit persischen Umschriften. Einblicke in die soziale Stellung der Christen geben einige Kupferplatten (vielleicht nach Vorbildern aus dem neunten Jahrhundert gefertigt und selbst späteren Datums). Sie berichten von mancherlei Privilegien, die den Christen von lokalen Herrschern (Radschas) gewährt wurden. Namentlich als Händler und Kriegsleute scheinen die Christen ihren Platz innerhalb des bestimmenden Kastenwesens gefunden und behauptet zu haben.

Am Beginn der Neuzeit ging Indien der Apostolischen Kirche des Ostens verloren. Denn nachdem die ostsyrischen Hierarchie von den Portugiesen unterdrückt worden war, vollzogen Teile der einheimischen Christen im 17. Jahrhundert den Wechsel in die Syrisch-Orthodoxe Kirche, während die anderen Thomaschristen weiterhin lateinischen Bischöfen unterstanden (vgl. S. 87). Nach einigen vergeblichen Versuchen im 19. Jahrhundert gelang es erst dem Katholikos-Patriarchen Schimun XIX. Benjamin wieder, einen Metropoliten nach Kerala zu entsenden (Abimalek Timotheos, 1908-1945). Durch den Übertritt von einigen katholischen Indern konnte dort eine dauerhafte Hierarchie der Apostolischen Kirche des Ostens errichtet werden. Sitz des Metropoliten ist Trichur. Der aufgrund seiner regen Publikationstätigkeit und seiner ökumenischen Aufgeschlossenheit weithin bekannte Metropolit Mar Aprem leitet eine Gemeinschaft von heute etwa 30.000 Gläubigen.

5. Die Kirche in der Neuzeit

Als kleine Gemeinschaft stellt sich die Apostolische Kirche des Ostens am Beginn der Neuzeit dar. In ihrem nordmesopotamischen Stammland stand sie seit 1555 unter der Herrschaft der Osmanen. Im Hakkari-Gebirge lebten die Ostsyrer freilich in einem Gebiet, das bis in das 19. Jahrhundert hinein nur nominell der Hohen Pforte in Istanbul unterstand. Hier hatte man sich mit kurdischen Lokalfürsten zu arrangieren. In der Ebene von Urmia gehörten die Ostsyrer dagegen zum Persischen Reich der Safawiden.

5.1 Kontakte mit westlichen Missionaren und die Entstehung eines assyrischen Nationalbewusstseins

Seit dem 16. Jahrhundert war die Geschichte der ostsyrischen Kirche geprägt von Bestrebungen, eine Union mit Rom einzugehen. Den ersten Anlass dafür bot die Unzufriedenheit, die sich in Teilen des Klerus aufgrund der Erblichkeit des Patriarchenamtes breit gemacht hatte. So wurde Johannes Sulaqa, der Obere des altehrwürdigen Klosters Rabban Hormizd im Norden der Ebene von Mossul, 1552 von einigen Bischöfen zum Gegenkatholikos gewählt. Im Jahr darauf wurde er in Rom von Papst Julius III. förmlich anerkannt. Nach seiner Rückkehr in den Orient gelang es freilich seinem Kontrahenten Schimun VII., die osmanischen Behörden für sich einzunehmen und Johannes Sulaqa festnehmen zu lassen. Unter nie ganz geklärten Umständen ist er 1555 im Gefängnis gestorben. Zuvor konnte er jedoch einige Bischöfe weihen, die zunächst in der Gemeinschaft mit dem römischen Stuhl verblieben, den Kontakt nach Rom aber spätestens 1670 abreißen ließen. Von 1681 bis 1828 gab es sodann eine zweite Linie mit Rom verbundener (Gegen-)Patriarchen in Diarbakir (Südosttürkei), von denen die Einführung lateinischer Riten in den Gottesdienst betrieben wurde. Nach dem Tode des letzten Patriarchen dieser Linie erkannte Rom Johannes Hormizd als Patriarchen an, der sich zuvor schon als Metropolit von Mossul dem römischen Stuhl unterworfen hatte. Die Linie dieser Patriarchen besteht bis heute fort und steht an der Spitze der sogenannten „Chaldäischen" (also ostsyrisch-unierten) Kirche. Ihr Oberhaupt führt den Titel eines Patriarchen von Babylon und hat heute seinen Sitz in Bagdad.

Der Katholikos-Patriarch der Apostolischen Kirche des Ostens hatte seinen Sitz am Beginn des 19. Jahrhunderts in Qodschannes im Hakkari-Gebirge genommen. Nachdem protestantische Missionare aus den USA in Urmia auf Ostsyrer gestoßen waren, nahmen sie auch Kontakt zum Katholikos auf. Die Kunde von diesen letzten Repräsentanten einer unabhängigen Kirche apostolischen Ursprungs verbreitete sich nun rasch in Europa und Nordamerika. Es folgten weitere Vertreter protestantischer Kirchen, des anglikanischen Erzbischofs von Canterbury und selbst der Russisch-Orthodoxen Kirche. Ende des 19. Jahrhunderts kamen dazu auch Lutheraner der Hermannsburger Mission und des Hilfskomitees in Berlin und Lerbeck/Westfalen. Die konfessionelle Sonderstellung der Ostsyrer und die Aura einer von Rom unabhängigen Kirche mit Wurzeln in der Apostelzeit führten dazu, dass Protestanten und Anglikaner in der Kirche des Ostens in gewisser Weise eine Schwesterkirche sehen konnten, deren Sitte, Kult und Frömmigkeit freilich in reformatorischem Sinne zu läutern sei. Das nach Persien expandierende Russland meinte, in den Ostsyrern Urmias seine natürlichen Verbündeten erkennen zu können. Das russische Werben um die Kirche des Ostens verzeichnete 1898 insofern einen bescheidenen Erfolg, als Teile der Ostsyrer zur Russisch-Orthodoxen Kirche übertraten – nicht ohne zuvor der „nestorianischen" Häresie abgeschworen zu haben. Nachkommen dieser Konvertiten leben bis heute in verschiedenen Orten Russlands.

Für das Selbstverständnis der Ostsyrer blieb die Begegnung mit Vertretern des Westens nicht ohne Folgen. Denn einige der Missionare sahen in den Angehörigen der Kirche des Ostens – wie auch der Chaldäischen Kirche – Nachfahren der Assyrer des Alten Orients. Die sensationellen Ausgrabungen assyrischer Bauten im nördlichen Irak hatten ein lebhaftes Interesse an der Völkerwelt des Alten Orients geweckt. Die Abstammung der ostsyrischen Christen von den Assyrern wurde so etwa vom Ausgräber Ninives Austen H. Layard populär gemacht (in dem Buch „Niniveh and Its Remains", 1. Aufl.: New York 1849).

Im ausgehenden 19. Jahrhundert übernahmen führende ostsyrische Intellektuelle, unierte wie nichtunierte, diese Deutung und begannen, ein ausgesprochen „assyrisches" Nationalbewusstsein auszuprägen, das die traditionellen Kirchengrenzen überschreiten sollte. Historisch erscheint eine solche direkte Ableitung von den antiken Assyrern zwar nicht ganz plausibel, zumal das Aramäische sich nicht unmittelbar von deren Sprache herleiten lässt, doch ist es nicht unverständlich, dass eine kleine und stets bedrohte Minderheit unter der Einwirkung des modernen westlichen Nationalstaatsgedankens sich bereitwillig die Vergangenheit eines machtvollen, einst den Nahen Osten beherrschenden Reiches zu eigen machte. Die Apostolische Kirche des Ostens hat den Terminus „assyrisch" bzw. „der Assyrer" in ihre Selbstbezeichnung aufgenommen, während die Chaldäische Kirche hier zurückhaltend ist und stärker das Bewusstsein pflegt, auch Teil der arabischen Kulturwelt zu sein.

5.2 Die Katastrophen des Ersten Weltkrieges und der Zwischenkriegszeit

Zu einem „assyrischen" Volk sind die Gläubigen der Kirche des Ostens nicht zuletzt durch die traumatischen Erfahrungen am Beginn des 20. Jahrhunderts zusammengewachsen. In diesen Jahren stand die Kirche am Rande des Untergangs. Zum Verhängnis wurde ihr, dass ihr Siedlungsraum zwischen den Interessenssphären des Osmanischen Reiches und Russlands lag, das den Nordwesten Persiens für sich beanspruchte.

Seit 1909 unterhielt Russland Militärposten in Täbriz und Urmia. Beim Ausbruch des Ersten Weltkrieges erklärte das Zarenreich den Osmanen den Krieg. Als die russischen Truppen im Januar 1915 Nordwestpersien kurzfristig räumen mussten, wurden die Christen von den einrückenden Türken als Verräter betrachtet. Es kam zu Massakern und Plünderungen in christlichen Dörfern, wobei das türkische Heer von kurdischen Freiwilligen unterstützt wurde. An die 10.000 Ostsyrer wurden dabei getötet. Als die Russen dann bis Van vorstoßen konnten, hoffte Patriarch Schimun XIX. Benjamin (1903-1918) auf ihre Unterstützung und erklärte – als geistliches und weltliches Oberhaupt seiner „Nation" – am 10. Mai 1915 dem Osmanischen Reich den Krieg. Da die Lage im Hakkari immer unsicherer wurde, entschlossen sich Patriarch und Volk, im russisch besetzten Urmia Schutz zu suchen. Sie vereinten sich mit den dort lebenden Assyrern und kämpften auf der russsichen Seite. Nach der Oktoberrevolution 1917 wurden die russischen Truppen jedoch abrupt abgezogen. In verzweifelter Lage, eingekesselt von türkischen Heeresteilen, entschlossen sich die Assyrer zum Durchbruch in den britisch besetzten Irak. Es waren 70.000 Menschen, die auf einem Gewaltmarsch von rund 500 km nach Bagdad zogen. Etwa ein Drittel von ihnen wurde dabei durch Hunger, Epidemien und kurdische Überfälle hinweggerafft. Weitere Tausende erlagen noch den Strapazen im Flüchtlingslager Bakuba bei Bagdad.

Katholikos-Patriarch Schimun XIX. Benjamin war zuvor schon im März 1918 von einem kurdischen Führer heimtückisch erschossen worden. Sein Bruder bekleidete das

Patriarchenamt als Schimun XX. Paulos bis 1920; er starb 1920 im Lager Bakuba an Tuberkulose. Nun wurde sein erst elfjähriger Neffe als Schimun XXI. Eschai als Katholikos-Patriarch eingesetzt (1920-1975; nach eigener Zählung Schimun XXIII.). Es war die energische Schwester Surma der beiden verstorbenen Patriarchen, die die Rechte der Patriarchenfamilie gegenüber rivalisierenden Clans zu wahren versuchte. Entgegen britischen Zusicherungen zerschlugen sich in der Nachkriegszeit Pläne, ein autonomes Assyrer-Gebiet zu errichten. Die 1923 gegründete Türkei verbot den Assyrern ausdrücklich, in den Hakkari zurückzukehren.

Im Irak verschlechterte sich die Lage der geflüchteten Assyrer, als deutlich wurde, dass der im Entstehen begriffene unabhängige Irak nicht gewillt war, ihrer Volksgruppe einen autonomen Status zuzubilligen. Die Regierung war lediglich bereit, den Katholikos-Patriarchen als geistliches Oberhaupt, nicht aber als weltlichen Führer seines Volkes anzuerkennen. Schimun XXI. Eschai weigerte sich jedoch, auf seine zivilen Amtbefugnisse aus der Osmanenzeit zu verzichten. Als 1933 das britische Mandat über den Irak auslief, fasste eine Gruppe von Assyrern den Entschluss, in das sicherere französische Mandatsgebiet Syriens auszuwandern. Auf dem Weg nach Syrien wurden Tausende von Assyrern bei Semile von irakischen Truppen massakriert, assyrische Siedlungen niedergebrannt und viele ihrer Bewohner umgebracht. Der Hass auf die Assyrer, der sich hier Bahn brach, hatte auch damit zu tun, dass ihr Volk als Verbündeter der britischen Mandatsmacht betrachtet wurde. Assyrische Kampftruppen waren von den Briten vor 1933 zur Niederschlagung arabischer und kurdischer Aufständischer eingesetzt worden. Dennoch gelang es ab 1934, einen Teil der Assyrer am Fluss Khabur im äußersten Nordosten Syriens anzusiedeln, wo sie bis heute anzutreffen sind. Zum Gedenken an die Opfer der Verfolgungen wird der 7. August, an dem das Massaker von Semile 1933 stattfand, von Assyrern in aller Welt heute als Nationalfeiertag begangen.

Der Katholikos verlor seine irakische Staatsbürgerschaft und wurde des Landes verwiesen. Über Zypern gelangte er in die USA. Die im Irak verbliebenen etwa 20.000 Assyrer wurden zu Beginn des Zweiten Weltkrieges vorwiegend im Norden des Landes angesiedelt.

5.3 Die Kirche in der weltweiten Diaspora: Zwischen Spaltung und Erneuerung auf dem Weg in die Zukunft

Katholikos-Patriarch Schimun XXI. Eschai ließ sich 1954 mit seinem Clan in San Francisco nieder. Von dort aus versuchte er, Kontakt mit seinen verstreuten Gläubigen zu halten. Etliche waren ihm in die Emigration gefolgt. Assyrer leben heute in den USA, aber auch in einigen Ländern Europas. Neben den Gemeinden im Irak und Syrien gibt es auch ein Bistum im Iran. Kleine Gruppen finden sich auch in weiteren Ländern des Nahen Ostens. Zu einer Rückkehr des Kirchenoberhauptes in den Irak ist es weder unter Schimun XXI. noch unter seinem Nachfolger gekommen.

Nach dem Zweiten Weltkrieg wurde die Kirche von internen Krisen erschüttert. Der Metropolit von Trichur in Südindien (s.o. S. 41), Thomas Darmo, sprach sich seit etwa 1960 nachdrücklich gegen die erbliche Sukzession des Patriarchenamtes aus. An ihn wandte sich eine Gruppe von Assyrern im Irak, die die Reformen des Katholikos nicht billigen wollten. Schimun XXI. hatte nämlich 1964 verfügt, anstelle des alten julianischen Kalenders den gregorianischen Kalender einzuführen. Auch hatte er eine Verkürzung der Fastenzeiten und liturgische Reformen angeordnet. Was als Anpassung an die modernen Lebensverhältnisse im Westen sinnvoll erschien, galt manchen Christen im Orient als unerlaubte Neuerung. Hinzu kam der allgemeine Missmut darüber, dass der Katholikos nicht in den Irak zurückkehrte. Thomas Darmo stellte sich an die Spitze der innerkirchlichen Opposition und weihte 1968 in Bagdad drei Bischöfe, von denen er sich zum (Gegen-)Katholikos wählen ließ. Damit war ein Schisma innerhalb der Apostolischen Kirche des Ostens aufgebrochen, das bis heute fortbesteht. Der Nachfolger von Thomas Darmo, Addai II., ist seit 1972 im Amt und residiert in Bagdad. Seine altkalendarische Kirche umfasst etwa 50.-70.000 Gläubige im Irak, in Syrien und in den USA.

Schimun XXI. Eschai sorgte erneut für Unruhe, als er 1973 eine Assyrerin heiratete und sein Amt zur Verfügung stellte. Als nun eine Bischofsversammlung in Beirut den Katholikos-Patriarchen von seiner priesterlichen Würde suspendierte und seinen Namen aus der Patriarchenliste strich, nahm Schimun XXI. seine Funktion empört wieder auf. Der innerkirchliche Streit wurde auf tragische Weise beendet, als ein junger Assyrer den Katholikos 1975 in seinem Haus in San Francisco erschoss.

Mit dem Tode Schimuns XXI. 1955 endete nicht nur eine 55jährige Amtszeit, die von schicksalhaften Umbrüchen gekennzeichnet war. Auch die Erblichkeit der Patriarchenwürde, die sich über fünf Jahrhunderte hin gehalten hatte, war damit erloschen. Im Jahre 1976 traten sechs Bischöfe in London zusammen und wählten Mar Dinkha IV. zum Nachfolger auf dem apostolischen Stuhl von Seleukeia-Ktesiphon. Er hat viel zur Erneuerung seiner Kirche beigetragen und sie für den ökumenischen Dialog geöffnet. Mit dem Nachfolger Thomas Darmos, dem Metropoliten Mar Aprem von Trichur, gelang wenigstens in Indien die Aussöhnung der gespaltenen Kirche.

Unsicher bleibt die Lage der Assyrer im Irak. Sie litten unter den Arabisierungsmaßnahmen seit dem Ende der 70er Jahre des vergangenen Jahrhunderts. Sie waren auch betroffen vom Vorgehen Saddam Husseins gegen die Kurden: Zahlreiche christliche Dörfer, Kirchen und Klöster sind 1988 zerstört worden. Seit dem Ende des Zweiten Golfkrieges 1991 besitzt der Nordirak einen autonomen Status, von dem Christen teilweise profitieren. Das Aramäische ist dort als Schulsprache zugelassen. Auch gehören mehrere „chaldäo-assyrische" Minister der kurdischen Regionalregierung an.

Nach dem Ende der Herrschaft Saddam Husseins konnten sich die Vertreter der verschiedenen christlichen Parteien und Kirchen im irakischen Hauptgebiet nur bedingt auf eine gemeinsame politische Linie verständigen. Es zeigte sich, dass die Frage einer assyrischen Identität unter den Angehörigen der verschiedenen Kirchen syrischer Tradition durchaus problematisch ist. Ein Kompromiss von 2003, der die Menschen als „Assyro-Chaldäer" und ihre Sprache als „Syrisch" (und nicht „Assyrisch") bezeichnet, scheint nur bedingt tragfähig zu sein. Im Artikel 121 der Irakischen Verfassung von 2005 wurden ihre administrativen, politischen, kulturellen und erzieherischen Rechte festgeschrieben, dabei „Chaldäer und Assyrer" allerdings getrennt genannt, als ob es sich um zwei verschiedene Ethnien handelte.

Schwerer als die Probleme, zu einer gemeinsamen Identität zu finden, wiegen freilich die nicht enden wollenden Attentate und Bedrückungen, denen Christen aller Konfessionen im Irak seitens radikalislamistischer Terroristen seit dem Sturz Saddam Husseins ausgesetzt sind. Viele Christen sind deswegen ins Ausland geflohen, und ein Ende der Auswanderungswelle ist nicht abzusehen. Es mehren sich die Stimmen, die vor einem endgültigen Verlöschen der Apostolischen Kirche des Ostens in ihrem mesopotamischen Stammland warnen.

So ist die „Heilige und Apostolische Katholische Kirche des Ostens der Assyrer" mit ihren heute rund 330.000 Gläubigen im Laufe des 20. Jahrhunderts unfreiwillig wieder zu einer „Weltkirche" geworden, diesmal freilich nicht durch Mission, sondern durch Emigration. Ob sie ihr Erbe einer einst Völker und Kulturen umspannenden Glaubensgemeinschaft unter diesen neuen und ganz anderen Bedingungen fruchtbar zu machen versteht, muss die Zukunft weisen.

Die Äthiopisch-Orthodoxe Kirche und die Eritreisch-Orthodoxe Kirche

Karl Pinggéra

1. Das Christentum im Reich von Aksum

Nur wenige Jahrzehnte, nachdem der römische Kaiser Konstantin die Botschaft des Evangeliums angenommen hatte, bekehrte sich in der ersten Hälfte des vierten Jahrhunderts der Herrscher Äthiopiens zu Christus. Es war das Reich von Aksum, in dem das Christentum auf schwarzafrikanischem Boden Wurzeln schlagen konnte. In diesem Reich begann die mehr oder weniger kontinuierliche Staats- und Kirchengeschichte, die in das heutige Äthiopien und das seit 1993 unabhängige Eritrea führt. In antiker Zeit wurde „Äthiopien" in einem weiteren Sinne für alle Landstriche südlich von Ägypten verwendet, speziell aber für Nubien (das Land „Kusch" der hebräischen Bibel). Erst in nachklassischer Zeit wurde die Bezeichnung „Äthiopien" endgültig auf jene Gebiete übertragen, die heute von den beiden Staaten Äthiopien und Eritrea abgedeckt werden.

Im Laufe des ersten vorchristlichen Jahrtausends waren in diese Gegenden östlich des Roten Meeres Semiten aus Südarabien eingewandert, die sich über die ansässige kuschitische Bevölkerungsschicht legten und hier ihre Sprache und Kultur heimisch machten. Aus den Staatenbildungen des äthiopischen Hochlandes ging Aksum etwa im 1./2. Jahrhundert n. Chr. als machtvolles Reich hervor. Schon in diese Zeit fallen die ersten Zeugnisse einer eigenen Schrift und Sprache (Geez), die zum Kreis der südsemitischen Sprachen gehört. Diese Sprache lebt bis heute im Kult der Äthiopisch-Orthodoxen und der Eritreisch-Orthodoxen Kirche fort. Als Umgangssprache haben sich allerdings schon längst Weiterbildungen des Südsemitischen durchgesetzt, so besonders das Amharische, dessen literarischer Gebrauch schon im 14./15. Jahrhundert belegt ist. Bis 1991 genoss das Amharische, obzwar nur von einem Teil der Bevölkerung gesprochen, den Status der alleinigen Staatssprache Äthiopiens.

Man kann vermuten, dass das Christentum über die prosperierende Hafenstadt Adulis schon früh von Kaufleuten in das Reich von Aksum gebracht wurde. Über sichere Nachrichten verfügen wir allerdings erst aus dem vierten Jahrhundert: Rufin von Aquileia berichtet in seiner um 401 entstandenen Kirchengeschichte von dem christlichen Brüderpaar Frumentios und Aidesios aus Tyros, die in der ersten Hälfte des vierten Jahrhunderts im Roten Meer Schiffbruch erlitten hatten und an den Hof von Aksum gelangten. Während Aidesios in die Heimat zurückkehrte, blieb sein Bruder in Aksum und erlangte dort eine einflussreiche Stellung innerhalb der königlichen Familie. König Ezana, der etwa von 330 bis 370 regierte, nahm das Christentum für sich und seinen Hof an. Dahinter werden auch politische Interessen, ein gutes Verhältnis zum Römischen Reich, gestanden haben. Die Bekehrung ist nicht nur literarisch belegt. Auch die Inschriften Ezanas zeigen den Übergang zu der neuen Religion. Auf mehreren Inschriften nach siegreichen Feldzügen werden noch Gottheiten des südsemitischen Pantheons angerufen, bis dann eine Inschrift eindeutig monotheistisch formuliert ist und so – in eigentümlicher Analogie zur religiös mehrdeutigen Inschrift auf dem römischen Konstantinsbogen aus dem Jahr 315 – auch in christlichem Sinne verstanden werden konnte. Eindeutiger lässt sich die Hinwendung zum Christentum dann in der Münzprägung Ezanas fassen.

Feste kirchliche Formen nahm das Christentum Aksums an, als sich Frumentios nach Alexandreia begab und dort von Athanasios (um 295-373) wohl im Jahr 340 zum Bischof für Aksum geweiht wurde. Auf diese Zeit geht die eigentümliche Struktur der äthiopischen Kirche zurück, die im Wesentlichen bis zur Mitte des 20. Jahrhunderts Bestand hatte: An ihrer Spitze stand jeweils nur ein Bischof (Metropolit), der sogenannte „Abunä", der vom Patriarchen Alexandreias geweiht und nach Äthiopien entsandt wurde. Es waren ägyptische Mönche, also Landfremde, die zu diesem Dienst bestellt wurden und deren Aufgabe sich in der Regel auf die Weihe von Priestern, Diakonen und Kultgegenständen beschränkte. Eine Gliederung in Diözesen wurde erst im 20. Jahrhundert vorgenommen. Seit der Zeit der Kirchenspaltung im sechsten Jahrhundert war es der koptische (miaphysitische) Patriarch, der den Abunä weihte und damit formell als Oberhaupt der äthiopischen Kirche gelten konnte. Die beträchtliche Entfernung von Alexandreia und das Fehlen einer bischöflichen Kirchenstruktur brachten es mit sich, dass in Wirklichkeit der König selbst die kirchlichen Geschicke in seinem Lande lenkte.

War der christliche Glaube wohl zunächst auf den Hof zu Aksum beschränkt, haben Mönche aus dem östlichen Mittelmeerraum im frühen sechsten Jahrhundert Impulse zu einer weiteren Verbreitung des Christentums gegeben. Es ist anzunehmen, dass es sich dabei um Anhänger des miaphysitischen Bekenntnisses gehandelt hat, die aus dem Römischen Reich auswandert waren. Die miaphysitische Lehre wurde in Äthiopien heimisch. In der äthiopischen Tradition werden in diesem Zusammenhang die sogenannten „Neun römischen Heiligen" genannt, die als Klostergründer verehrt werden. Das vom heiligen Zämikael Arägawi gegründete Däbrä Damo zählt bis in die Gegenwart zu den am meisten verehrten Heiligtümern des Landes. Zur Christianisierung des Landes trugen auch erste Übersetzungen in das Geez bei. Neben der Bibel wurde auch mit der Übersetzung von Kirchenvätertexten begonnen.

Die militärische Stärke Aksums und das christliche Selbstverständnis seiner Herrscher zeigten sich, als König Kaleb Ella Asbeha († vor 549) als Verbündeter des römischen Kaisers gegen den König Dhu Nuwas in den Jemen zog. Dieser bekannte sich in einer fanatischen Weise zum Judentum und hatte die Christen seines Herrschaftsgebietes seit etwa 520 unnachsichtig verfolgt. Besonders das Martyrium der Christen von Nadschran (im heutigen Saudi-Arabien gelegen) erregte in der christlichen Welt Aufsehen. Kaleb gelang es 525, den Gegner zu besiegen und Südarabien für ein halbes Jahrhundert äthiopischer Oberhoheit zu unterstellen. In dieser Zeit trat der aus Aksum stammende Abraha auf, der die Herrschaft im Jemen errang und sich vom aksumitischen Herrscher unabhängig machte. Auf Abraha geht der Bau der großen Kathedrale von Sana zurück. Auch unternahm er einen Feldzug gegen Mekka, damals noch ein Zentrum des heidnischen Volksglaubens. Die Expedition, die vor den Mauern der Stadt scheiterte, fand nach muslimischer Überlieferung in eben jenem Jahr statt, in dem Muhammad geboren wurde. Die Erinnerung an den Feldzug samt dem mitgeführten Elefanten wird wach gehalten in der koranischen Sure 105 („Sure des Elefanten").

Nach dem sechsten Jahrhundert setzte ein politischer und wirtschaftlicher Niedergang Aksums ein. Für die folgenden Jahrhunderte fließen die Quellen nur spärlich. Offenbar konnte das Christentum weiter nach Süden vordringen, stieß aber auch auf heidnischen Widerstand, der allerdings nur noch in späteren Legenden greifbar wird. Seine Rolle als Hauptstadt eines Reiches hat Aksum spätestens im 9./10. Jahrhundert ausgespielt.

2. Das äthiopische Mittelalter (12.-15. Jahrhundert)

2.1 Äthiopien – das „wahre Israel"

Von einer christlichen Dynastie hören wir erst wieder im 12. Jahrhundert. Diese Zagwe-Dynastie begründete um 1137 ihre Herrschaft und hatte ihr Zentrum in der Provinz Lasta südlich des alten Aksum. In ihrem Hauptort Roha und seiner Umgebung entstanden zahlreiche, aus dem Fels gehauene Kirchen, die dem König Lalibäla (12./13. Jahrhundert) zugeschrieben werden. Diese Kirchen zählen mit ihren kunstvollen Steinreliefs zu den beeindruckendsten Sehenswürdigkeiten Äthiopiens. Zum Andenken an den großen Monarchen wurde die Stadt Roha in „Lalibäla" umbenannt.

Verdrängt wurden die Zagwe von der sogenannten „salomonischen" Dynastie, die mit Yekunno Amlak 1270 die Macht an sich bringen konnte. Ihre Herrschaft hat das Selbstverständnis der Äthiopier und ihrer Kirche nachhaltig geprägt. Denn diese Dynastie legitimierte ihre Macht durch den Anspruch, von den aksumitischen Königen abzustammen. Unter der kraftvollen Regentschaft von Kaisern wie Amdä Seyon (1314-1344) oder Zara Yaqob (1434-1468) wurde eine kulturelle und literarische Blütezeit eingeleitet. Das äthiopische Nationalepos *Kebrä nägäst* („die Ehre der Könige") ist das bedeutendste Geschichtswerk jener Zeit, das wohl Anfang des 14. Jahrhunderts abschließend redigiert wurde. Darin wird farbenfroh ausgemalt, wie die Königin von Saba (die als äthiopische Herrscherin verstanden wird) den biblischen König Salomo besuchte und aus beider Verbindung der Sohn Menilek hervorging. Zum Manne herangereift, soll Menilek nach Äthiopien zurückgekehrt sein. Dabei habe er nicht nur 40 Leviten mit sich geführt, sondern auch die Bundeslade aus dem Jerusalemer Tempel nach Aksum gebracht. Auf Menilek werden die Könige Aksums und ihre seit dem 13. Jahrhundert („wieder") regierenden Nachfolger genealogisch zurückgeführt. In einer unbekümmerten Chronologie wird die Königin von Saba im *Kebrä nägäst* übrigens auch mit der Kandake des Neuen Testamentes in eins gesetzt, deren Kämmerer von dem Apostel Philippus getauft wurde und fröhlich seiner Straße nach Äthiopien zog (*Apg* 8,26-40).

Dieser Erzählkomplex, der dem regierenden Geschlecht sakrosankte Würde verlieh, muss im Rahmen einer breiteren Identitätsbildung im mittelalterlichen Äthiopien gesehen werden. Vom Rest der christlichen Welt isoliert, umschlossen von heidnischen Territorien und mit einem über das Rote Meer dringenden Islam konfrontiert, identifizierte man sich wohl mit dem von Feinden belagerten Israel des Alten Testamentes. Jedenfalls reifte in den Äthiopiern die Überzeugung, schon vor der Christianisierung das wahre Erbe des alten Israel angetreten zu haben. Bis heute kennen die äthiopische und die eritreische Kirche Praktiken, die an das Judentum erinnern. So werden etwa Knaben am 40. Tag nach der Geburt beschnitten. Der Sabbat wird wie der Sonntag geheiligt. Die Aufteilung des Kirchenraumes in eine Vorhalle, einen Hauptraum und ein „Allerheiligstes" ahmt den Tempel von Jerusalem nach. Auf jedem Altar muss sich ein „Tabot" befinden, eine Nachbildung der Bundeslade. Nach äthiopischer Überzeugung wird in einer Kapelle nahe der Kathedrale „Maria Zion" von Aksum die wahre Bundeslade mit den Gesetzestafeln, die Mose am Sinai empfing, gehütet. Weder der Gebrauch des Tabots, noch andere an das Judentum erinnernden Rituale lassen sich vor dem Auftreten der salomonischen Dynastie sicher nachweisen. Deswegen ist es der modernen Forschung äußerst zweifelhaft geworden, dieses religiöse Sonderbrauchtum durch ein starkes vorchristliches Judentum in Äthiopien zu erklären. Wahrscheinlicher sind die Gebräuche das Ergebnis einer späteren Judaisierung, zu der auch die salomonische Herrschaftsideologie zählt, die noch der Verfassung des Kaiserreichs Äthiopien von 1955 zu Grunde lag.

Ein breiter Konsens in der Forschung besteht seit einigen Jahrzehnten auch darüber, dass die Entstehung des Volkstums, das mit den Ausdrücken „Beta Esrael" („Haus Israel") oder „Falascha" bezeichnet wird, in den hier skizzierten Rahmen einzuzeichnen ist. Im Verbund mit religiösen Vorstellungen zeichneten offensichtlich verschiedene wirtschaftliche und gesellschaftliche Faktoren dafür verantwortlich, dass sich ein in eher abgelegenen Regionen lebender Bevölkerungsteil als eigenes „israelitisches" Volk begriff und in der exklusiven Aneignung des Alten Testaments so weit ging, Jesus Christus nicht länger als den Messias Gottes anzuerkennen. Diese Ethnogenese dürfte vom 14. bis 16. Jahrhundert stattgefunden haben. Der erste zuverlässige Bericht über die „Beta Esrael" begegnet in einer Kriegschronik Amdä Seyons (1314-1344), wo von Truppen die Rede ist, die gegen Leute, die „wie" Juden seien, ausgezogen waren. Dabei übernahmen die „Beta Esrael" durchaus Elemente der herrschenden christlichen Kultur wie etwa das Mönchtum oder die Art des liturgischen Kirchengesangs, gaben ihnen aber eine spezifisch nichtchristliche Ausrichtung. Mit der strengen Beachtung von Reinheitsvorschriften grenzten sie sich von ihrer Umwelt ab. Es waren wohl erst protestantische Missionare und sodann Vertreter jüdischer Organisationen im 19. Jahrhundert, die in den „Beta Esrael" im eigentlichen Sinne Angehörige des jüdischen Volkes erblickten. Verschiedene Theorien über ihre Herkunft sind seither in Umlauf (die zehn verlorenen Stämme Israels bzw. der Stamm Dan). Freilich nahmen die aus dem Westen stammenden Beobachter sogleich Anstoß an den „unjüdischen" Sitten wie dem Mönchtum oder auch Tieropfern, interpretierten sie aber als nachträgliche Überfremdungen. Die äußerst schwierigen Lebensverhältnisse im modernen Äthiopien haben zu mehreren Auswanderungswellen in den Staat Israel geführt, die zum Teil durch spektakuläre Ausflugaktionen wie der „Operation Salomo" (1991) bekannt geworden sind. Etwa 70.000 Falaschas dürften in der zweiten Hälfte des 20. Jahrhundert nach Israel ausgewandert sein. Erst im Zuge dieser ihrer jüngsten Geschichte haben sie sich dem „regulären" jüdischen Brauchtum ganz angeglichen. Nur wenige Tausend von ihnen leben bis heute in Äthiopien.

2.2 Mönchtum und Theologie

Im Reich der Salomoniden erfuhr das Mönchtum einen neuen Aufschwung. Zu den großen Mönchsvätern dieser Epoche zählt der heiligen Täklä Haymanot († 1312), dem eine aktive Rolle bei der Einsetzung der neuen Dynastie zugeschrieben wird. Seine Gründung Däbrä Libanos im Süden entwickelte sich zu einem monastischen Zentrum. Auf den Abt dieses Klosters ging im 16. Jahrhundert die Würde eines Hauptes aller Klöster, Mönche und Nonnen über. Als Titel führte er die etymologisch unklare Bezeichnung „Etschäge". Er galt als höchster geistlicher Würdenträger nach dem Abunä (dem aus Ägypten entsandten Metropoliten) und als Leiter der kirchlichen Verwaltung. Im Gegensatz zu dem landfremden Abunä war der Etschäge ein Einheimischer und verfügte damit nicht selten über einen größeren Einfluss. Erst 1951 wurde das Amt mit dem des Abunä vereint, nachdem zum ersten Mal ein Äthiopier mit der Metropolitenwürde bekleidet worden war.

Im Norden des Reiches, auf dem Gebiet des heutigen Eritrea, wirkte Ewostatewos (Eustathios, † 1352). Er trat leidenschaftlich für die Heiligung des Sabbats ein, eine Forderung, die zu seinen Lebzeiten noch auf heftigen Widerstand stieß. Er und seine Anhänger waren harten Verfolgungen ausgesetzt. Ewostatewos selbst beschloss sein Leben im armenischen Exil. Erst unter Kaiser Zara Yaqob wurde die Sabbatheiligung offizielle Lehrmeinung (Konzil von Däbrä Metmaq 1450).

Zara Yaqob war von religiösem Eifer erfüllt. Er setzte es sich zum Ziel, die heidnischen Praktiken, die im Volk verbreitet waren, endgültig auszurotten. Insbesondere verhasst waren ihm Magie und Zauberei, von denen er sich persönlich bedroht fühlte. Jeder Christ sollte fortan auf einen persönlichen Beichtvater verpflichtet sein. Zugleich pflegte der Kaiser eine innige Verehrung der Jungfrau Maria. Ihr zu Ehren wurden monatliche Marienfeiertage eingeführt, wie überhaupt monatlich wiederkehrende Heiligenfeste dem äthiopischen Kirchenjahr sein eigenes Gepräge verleihen. Gefördert wurde auch die Verehrung des Kreuzes und von Bildern mit der Darstellung von Jungfrau und Kind. Dagegen erhob sich allerdings der Widerspruch des Mönches Estifanos († ca. 1450), der schon durch seine Kritik an der Laxheit und am Wohlstand der Klöster aufgefallen war. Er verwarf die den Bildern gezollten Ehrenerweise, aber auch die tiefe Verbeugung vor der Person des Kaisers. Solches sei allein Gott gegenüber statthaft. Estifanos und seine Bewegung wurden rücksichtslos unterdrückt.

Die Bande zur alexandrinischen Mutterkirche wurden gestärkt durch zahlreiche Übersetzungen aus der koptischen arabischen Literatur. Es entstanden aber auch originale Werke der äthiopischen Literatur. Zara Yaqob selbst werden theologischen Traktate wie das *Buch des Lichtes* zugeschrieben. Das staatskirchliche Ideal, das in der besonderen Struktur der äthiopischen Kirche schon angelegt war, erfuhr unter den Salomoniden seine Mönchtum, Theologie und Thron umspannenden Konturen.

3. Der Weg in die Neuzeit (16.-19. Jahrhundert)

3.1 Zwischen Krisen und Selbstbehauptung

An den Rand des Untergangs gerieten Reich und Kirche durch die Invasion des muslimischen Eroberers Ahmad, genannt „Grañ" („Linkshänder"). Von 1527 bis 1543 stießen muslimische Heere immer weiter nach Äthiopien vor, zerstörten Kirchen, plünderten Klöster und massakrierten jeden, der sich nicht zum Islam bekehren lassen wollte.

Nachdem es schon in der zweiten Hälfte des 15. Jahrhunderts zu Kontakten mit dem Abendland gekommen war, bat Kaiser Lebnä Dengel (1508-1540) in verzweifelter Lage die Portugiesen um militärischen Beistand. Unter seinem Nachfolger Gälawdewos (Claudius, 1540-1559) traf die ersehnte Hilfe ein, und mit den Portugiesen konnten die Heere des Grañ binnen zweier Jahre vernichtend geschlagen werden. Auf theologischem Gebiet hatte der Etschäge Enbaqom, der Abt von Däbrä Libanos, gegen den Islam die Feder geführt. Er war selbst ein zum Christentum bekehrter Muslim mit arabischer Muttersprache. Seine breit angelegte Apologie *Tor des Glaubens* (1532/33) zeigt dabei bemerkenswert gründliche Kenntnisse des Korans. Enbaqom geht es besonders um die Widerlegung des islamischen Universalitätsanspruches. Der Verkündigungsauftrag Muhammeds habe slediglich dem arabischen Volk gegolten.

Im Gefolge der portugiesischen Soldaten kamen auch Jesuiten nach Äthiopien, die sich in der irrigen Annahme auf den Weg gemacht hatten, Kaiser und Hof wären zur Annahme des katholischen Glaubens bereit. Für die Eigentümlichkeiten des äthiopischen Christentums brachten die lateinischen Ordensleute kein Verständnis auf, erst recht galt ihnen die miaphysitische Christologie als Häresie. Kaiser Gälawdewos wies den Primatsanspruch Roms zurück und verfasste eine Bekenntnisschrift, um den Nachweis zu führen, dass Glaube und Ritual der Äthiopier in der Heiligen Schrift wohl begründet seien.

Nach dem Abflauen der muslimischen Bedrohung gelang der Wiederaufbau des kirchlichen Lebens nur zum Teil. Denn in der zweiten Hälfte des 16. Jahrhunderts drang von Süden das Volk der noch heidnischen Oromo weit nach Äthiopien vor. Dieser nicht immer friedliche Einwanderungsprozess währte bis in das 18. Jahrhundert. Die militärische Schwäche der Monarchen reizte zu immer neuen muslimischen Überfällen von Osten und Nordosten. Der Hof und mit ihm das politische Kerngebiet des Reiches zogen sich in die Gegend um den Tana-See zurück. Zu Beginn des 17. Jahrhunderts erhoffte man von den Portugiesen erneut die Rettung aus der Gefahr. Wiederum kamen Jesuiten in das Land. Dem Jesuiten Pedro Paez gelang es, Kaiser Susenyos (Sisinnios, 1607-1632) zur offiziellen Annahme des katholischen Glaubens zu bewegen. Mit dem portugiesischen Bischof Alfonso Mendez wurde 1625 ein katholischer Patriarch eingesetzt. Auch die Gottesdienste wurden im Sinne der römischen Liturgie umgestaltet. Die Einführung solcher Neuerungen stieß auf den entschiedenen Widerstand weiter Bevölkerungskreise. Es kam zu bürgerkriegsähnlichen Unruhen, die Kaiser Susenyos zur Abdankung zwangen. Sein Sohn und Nachfolger Fäsilädäs (Basilides, 1627-1667) schlug nun die genau entgegengesetzte Richtung ein, verwies die katholischen Geistlichen des Landes und machte alle Neuerungen rückgängig. – Es dauert bis zum 19./20. Jahrhundert, bis katholische Missionare in Äthiopien wieder Fuß fassen konnten. Feste Bischofssitze erhielten die katholisch gewordenen Gläubigen 1930 (in Eritrea) bzw. 1961 (in Äthiopien); die Äthiopisch-Katholische Kirche zählt in den beiden Staaten heute rund 195.000 Anhänger.

Seit dem beginnenden 18. Jahrhundert zerfiel dann die staatliche Zentralgewalt zugunsten einer Reihe lokaler Herrschaften. Die Einheit des Reiches wurde erst 1855 von einem dieser Kleinfürsten zurückgewonnen, der sich als Kaiser Tewodros II. nannte und bis 1868 den Kaiserthron innehatte. Unterstützung erfuhr Tewodros vom ägyptischen Abunä, der ihn auch zum Kaiser salbte. Im Sinne des alten Staatskirchentums bekämpfte der Kaiser die protestantischen Missionare, die im 19. Jahrhundert in das Land gekommen waren, die Gestalt des äthiopischen Christentums verachteten und sich besonders bei den Bekehrungsversuchen der heidnischen Oromo als Konkurrenten der orthodoxen Kirche erwiesen. Zu den vordringlichsten Aufgaben, denen sich Tewodros II. und nach ihm Johannes IV. (1872-1889) widmen mussten, gehörte es auch, die dogmatische Einheit der Staatskirche wiederherzustellen, die seit mehreren Jahrhunderten von theologischen Meinungskämpfen zerrissen war.

3.2 Theologische Streitfragen

Die grundsätzliche Infragestellung der miaphysitischen Christologie durch die Jesuiten dürfte den Anstoß gegeben haben, dass im äthiopischen Mönchtum seit dem 16. Jahrhundert neue Versuche unternommen wurden, das Dogma zu durchdenken. Dabei bildeten sich höchst unterschiedliche Erklärungen heraus, wie die Einheit von Göttlichem und Menschlichem in Christus zustande gekommen sei.

Für die Mönche aus dem Klosterverband des Ewostatewos wurde die gottmenschliche Einheit erst mit der Salbung Christi durch den Heiligen Geist erreicht („Unktionismus"). Die Mönche aus dem „Haus des Täklä Haymanot" verfochten dagegen die Lehre von den „drei Geburten": Nach der ewigen „Geburt" aus dem Vater und der fleischlichen Geburt aus der Jungfrau sei die gottmenschliche Einheit Christi erst in der dritten Geburt aus dem Heiligen Geist (gelegentlich mit der Taufe Jesu im Jordan gleichgesetzt) erfolgt („Unionismus"). Beide Gruppen glaubten sich auf dem Boden des überlieferten miaphysitischen Bekenntnisses zu befinden. Es war eine dritte Gruppe, die sich um den ägyptischen Metropoliten scharte, die an der überlieferten Terminologie festhielt und die Fleischwerdung aus der Jungfrau bekannte, ohne von einer Salbung durch den Heiligen Geist oder gar von einer dritten Geburt Christi zu sprechen. Obwohl diese letzte Gruppe die kleinste war, wurde sie von Tewodros II., der den Anschluss an den Patriarchen von Alexandreia suchte und dessen Lehrautorität herausstellte, favorisiert. Unter Johannes IV. entschied dann das Konzil zu Boru Meda 1878 endgültig im Sinne der alexandrinischen Orthodoxie. Seit dieser Zeit lautet die offizielle Selbstbezeichnung der Kirche: „Äthiopische Orthodoxe Täwahedo-Kirche". Die Einfügung des Begriffs *Täwahedo* („Einheit") unterstreicht das traditionelle miaphysitische Bekenntnis zur Einheit der gottmenschlichen Natur Christi.

So stand an der Schwelle zum modernen Äthiopien wieder eine geeinte Kirche in einem geeinten Reich, die beide von der Person eines Kaisers zusammengehalten wurden, der sich wie eh und je auf die Abstammung von dem biblischen König Salomo berief.

4. Die Kirche im modernen Äthiopien (20. Jahrhundert)

Das Konzil von Boru Meda hatte Johannes IV. zusammen mit dem Provinzkönig von Schäwa durchgeführt, der als Menilek II. (1889-1913) seine Nachfolge antreten sollte.

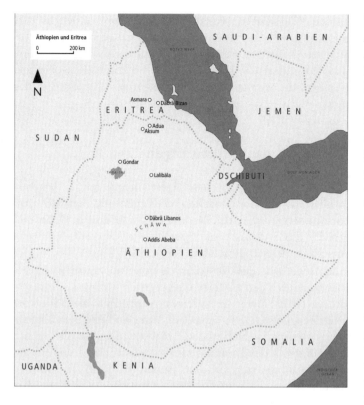

Unter ihm erreichte Äthiopien seine größte Ausdehnung seit dem Mittelalter. In diesem Reich lebte eine Vielzahl nichtsemitischer und nichtchristlicher Völker. In seiner Heimatprovinz gründete Menilek mit Addis Abeba eine neue Hauptstadt, die sich anders als die nördlicher gelegenen Residenzen der Vergangenheit in der Mitte des vergrößerten Reiches befand. Die Bemühungen um eine Erneuerung der Kirche, die schon unter seinen Vorgängern eingesetzt hatten, führte der Kaiser fort. Die Mission der nichtchristlichen Völker im Reich wurde vorangetrieben und der Neubau von Kirchen intensiviert. Zum Prestige Menileks trug bei, dass er die italienischen Truppen, die Äthiopien zur Kolonie machen wollten, 1896 in der Schlacht bei Adua zurückschlagen konnte. Allerdings behielt Italien den Küstenstreifen am Roten Meer, den es seiner Verwaltung unterstellte und „Eritrea" nannte.

In einem solch selbstbewussten Reich wurde es als immer unnatürlicher empfunden, dass der leitende Geistliche aus dem Ausland geschickt wurde. Auch der Neffe Menileks Ras Täfäri Mäkwännen, der spätere Kaiser Hailä Sellase („Kraft der Dreifaltigkeit", 1930-1974), zeigte sich schon in den 1920er Jahren um die Reform der Kirche besorgt. Vom koptischen Patriarchen erwirkte man das Recht, dass der Abunä äthiopische Mönche zu Bischöfen weihen dürfe. 1929 wurde dem Metropoliten Qerellos diese Befugnis gewährt. Von 1935-1941 erreichte Italien, was ihm Ende des 19. Jahrhunderts noch versagt geblieben war: die Besetzung Äthiopiens. Der Kaiser musste vorübergehend ins Ausland fliehen. Zwei der neugeweihten äthiopischen Bischöfe waren aktiv am Widerstand beteiligt und wurden von den Italienern hingerichtet. Nach der Vertreibung der Kolonialmacht und der Rückkehr des Kaisers wurde das Land von einer Welle nationaler Begeisterung getragen, die sich auch auf die kirchlichen Verhältnisse auswirkte. 1951 wurde der koptischen Mutterkirche erstmals die Weihe eines Einheimischen zum Metropoliten bzw. Abunä abgerungen. Als nächster Schritt folgte die Erhebung dieses Metropoliten Baselyos zum Patriarchen. Der koptische Papst Kyrill VI. nahm die Patriarchenweihe 1959 in Kairo vor und entließ die äthiopische Kirche in die Unabhängigkeit.

Die Initiativen Hailä Sellases zur Modernisierung seines Landes betrafen auch die Kirche. Die Struktur der Diözesen wurde den staatlichen Provinzen angeglichen. Auch soziale Aktivitäten entwickelten sich in der Kirche. Ihr Bildungswesen wurde vor allem durch die Einrichtung eines theologischen Kollegs gefördert, das der Universität von Addis Abeba 1962 als theologische Fakultät angegliedert wurde. Durch die Teilnahme an der Weltökumene und die Einberufung der Konferenz aller orientalisch-orthodoxen Kirchen in der äthiopischen Hauptstadt 1965 (vgl. S. 95) gelang es dem Kaiser, die lange währende Isolation seiner Kirche zu durchbrechen. Nach der Verfassung von 1955 galt die Äthiopisch-Orthodoxe Kirche als „offizielle, vom Staat unterstützte Kirche", der Kaiser als „Verteidiger des orthodoxen Glaubens". Die Kirchenverwaltung, wurde durch staatliche Gesetze geregelt und blieb dem Eingriff des Kaisers ausgesetzt.

Kaiser Hailä Sellase, dessen Staatswesen den enormen wirtschaftlichen und sozialen Problemen des Landes nicht gewachsen war, wurde in der Revolution von 1974 gestürzt. In der darauf folgenden marxistisch-leninistischen Diktatur (1974-1991) wurde der gesamte Landbesitz der Kirche, ihre finanzielle Basis, enteignet. Der seit 1971 amtierende Patriarch Tewoflos wurde 1977 inhaftiert und später hingerichtet. Auf Druck des Regimes wählte die Synode einen willfährigen Geistlichen zum Nachfolger (Patriarch Täklä Haymanot, † 1988). Gleiches gilt für den 1988 eingesetzten Patriarchen Märqorewos, der nach dem Ende der sozialistischen Herrschaft 1991 von der Synode umgehend abgesetzt wurde. An seiner Stelle hat seit 1992 Pawlos das Patriarchenamt inne. Allerdings konnte Märqorewos mit einigen ihm treu ergebenen Bischöfen außer Landes fliehen und im Exil in den USA eine eigene Synode gründen, zu der sich ein nicht unerheblicher Teil der nordamerikanischen Auslandsäthiopier hält. In Äthiopien selbst ist es der Kirche nach dem Ende des Sozialismus nicht mehr gelungen, den alten staatskirchlichen Status wieder zu gewinnen. Doch hat eine enge Zusammenarbeit mit dem Staat bis heute Bestand, auch wenn die Verfassung von 1994 die Trennung von Staat und Kirche festschreibt.

Nachdem Eritrea im 19. Jahrhundert an Italien gefallen war, entwickelte sich dort ein starkes Gefühl staatlicher Eigenständigkeit. Dazu trug auch bei, dass sich das Volk der Tigrinya (etwa 50% der Bevölkerung Eritreas) von den Amharen, den hauptsächlichen Trägern von Staat und Kirche in Äthiopien, durch eine eigene semitische Sprache abhebt. Von der britischen Militärverwaltung nach dem Zweiten Weltkrieg wurde Eritrea 1952 als autonomes Gebiet dem äthiopischen Kaiser unterstellt, der es zehn Jahre später allerdings ganz seinem Reich eingliederte. Noch unter Kaiser Hailä Sellase, aber auch zu Zeiten der sozialistischen Diktatur kämpften die Eritreer für ihre Unabhängigkeit, die sie 1993 endlich erringen konnten. Der staatlichen Trennung von Äthiopien folgte die kirchliche. Hier machte sich bemerkbar, dass der koptische Papst einen letzten Leitungsanspruch auf das gesamte „Verkündigungsgebiet des Heiligen Markus" nicht aufgegeben hat. So weihte Papst Schenuda III. – ohne Konsultation der äthiopischen Kirche – 1994 fünf eritreische Äbte zu Bischöfen und 1998 den greisen Mönch Fileppos zum Patriarchen für Eritrea. Damit war die Kirche Eritreas in die Selbständigkeit entlassen. Auf Fileppos folgten 2002 Patriarch Yaqob und 2004 Antonyos. Die äthiopische Kirche empfand diese einseitige Vorgehensweise des koptischen Papstes als Einmischung in ihre Angelegenheiten, so dass es zwischen beiden Kirchen zeitweise zu schweren Verstimmungen kam. Zur Eritreisch-Orthodoxen Kirche zählen rund zwei Millionen Gläubige, was etwa 50 % der

Bevölkerung entspricht. In Lehre und Kult bestehen keine Unterschiede zur Äthiopisch-Orthodoxen Kirche.

Die äthiopische Kirche umfasst über 30 Millionen Mitglieder und stellt damit 35-40 % der Bevölkerung. Wohl annähernd genauso viele Äthiopier bekennen sich zum Islam. Schon aus diesen demographischen Gründen konnte das alte Staatskirchentum keine Zukunft haben. Die Begegnung mit dem Islam gehört ebenso zu den dringenden Herausforderungen, denen sich die Kirche stellen muss, wie auch ihr Verhältnis zu den wachsenden protestantischen Kirchen (u.a. der Pfingstbewegung).

In der Diaspora unterhält die äthiopische Kirche Bistümer im Sudan, in Jerusalem, Nordamerika und Europa. Dass auch Trinidad zu den Bischofssitzen zählt, hängt damit zusammen, dass afrikanische Auswanderer in die Karibik auf der Suche nach einer genuin schwarzafrikanischen kirchlichen Beheimatung sich der äthiopischen Orthodoxie angeschlossen haben. In ihrem Glaubensleben wird (von der offiziellen Kirchenlehre weit entfernt) der letzte Kaiser, der vor seiner Thronbesteigung Ras Täfäri Mäkwännen genannt wurde, als Heilsgestalt verehrt (Rastafari-Bewegung).

Die Armenisch-Apostolische Kirche

Karl Pinggéra

1. Das Werden einer Staatskirche

Die Kerngebiete des historischen Armenien liegen zwischen dem Van-, Urmia- und Sevan-See. In dieses uralte Kulturland südlich des Kaukasus waren im siebten Jahrhundert v. Chr. Indogermanen eingewandert, die sich mit der ansässigen Bevölkerung vermischten. Das erste armenische Großreich, das unter König Tigran II. (95-56 v. Chr.) weit über diese Stammlande hinausgriff, war von den Römern im Jahre 66 v. Chr. zerschlagen worden. Die westlich des Euphrat gelegenen Gebiete, die bis nach Kleinasien reichten, bildeten hinfort das römische *Armenia minor,* während sich östlich des Euphrats ein eigenständiges Königreich erhielt. In diesem „Großarmenien" regierten die Arsakiden, eine Seitenlinie des iranischen Königsgeschlechtes der Parther. In prekärer Mittellage hatten sie die Unabhängigkeit ihres Landes zwischen dem römischen und dem persischen Großreich zu wahren.

Über die Anfänge des Christentums unter den Armeniern liegen für die ersten drei Jahrhunderte nur vereinzelte Nachrichten vor. Dabei scheinen Hinweise auf christliche Gemeinden nicht nur für das römische Gebiet, sondern auch für das armenische Königreich selbst vorzuliegen. Auf letzteres dürfte die Notiz bei Euseb von Kaisareia († ca. 339/40) zu beziehen sein, der von einem Brief der Kirche Alexandreias an armenische Glaubensgefährten Mitte des dritten Jahrhunderts weiß (*h.e.* 6,46). Als Bischof wird ein gewisser Meruzanes genannt, ein genuin armenischer Name (hier gräzisiert), der wohl nach Großarmenien weist. Das Christentum wird aus zwei verschiedenen Richtungen vorgedrungen sein: von Westen her in seiner griechischen, von Süden her in seiner syrischen Prägung. Der Einfluss des syrischen Christentums dürfte den historischen Kern einer legendenhaften Überlieferung ausmachen, in der Thaddaios, der Glaubensbote Edessas (vgl. S. 78), auch für die Bekehrung des armenischen Berglandes in Anspruch genommen wird. Für die deutlich spätere Tradition, wonach der Apostel Bartholomaios den Armeniern das Evangelium gebracht habe, reichen die Belege nicht vor das siebte Jahrhundert zurück. Wie ihre Selbstbezeichnung zeigt, versteht sich die armenische Kirche gleichwohl als apostolische Kirche.

Zu einer durchgehenden Christianisierung des Landes ist es erst durch das Wirken jenes Gregors gekommen, den die armenische Kirche bis heute als „den Erleuchter" verehrt. Dieser Gregor stammte aus einem vornehmen armenischen Geschlecht und war im kappadokischen Kaisareia christlich erzogen worden. Von dem Metropoliten dieser Stadt zum Bischof geweiht, wirkte er als Missionar in seiner großarmenischen Heimat. Dort gelang es ihm, König Trdat für den christlichen Glauben zu gewinnen. Die Tradition nennt das Jahr 301 als Zeitpunkt der Bekehrung, während die neuere Forschung mit einer ganzen Palette unterschiedlicher Datierungsvorschläge aufwartet. Diese Vorschläge reichen vom Ende des dritten Jahrhunderts bis in das zweite Jahrzehnt des vierten Jahrhunderts. In jedem Fall bleibt es bemerkenswert, dass sich der armenische König bekehrt hatte, ehe noch der römische Kaiser Konstantin das Christentum offiziell annahm. Insofern hat es eine gewisse Berechtigung, wenn vom armenischen Christentum als der ältesten „Staatskirche" der Welt gesprochen wird.

Staatskirche war die von Gregor dem Erleuchter organisierte Kirche freilich innerhalb der besonderen Gegebenheiten des armenischen Königreiches. Mit der Hilfe seines Bischofs förderte der König die weitere Ausbreitung des Glaubens. Dabei waren manche Widerstände der mächtigen Adelsfamilien zu überwinden, die das eigentliche Rückgrat des gesellschaftlichen Ordnungsgefüges bildeten. In dieses aristokratische System fügte sich nun auch die Struktur der jungen armenischen Kirche ein. Das Bischofsamt wurde zunächst an die Familie Gregors des Erleuchters gebunden und ging jeweils vom Vater auf den Sohn über. Mit ihrem Landbesitz verfügte diese geistliche Dynastie über eine eigene Machtbasis. In dem uneinheitlichen Staatswesen erstand ihr im Süden aber bald die Konkurrenz einer anderen Priesterfamilie. Je nach machtpolitischen Interessen haben die Könige im Laufe des vierten Jahrhunderts das Bischofsamt bald der einen, bald der anderen Familie zugesprochen. Von politisch motivierten Rankünen war auch Nerses I. (353-373) betroffen, einer der tatkräftigsten Nachkommen Gregors des Erleuchters. Ebenfalls in Kaisareia aufgewachsen, vertrat er ein griechisch geprägtes Christentum, das dem damaligen Metropoliten der Stadt, Basileios († 378), wesentliche Impulse verdankte. Nach dem Vorbild dieses Kirchenvaters führte Nerses das Mönchtum in seinem Land ein und mühte sich um caritative Einrichtungen. Möglicherweise aus Furcht vor einer zu engen Anlehnung an das Römerreich setzte ihn König Arschak II. vorübergehend ab. Dasselbe widerfuhr Nerses unter Arschaks Nachfolger, der ihn sogar ermorden ließ.

Bis zu Nerses I. hatten noch immer die Metropoliten von Kaisareia die Weihe des armenischen Oberhirten vorgenommen. Erst der Nachfolger des Nerses, ein gewisser Schahak (373-377), war auf Betreiben des Königs im Lande selbst geweiht worden. Damit waren die hierarchischen Bande zum Ausland gelöst. Die armenische Kirche hatte ihre Selbständigkeit erworben; an ihrer Spitze stand der „Katholikos" als oberster geistlicher Repräsentant. Die Einheit von Kirche und Staat kam darin sinnfällig zum Ausdruck, dass der Katholikos seinen Amtssitz nach Edschmiatzin, in die Nähe der Hauptstadt Vagharschapat verlegte. Die Gründungslegende der Kirche des Katholikos besagt, dass an diesem Ort der „Eingeborene (also Christus) herabgestiegen" sei (armenisch: *edsch miatzin*). Deutlicher konnte die Unabhängigkeit einer Kirche, die sich von Christus selbst gegründet wusste, nicht artikuliert werden.

So sehr die armenische Kirche den Charakter einer Staatskirche angenommen hatte, hat sie Ende des vierten Jahrhunderts doch eine regionale Missionstätigkeit entfaltet. In dieser Zeit wurde von Armenien aus das benachbarte Königreich der kaukasischen Albaner, die im Westen des heutigen Aserbaidschans lebten, bekehrt. Mit dem gleichnamigen Volk in Südosteuropa waren diese kaukasischen Albaner übrigens nicht verwandt. Obwohl die albanische Kirche Ende des fünften Jahrhunderts selbständig wurde (Synode von Partav 488) und von einem eigenen Katholikos geleitet wurde, blieb sie der armenischen Schwesterkirche, auch in dogmatischer Hinsicht, über die Jahrhunderte hinweg verbunden. Insgesamt haben sich nur wenige historische Notizen über das kaukasische Albanien erhalten. Geschwächt durch die Einfälle von Seldschuken und Mongolen im 11.-14. Jahrhundert konnten sich die christlichen Albaner nur im Bergland Karabach behaupten, wo sie mit Armeniern und Georgiern verschmolzen. Ihr nominell fortbestehendes Katholikat wurde von den Russen 1815 aufgehoben. Von der fast völlig untergegangenen Literatur des Albanischen, das zu den ostkaukasischen Sprachen zählt und mit einem eigenen, 52 Zeichen umfassenden Alphabet geschrieben wurde, sind 1996 immerhin zwei Lektionare aufgefunden worden. Der Fund ermöglichte es der Sprachwissenschaft, mit der Rekonstruktion von Grammatik und Wortschatz des Albanischen zu beginnen. Dabei kann auf das Udische zurückgegriffen werden, das in zwei Orten im Norden Aserbaidschans noch gesprochen wird und das eine moderne Fortbildung des alten Albanischen darstellt.

2. Das Wirken einer Volkskirche

2.1 Der Kampf um Einheit und Eigenständigkeit des Volkes

Nur wenige Jahre, nachdem die Kirche ihre Unabhängigkeit proklamiert hatte, sollten die Armenier den Untergang des Königreiches erleben. Im Jahre 387 wurde ihr Land zwischen dem Römerreich und Persien aufgeteilt. Nur in dem größeren, persisch gewordenen Landesteil konnte sich eine eigenständige Kirche erhalten. Unter persischer Oberhoheit blieb dort auch das Königtum noch für eine kurze Frist bestehen, ehe es 428 endgültig abgeschafft wurde. Persisch-Armenien bildete fortan eine Provinz im Riesenreich der sasanidischen Großkönige. Die staatliche Unabhängigkeit Armeniens war für lange Jahrhunderte verloren gegangen.

In dieser Umbruchszeit wurde die Kirche von Sahak (387-439) geleitet, dem letzten Katholikos aus dem Geschlecht Gregors des Erleuchters. Auf Sahaks Initiative hin entwickelte der Mönch Mesrop (nach anderer Überlieferung: Maschtotz) das armenische Alphabet. Es besteht aus 36 Buchstaben und wird dem Lautbestand der armenischen Sprache, die zur Familie des Indogermanischen zählt, vollständig gerecht. In mehrfacher Hinsicht war diese Erfindung epochal. Zunächst diente sie der inneren Einheit der Kirche. Bis dahin bedienten sich die Armenier in ihrem Gottesdienst, je nach regionaler Prägung, des Griechischen oder des Syrischen. Nun konnte das liturgische Leben überall in der eigenen Sprache gefeiert werden. Mit dem Alphabet war auch der Grundstein für eine eigene Literatur gelegt. Rasch kam es zur Übersetzung der Heiligen Schrift und von Texten der Kirchenväter. Aber auch originale Werke entstanden noch in der ersten Hälfte des fünften Jahrhunderts, das als „Goldenes Zeitalter" in die armenische Literaturgeschichte eingegangen ist. Eznik von Koghb verfasste ein umfangreiches Werk *Gegen die Sekten*, an dem sich ablesen lässt, dass die Lehre der Staatskirche im Volk noch nicht unangefochten war. Eznik stellt in erstaunlicher Breite Argumente zusammen, die der Bekämpfung des alten Heidentums, des persischen Zoroastrismus, der paganen Philosophie, aber auch der Irrlehre des Markionitismus dienen.

Dazu treten bald mehrere Geschichtswerke wie die armenische Übersetzung des Faustos („von Byzanz", Ende 4. Jh.), die Ghazar (Lazaros) von Parpi († um 500) fortführte, oder auch das Geschichtswerk des Agathangelos, das im Kern vom Ende des fünften Jahrhunderts stammt. Die *Geschichte Armeniens* des Moses von Khoren greift zurück bis zu den urgeschichtlichen Anfängen des armenischen Volkes und trägt den Charakter eines

Nationalepos. Das armenische Volk wird dabei auf die legendäre Gestalt des Riesen Hayk, einen Nachfahren des Noahsohnes Jafet (*Gen* 9,24), zurückgeführt. Von diesem Helden der Vorzeit wird auch die Selbstbezeichnung der Armenier hergeleitet (arm. „armenisch" = *hay*). Die Datierung des Geschichtswerkes ist umstritten. Es selbst will den Anschein erwecken, aus dem fünften Jahrhundert zu stammen, doch reichen manche Vorschläge in der Forschung bis ins achte Jahrhundert (und darüber hinaus).

Auf alle Fälle diente die Erinnerung an die Vergangenheit des Volkes, dabei auch an seine Annahme des Christentums, der Stärkung der eigenen, christlichen Identität. Christentum und nationale Identität waren in den Stürmen, die über die Armenier nach der Abschaffung der Monarchie hereinbrechen sollten, zutiefst bedroht. Nach dem Ende der Staatlichkeit war allein die Kirche als Garant der nationalen Einheit verblieben: in der Gestalt ihres Katholikos und mit der von ihr geschaffenen Schrift und Literatur.

Nach 428 gingen die persischen Herrscher daran, Armenien auch in religiöser Hinsicht ihrem Staatsverband einzugliedern. Dazu gehörte zunächst der Einfluss, den sie auf die Einsetzung der Katholikoi nahmen. Katholikos Sahak hatte man zuvor in die Verbannung geschickt. Doch verweigerten große Teile des Volkes den neuen, vom persischen König eingesetzten Amtsinhabern die Gefolgschaft. König Yazdgird II. (438-457) versuchte daraufhin, den Armeniern die eigene persische Staatsreligion, den Zoroastrismus, aufzuzwingen. Gegen den erbitterten Widerstand des Volkes gingen die Perser mit Waffengewalt vor. Den Widerstand leiteten auf armenischer Seite Angehörige des adeligen Hauses Mamikonian. Sie führten ihre Volks- und Glaubensgefährten im Jahr 451 in die Entscheidungsschlacht von Avarair. Zwar unterlagen die Armenier dem soviel größeren Heer der Perser und hatten Tausende von Gefallenen zu beklagen. Doch führte der Widerstand, der den übermächtigen Feind auf dem Schlachtfeld herausgefordert hatte, nach weiteren Gefechten 485 endlich zu einem Einlenken der Perser. Ein Fürst aus den Reihen der Mamikonier wurde als Statthalter eingesetzt. Die Armenier hatten die Freiheit des Glaubens errungen und ihre nationale Selbständigkeit bewahrt.

Die Schlacht von Avarair spielt im Bewusstsein der Armenier bis heute eine wichtige Rolle. Im kirchlichen Heiligenkalender gedenkt man der Gefallenen als Märtyrer. Hinzu tritt aber auch eine andere Gruppe von Heiligen, denen die Kirche ein besonderes Andenken bewahrt: Mesrop und seine Gefährten werden als „Heilige Übersetzer" geehrt.

2.2 Der Streit um Einheit und Bekenntnis der Kirche

An der dogmengeschichtlichen Entwicklung der Reichskirche hatten die Armenier seit dem Konzil von Nikaia (325) teilgenommen. Auch die Verurteilung des Nestorios auf dem Konzil von Ephesos (431) hatten sie noch rezipiert. Während in Chalkedon 451 das Vierte Ökumenische Konzil tagte, tobte in Armenien allerdings der Kampf gegen die Perser. So ist es nicht verwunderlich, dass dem Konzil kein armenischer Vertreter beiwohnte. Erst nach dem Ende der Auseinandersetzungen mit den Persern 485 konnten sich die Armenier der Theologie der Reichskirche wieder zuwenden. Dort herrschte zu eben jener Zeit freilich das *Henotikon*, jenes Kompromisspapier, mit dem die Kircheneinheit unter Ausblendung des Konzils von Chalkedon erreicht werden sollte (vgl. S. 21). Die armenische Kirche hat das *Henotikon* auf ihrer Synode in Dvin 505/06 – in antichalkedonensischem Sinne – angenommen. Der Ablehnung des Chalcedonense blieb die armenische Kirche aber auch dann noch treu, als das Konzil im Reich nach 518 wieder in Kraft gesetzt worden war. Auf einer weiteren Synode von Dvin 555 wurde der Glaube Chalcedons an die zwei Naturen in Christus klar verworfen. Mit dieser Entscheidung hatte man die eigene Selbständigkeit unterstrichen: gegen die Reichskirche im Westen, aber auch gegen die Apostolische Kirche des Ostens („Nestorianer"), die im Perserreich mächtig war. Die Bedeutung, die dieser dogmatischen Grundentscheidung zugemessen wurde, lässt sich nicht zuletzt daran erkennen, dass die Jahreszählung der armenischen Kirche von dieser Synode ihren Ausgangspunkt nimmt (wobei die Zählung mit dem Jahr 552 beginnt).

Es hat dann aber noch fast zwei Jahrhunderte gedauert, bis die armenische Kirche zu einer abschließenden und dauerhaften Klärung ihres Bekenntnisstandes gekommen ist. Zwei ganz unterschiedliche Strebungen führten immer wieder zu Verunsicherungen. Zum einen sympathisierten doch einige Theologen mit der byzantinischen Reichskirche. So hatte Katholikos Ezr (630-641) die monenergetische Formel der Kaisers Herakleios (vgl. S. 14) angenommen, sich damit freilich auch zum Chalcedonense bekannt. Die Union wurde nach dem Tode des Katholikos sogleich wieder rückgängig gemacht.

Zum anderen sind die Armenier über einige Gruppen syrischer Miaphysiten schon früh mit dem Julianismus in Berührung gekommen (vgl. S. 13). Wenigstens zum Teil fiel dieses Gedankengut auf fruchtbaren Boden. Dass Christus schon im Moment der Menschwerdung einen unverweslichen Leib angenommen habe, mochte als logische Folge des Bekenntnisses zur einen gottmenschlichen Natur (dem Miaphysitismus) erscheinen. Nun hatte sich die benachbarte Syrisch-Orthodoxe Kirche von den julianistischen Gruppen in ihren eigenen Reihen scharf distanziert, so dass sie mit der armenischen Kirche zunächst keine Gemeinschaft hielt. Doch auch unter den Armeniern selbst war der Julianismus umstritten. Mit Katholikos Johannes Odznetzi (717-728) konnte das julianistische Gedankengut soweit zurückgedrängt werden, dass es auf der Synode von Manazkert 726 möglich war, eine Union mit den Syrisch-Orthodoxen zu schließen. Dennoch haben sich im theologischen Denken der Armenier durchaus Spuren julianistischer Anschauungen erhalten, wenn die Freiwilligkeit betont wird, mit der der Erlöser das Sterben auch hinsichtlich seiner menschlichen Natur zugelassen habe. Gelegentlich wurden die Armenier auch noch in späteren Jahrhunderten von ihren syrischen Glaubensgenossen des Julianismus verdächtigt, doch ist die zwischenkirchliche Gemeinschaft auf Dauer nicht mehr zerbrochen.

3. Von der arabischen Eroberung bis zum Einfall der Seldschuken

Auch Armenien war im siebten Jahrhundert von den arabischen Muslimen erobert worden. In Dvin nahm ein Statthalter des Kalifen seinen Amtssitz. Doch konnte auch den neuen Herren eine gewisse Form der Selbständigkeit abgerungen werden. Im Jahr 885 gelang es dem Fürsten Aschot aus dem Haus der Bagratiden sogar, ein eigenes Königreich zu errichten (885-1045). Er konnte sich dabei auch auf die Kirche stützen. Die alte Rivalität der verschiedenen Adelsfamilien verhinderte jedoch, dass damit ein neues groß-armenisches Reich entstand. Aschot und seine Nachfahren regierten lediglich über Gebiete im Norden des armenischen Stammlandes.

Von den anderen Kleinkönigreichen, die in der Folgezeit eingerichtet wurden, hat besonders das im Süden gelegene Reich der Ardzrunier größere Bedeutung erlangt (908-1021). Ihr Staatswesen erstreckte sich auf die Landschaft Vaspurakan um den Van-See. Mittelpunkt ihrer Herrschaft war die Insel Aghtamar. Im frühen zehnten Jahrhundert wurde dort das Heilig Kreuz-Kloster mit seiner berühmten Kirche errichtet. Der noch bestehende Kirchenbau gehört zu den großartigsten Schöpfungen der armenischen Architektur. Die Außenmauern werden von überaus qualitätvollen Steinreliefs überzogen, die neben biblischen Szenen auch repräsentative Darstellungen der Stifter zeigen. Der prunkvolle Bau beherbergte die Residenz des Katholikos, der sich für einige Jahrzehnte im Machtzentrum der Ardzrunier niederließ.

In Vaspurakan erfuhr das Mönchtum zu dieser Zeit eine geistliche Erneuerung. Hier wirkte der Mönch Gregor von Narek († 1010), der wohl am meisten verehrte geistliche Schriftsteller der Armenier. Sein Hauptwerk *Buch der Klage* nimmt unter den armenischen Gläubigen bis heute nächst der Heiligen Schrift den ersten Platz ein. Die 95 Elegien des Buches kreisen immer neu um den Abgrund menschlicher Sündenschuld und die Größe des göttlichen Erbarmens.

Das Ende dieser Königreiche wurde eingeleitet, als sie von den Byzantinern seit dem beginnenden elften Jahrhundert Zug um Zug dem Reich eingegliedert wurden. Zuletzt annektierte Byzanz 1054 den Bagratidenstaat mit seiner stolzen Hauptstadt Ani. Ein Teil der Bevölkerung wurde nach Westen umgesiedelt. Nun waren die armenischen Gebiete aber erst recht dem Ansturm der Seldschuken ausgeliefert, die aus den Tiefen Innerasiens aufgebrochen waren und sich noch im elften Jahrhundert den Weg nach Kleinasien freikämpften. Die traditionellen Siedlungsgebiete der Armenier waren ihrer Eigenständigkeit wieder verlustig gegangen und sahen unter den neuen muslimischen Eroberern einer ungewissen Zukunft entgegen.

4. Die Kirche im Dienst einer weltweiten Diaspora

Wegen der unsicheren Lebensverhältnisse machte sich ein erheblicher Teil des Adels und der Bevölkerung auf, um nach einer neuen Heimat zu suchen. Fern ab ihres Stammlandes fanden sie eine Bleibe in Kilikien an der Küste des Mittelmeeres. Die Kirche folgte dem Volk. Dieser Vorgang führt beispielhaft vor Augen, dass die Kirche von einer Staats- zu einer Volkskirche geworden war, die mit ihren Gläubigen im Laufe der Geschichte in eine Diaspora, die heute über den ganzen Globus reicht, getragen wurde. Nur einige Beispiele dieser Ausbreitung können im Folgenden genannt werden.

4.1 Das kleinarmenische Reich in Kilikien

Unter der Führung ihres Adels erschlossen sich die Armenier also im elften Jahrhundert Kilikien als neuen Siedlungsraum. Im zwölften Jahrhundert vermochten es die mächtigen Rubeniden, sich unter der byzantinischen Oberhoheit ein hohes Maß an Selbständigkeit zu sichern. Auch der Katholikos folgte nach und ließ sich 1147 in der Festung Hromkla, später in der Stadt Sis nieder. In diesen byzantinischen Landstrichen kam es schon bald zu kirchlichen Kontakten, die unter Kaiser Manuel I. (1143-1180) in eine Folge intensiv geführter Religionsgespräche und Unionsverhandlungen mündeten. Neben den christologischen Fragen standen auch die rituellen Gebräuche auf der Tagesordnung, mit denen sich die Armenier von den Griechen, in manchen Fällen vom Rest der Christenheit unterscheiden. So kennt die armenische Kirche etwa nur einen Termin für das Weihnachtsfest, nämlich den 6. Januar. Die Dopplung von Geburts- und Epiphaniefest am 25. Dezember und am 6. Januar ist unbekannt.

In dieser Zeit saß auf dem Stuhl des Katholikos der hoch gebildete Nerses IV. Schnorhali („der Gnadenreiche", 1166-1173), der als Schöpfer tiefsinniger Poesie und scharfsinniger Traktate bekannt geworden ist. Er deutete die Unterschiede im Dogma als gleichberechtigte Versuche, mit menschlicher Sprache das Geheimnis der Person Christi auszusagen. Auch im Blick auf die liturgische Praxis wollte er eine recht verstandene Vielfalt gelten lassen. Das Konzept einer solchen Einheit in der Vielfalt konnte sich freilich nicht durchsetzen. Erfolglos verliefen auch die Versuche seines Neffen Nerses von Lambron († 1198), des Erzbischofs von Tarsus, zu einer Kircheneinheit zu gelangen. Dabei war dieser Nerses viel weiter gegangen als sein Onkel und hatte sogar den weitgehenden Verzicht auf das eigene Herkommen angeboten.

Nerses von Lambron war nicht nur mit den Griechen in engen Kontakt getreten, sondern auch mit den lateinischen Christen, die mit der Kreuzzugsbewegung in die Levante gekommen waren und dort ein geistliches Leben nach ihrer Gewohnheit führten. Ihrer religiösen Praxis konnte der weltoffene Nerses manches Gute abgewinnen. Die Annäherung an das Abendland hatte auch einen politischen Hintergrund. Denn der armenische Rubenidenfürst Leon erreichte es, mit Billigung Friedrich Barbarossas 1198 zum König Kilikiens, das im Unterschied zum altarmenischen Land auch „Kleinarmenien" genannt wird, gekrönt zu werden. Durch eine kluge Heiratspolitik mit den regierenden Häusern der Kreuzfahrer sicherten sich die kleinarmenischen Könige ihre Macht, waren nach dem Untergang der Kreuzfahrerstaaten aber schutzlos dem Ansturm der muslimischen Mamluken ausgeliefert. Ihnen erlagen die letzten Bastionen des Königreichs im Jahre 1375. Bis zum Beginn des 20. Jahrhunderts hat sich dennoch eine zahlenmäßig starke armenische Bevölkerung in Kilikien erhalten.

Das politische Bündnis mit den Abendländern beinhaltete die Forderung, sich der römischen Kirche anzuschließen. Die Geschichte des kleinarmenischen Reiches ist von mehreren aufeinander folgenden Unionssynoden gekennzeichnet, die aber nie einen dauerhaften Anschluss an Rom herbeiführten. Auch die Wirksamkeit lateinischer Missionare im großarmenischen Stammland hatte keinen durchschlagenden Erfolg. Gerade hier waren seit dem zwölften Jahrhundert Theologen aufgetreten, von denen die konfessionelle Offenheit in Kleinarmenien heftig kritisiert wurde. Ihren ebenbürtigen Gegner fanden die lateinischen Missionare in dem gebildeten Mönch Gregor von Tatev († 1411), der Dogma und Ritual seiner Kirche in einem umfangreichen Schrifttum verteidigte.

4.2 Lemberg – Venedig – Wien

Die Auswanderungswelle aus dem Stammland hatte manche Armenier bis Osteuropa geführt. Auf der Krim, in Kiev, Transsylvanien und Bulgarien bestanden (und bestehen teilweise bis heute) ihre Gemeinden. Bedeutsam wurde auch das galizische Lemberg, das in der heutigen Westukraine liegt. Schon Mitte des 14. Jahrhunderts war die Gemeinde gegründet worden. Der polnische König gewährte die freie Ausübung ihrer Religion. Armenier betätigten sich als Bankiers und Diplomaten der polnischen Krone. Nach 1626 ist es zu einer Union der Lemberger Armenier mit Rom gekommen. In deren Gefolge entstand in Lemberg eine päpstliche Akademie.

Für die Pflege der Wissenschaft ist dann vor allem eine andere Form des katholischen Armeniertums wichtig geworden: Der aus der Osttürkei stammende Mechitar von Sebaste (1676-1749) trat zum Katholizismus über und gründete zur Verbesserung der religiösen und geistigen Lage seines Volkes in Istanbul einen eigenen Orden (Mechitaristen). Antikatholische Verfolgungen im Osmanischen Reich zwangen die Gemeinschaft nach Venedig auszuweichen, wo sie seit 1749 eine Niederlassung unterhält. Ein anderer Zweig der Mechitaristen fand 1810 in Wien ein Unterkommen. Auch das Wiener Kloster existiert bis in die Gegenwart. Der Orden hat sich unschätzbare Verdienste bei der Erforschung der armenischen Literatur und Kultur erworben und unterhält nach wie vor Schulen in verschiedenen Teilen der Erde. Dieser Dienst am armenischen Volk wird auch von den Mitgliedern der Armenisch-Apostolischen Kirche gewürdigt.

4.3 Von Neu-Dschulfa bis nach Südostasien

Im 16. Jahrhundert wurde das armenische Kerngebiet wieder zum Schlachtfeld zwischen den Großmächten in West und Ost. Diesmal waren es Osmanen und persische Safawiden, die dort ihre Herrschaftssphären in einer Kette von Kriegszügen absteckten. Anfang des 17. Jahrhunderts deportierte Schah Abbas (1587-1629) armenische Bevölkerungsteile aus dem Grenzland in das Innere seines Reiches. Bei Isfahan entstand eine armenische Stadtgründung, die in Erinnerung an den Heimatort „Neu-Dschulfa" genannt wurde. Die Stadt wurde Bischofssitz. Prachtvolle Kirchen in einem armenisch-persischen Mischstil künden noch heute vom einstigen Wohlstand ihrer Bewohner.

Die Armenier wickelten in Neu-Dschulfa vor allem den Seidenhandel mit Europa ab. Als diese Einkommensquelle im Laufe des 18. Jahrhunderts fast versiegte, wanderten viele von ihnen bis nach Südostasien aus. Sie erreichten etwa Rangun, Singapur und Jakarta. In Indien verstärkten sie eine armenische Gemeinde, die sich auf der Suche nach Verdienstmöglichkeiten schon im 16. Jahrhundert im Reich der Mogulen niedergelassen hatte. In Agra hatten Armenier bereits 1562 eine Kirche errichtet. – Auf ganz verschiedenen Wegen, oft auf Handelsrouten, hat sich das Armeniertum also weithin ausgebreitet. Und wo das armenische Volk sich niederließ, brachte es ganz natürlich auch seine Kirche mit.

5. Zwischen Fortschritt und Verfolgung

5.1 Die Struktur der Kirche

Die Organisationsform der Armenisch-Apostolischen Kirche war seit dem Ausgang des Mittelalters uneinheitlich. Denn nach dem Ende des kleinarmenischen Reiches hatte der Katholikos 1441 seine Residenz wieder zurück nach Edschmiatzin verlegt. In einem unseligen Kirchenzwist war aber auch im kilikischen Sis ein Katholikos verblieben, so dass die Gesamtkirche nun in zwei (mit einem dann wieder erloschenen Katholikat in Aghtamar sogar drei) Zweige zerfallen war. Im Widerstand gegen die Unionspläne der Kilikier

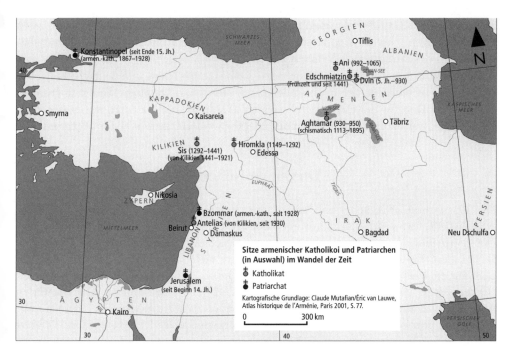

hatte sich 1311 zudem der Bischof von Jerusalem unabhängig gemacht und den Titel „Patriarch" angenommen. Als nun die Osmanen 1453 Konstantinopel erobert hatten und daran gingen, ihre nichtchristlichen Untertanen in *millets* („Glaubensnationen") zusammenzufassen, da errichteten sie für die nichtchalkedonensischen Christen ein neues armenisches Patriarchat in der Hauptstadt Istanbul.

Im Verlauf des 17./18. Jahrhunderts erkannten die beiden Patriarchate zwar den kanonischen Vorrang des Stuhles von Edschmiatzin an. Doch änderte dies nichts an der Tatsache, dass der Patriarch von Konstantinopel in zivilrechtlichen (und bis 1839 in strafrechtlichen) Fragen auch weiterhin die oberste Instanz innerhalb der osmanischen Grenzen blieb. Die kirchliche Spaltung in zwei armenische Katholikate blieb davon unberührt. In dieser Gestalt hat die armenische Kirche ihr Volk auf dem Weg durch das 19. Jahrhundert und das beginnende 20. Jahrhundert begleitet, das von der Erfahrung gesellschaftlichen Fortschritts, aber auch der drohenden Vernichtung gekennzeichnet war.

5.2 Im Russischen Reich

Nachdem das Zarenreich im ersten russisch-persischen Krieg (1804-1813) Georgien eingenommen hatte, kämpften armenische Freiwillige an der Seite des christlichen Russlands, als im zweiten russisch-persischen Krieg (1826-1828) die Emirate von Erevan und Nachitschewan annektiert wurden. Das orthodoxe Russland war in den neu eroberten Gebieten nun keineswegs daran interessiert, die dortigen Kirchentümer in eine neue Freiheit zu entlassen. Die georgische Kirche, die wie die russische zur chalkedonensischen Orthodoxie gehört, wurde der Russisch-Orthodoxen Kirche ganz einverleibt. Der armenischen Kirche blieb dieses Schicksal nur deswegen erspart, weil sie in russischen Augen einer Häresie anhing. Dennoch behielt sich die zaristische Verwaltung auch hier ein hohes Maß an Kontrollfunktionen vor, die im Rechtstatut der „Polozhenie" von 1836 festgelegt waren. Um die Wende des 19./20. Jahrhundert mehrten sich die Unmutsbekundungen der Armenier über diesen Zustand.

Gerade zu dieser Zeit besuchte eine ganze Reihe junger Theologen deutsche Universitäten. Dabei öffneten sie sich der liberalen protestantischen Theologie. Ihre weit gesteckten Reformpläne für die Heimatkirche waren allerdings, nicht zuletzt wegen der katastrophalen Umwälzungen seit Beginn des 20. Jahrhunderts, zum Scheitern verurteilt.

5.3 Im Osmanischen Reich

Das 19. Jahrhundert brachte im Osmanischen Reich zunächst die Hoffnung auf gesellschaftliche Reformen, die auf eine bürgerliche Gleichberechtigung der nichtmuslimischen Untertanen hinauslaufen sollten. Das Blatt wendete sich jedoch, nachdem Sultan Abdülhamit II. auf dem Berliner Kongress 1878 den Verlust vieler Besitzungen auf dem Balkan hinnehmen musste. Die Reaktion auf diese Demütigung bestand in einem rigiden „Osmanismus", der sich gegen die Rechte der Minderheiten wandte. Die folgenden Auseinandersetzungen gewannen an Schärfe, weil nun schon der moderne, aus dem Westen stammende ethnische Nationalgedanke zu den Unterschieden in der Religionszugehörigkeit hinzugekommen war.

Im westlichen Ausland gegründete armenische Revolutionsbewegungen, die teilweise dem Sozialismus anhingen, fanden im Osmanischen Reich vor allem unter der städtischen armenischen Bevölkerung einen gewissen Anhang. Die Kirche stand den radikalen Forderungen dieser Revolutionäre mitunter hilflos gegenüber. Von muslimischer Seite kam es 1894-1896 an manchen Orten zu blutigen Massakern an Armeniern. In der Kathedrale von Edessa (Urfa) wurden am 28. Dezember 1895 3.000 Armenier bei lebendigem Leibe verbrannt. Auch die nächsten Jahre riss die Kette von Gewalttaten nicht ab. Das Osmanische Reich begann immer stärker in den Bann der sogenannten „Jungtürken" gezogen zu werden, die schon bald auf ein ethnisch vereinheitlichtes, rein türkisches Staatswesen hinarbeiteten.

Nach dem Ausbruch des Ersten Weltkrieges konnten sie an die gewaltsame Lösung der „Armenierfrage" gehen, ohne dass die befreundeten Kriegsparteien, darunter das Deutsche Reich, den Jungtürken in irgendeiner Weise in den Arm gefallen wären. Der Protest blieb die Sache von wenigen (hier ist besonders an den deutschen evangelischen

Pastor Johannes Lepsius zu erinnern). So konnten die Armenier zusammen mit anderen christlichen Bevölkerungsgruppen seit 1915 aus allen Teilen des Reiches zusammengetrieben werden, um angeblich in andere Landesteile umgesiedelt zu werden. In Wirklichkeit führten die Gewaltmärsche in das Nirgendwo der syrischen Wüste, in der die Geschundenen unter grauenhaften Umständen ums Leben kamen. Die Zahl der Opfer dürfte sich nach Schätzungen auf rund 1,5 Millionen Armenier belaufen. Aber auch wenn die Zahl etwas zu hoch gegriffen sein mag, ist es einsichtig, dass diese von Staats wegen geplante Vernichtungsaktion als Völkermord bezeichnet werden kann. Franz Werfel hat dem tragischen Geschick der Armenier 1933 mit seinem Roman *Die vierzig Tage des Musa Dagh* ein eindrucksvolles literarisches Denkmal gesetzt.

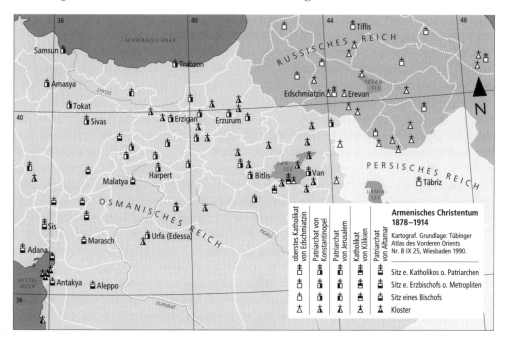

In diesen Jahren wurde die armenische Kirche im Osmanischen Reich weithin zerstört. Das Patriarchat in Istanbul konnte sich in der modernen Türkei zwar unter sehr bescheidenen Umständen halten. Das Katholikat von Sis wanderte aber zusammen mit den Überlebenden aus dem armenischen Kilikien über Syrien und Jerusalem in den Libanon, wo es sich 1929 reorganisierte. Der Katholikos des „Großen Hauses von Kilikien" residiert heute in Antelias nördlich von Beirut. Auch die Armenisch-Katholische Kirche, die im 19. Jahrhundert übrigens einen eigenen Patriarchen erhalten hatte, suchte im Libanon Zuflucht. Der Patriarch hat seit 1931 seinen Sitz in dem Kloster von Bzommar. Die Armenisch-Katholische Kirche zählt heute etwa 370.000 Gläubige, von denen mehr als die Hälfte in Osteuropa leben dürfte.

Die Armenier aller Konfessionen sind an jedem 24. April im Gedenken an den Völkermord vereint, den sie *metz eghern* („das große Trauern") nennen. Dass die Türkei die Vorkommnisse am Beginn des 20. Jahrhunderts nach wie vor nicht als Genozid anerkennt, belastet bis heute die Beziehungen zwischen beiden Völkern und Staaten.

6. Volks- und Staatskirche seit dem Ersten Weltkrieg

Nach dem Zusammenbruch des Zarenreiches und der bolschewistischen Revolution war einer unabhängigen armenischen Republik keine lange Lebensdauer vergönnt (1918-1920). Die Rote Armee gliederte das Land der UdSSR ein, die in der Sowjetrepublik Armenien eine militant atheistische Politik betrieb. 1930 wurde die Neuwahl des Katholikos untersagt, Kirchen und Klöster wurden zerstört oder entweiht, begleitet vom ideologischen Kampf der „Gottlosenbewegung". Ende der 1930er Jahre stand zwar nicht das Volk Sowjetarmeniens, wohl aber seine Kirche kurz vor der endgültigen Vernichtung. Erst der Zweite Weltkrieg ließ Stalin in Armenien wie auch sonst in der Sowjetunion einen anderen religionspolitischen Kurs einschlagen. Zur Förderung des patriotischen Kampfeswillens folgte nun in engen Grenzen die Duldung der Kirchen. Freilich mussten sich die Kirchenführer dafür in der Kriegs- und Nachkriegszeit vor den Karren der staatlichen Propaganda spannen lassen.

In der mittlerweile nun tatsächlich weltweiten armenischen Diaspora verschärfte diese Haltung der Kirchenführer schon bestehende politische Spannungen. Die unterschiedlichen politischen Optionen verknüpften sich dabei mit den beiden bestehenden Katholikaten von Edschmiatzin und Antelias (Kilikien) und trugen den armenischen Parteienstreit auch in die Kirche. Obwohl Katholikos Vasken I. von Edschmiatzin während seiner langen Regentschaft (1955-1994) für die Stabilität seiner Kirche im sowjetischen Armenien gesorgt und sich große Achtung unter seinen Gläubigen erworben hatte, schufen doch erst der Niedergang der Sowjetunion und die wieder errungene Unabhängigkeit Armeniens 1991 ein Klima, in dem die Spannungen zwischen den beiden Katholikaten abgebaut werden konnten. Als Zeichen eines neuen Verhältnisses darf es gewertet werden, dass Karekin I. von Kilikien (Antelias) 1995 zum neuen Katholikos von Edschmiatzin gewählt wurde. Zu seinem Nachfolger für das kilikische Katholikat wurde Katholikos Aram bestellt, der eine hervorgehobene Rolle in der internationalen Ökumene spielt.

Der Aufbau neuer kirchlicher Strukturen in Armenien wurden von Katholikos Karekin I. und seinem seit 1999 regierenden Nachfolger Karekin II. von Edschmiatzin energisch in Angriff genommen. Im großen Jubiläumsjahr 2001 jährte sich zum 1700. Mal die Bekehrung Armeniens durch Gregor den Erleuchter. Ihm zu Ehren wurde in Erevan eine neue Kathedrale eingeweiht. Die Weihe des Baues wurde von Katholikos Karekin II. übrigens in der Gegenwart von Papst Johannes Paul II. vorgenommen.

Die Armenische Apostolische Kirche umfasst heute ungefähr sechs Millionen Gläubige, von denen weniger als die Hälfte in Armenien leben, dort aber die große Mehrheit der Bevölkerung stellen. Die Kirche versucht den Herausforderungen der Gegenwart in beiden Hinsichten gerecht zu werden: als Mehrheitskirche in Armenien selbst und als weltumspannende Kirche ihres Volkes, dessen Identität sie seit so vielen Jahrhunderten verbürgt.

Die Koptisch-Orthodoxe Kirche

Karl Pinggéra

Die zum Kreis der altorientalischen Christenheit zählende Kirche Ägyptens wird „koptisch" genannt. Dieses Adjektiv bedeutet zunächst nichts anderes als „ägyptisch". Das Wort leitet sich her vom arabischen *qubti* (von griech. *aigyptos*), mit dem die muslimischen Eroberer im siebten Jahrhundert die Bewohner des Landes am Nil benannten. Der Ausdruck „koptisch" wurde im Laufe der Zeit zur speziellen Bezeichnung der antichalkedonensischen Christen, die damit zweifach unterschieden wurden: von den muslimisch gewordenen Ägyptern und – innerchristlich – von den Angehörigen des reichskirchlichen, also „griechischen" Patriarchates von Alexandreia. Neben die dogmatischen Trennungslinien im Streit um das Konzil von Chalkedon trat auch die sprachliche Differenz: Während die Chalkedonenser auf die griechischsprachige Bevölkerung zurückgeworfen waren, vermochte es die antichalkedonensische Opposition, die breiten Massen des Volkes hinter sich zu scharen. Deren Muttersprache war das Ägyptische, und zwar in seiner letzten, „Koptisch" genannten Ausformung.

Das Koptische wird der afro-asiatischen Sprachfamilie zugeordnet und ist in mehreren regionalen Dialekten überliefert. Der oberägyptische Dialekt des Sahidischen wurde in der Spätantike zur klassischen Literatursprache. Als lebende Sprache ist das Koptische im Mittelalter zwar durch das Arabische verdrängt worden, doch feiert die Kirche bis heute ihre Liturgie in koptischer Sprache, seit dem 11./12. Jahrhundert im unterägyptischen Dialekt des Bohairischen. Weite Teile des Gottesdienstes können allerdings ebenso auf Arabisch, in der Diaspora auch in anderen Sprachen gehalten werden.

Die Selbstbezeichnung „koptisch" zeigt an, dass die Kirche sich in pointierter Weise als die eigentliche Repräsentantin des ägyptischen Christentums versteht. Rund 90 % der Christen im heutigen Ägypten gehören ihr an. Für ihre Identität ist damit aber auch konstitutiv, dass sie sich nicht als Produkt der christologischen Diskussionen des fünften Jahrhunderts begreift. Die Koptisch-Orthodoxe Kirche sieht sich in der Tradition der gesamten ägyptischen Kirchengeschichte von ihren Anfängen an.

1. Anfänge des ägyptischen Christentums (1.-3. Jh.)

Ihre erste Aufnahme fand die christliche Botschaft in Alexandreia, einer Weltstadt der Spätantike, die dem griechischen Kulturraum zugehörte und sich damit vom Rest Ägyptens merklich absetzte. In der starken jüdischen Gemeinde Alexandreias wird das Christentum seine ersten Anhänger gefunden haben. Das Neue Testament weiß von einem Judenchristen Apollos, der aus Alexandreia stammte (*Apg* 18,24. 19,1; *1 Kor* 3,4-6). Unter den Hörern der Pfingstpredigt des Petrus haben sich nach dem Bericht der *Apostelgeschichte* auch Menschen aus Ägypten und Libyen befunden (*Apg* 2,10). Eine frühe Präsenz des Christentums belegen zahlreiche Papyrusfunde aus dem zweiten und dritten

Jahrhundert. Der Papyrus Rylands graec. 457 (P[52]) mit einigen Versen aus *Joh* 18 wird in die erste Hälfte des zweiten Jahrhunderts datiert. Er stammt wohl aus Oxyrhynchos oder der Oase Fayyum. Das mag darauf hindeuten, dass das Christentum früh über Alexandreia hinausgekommen ist.

Genauere Nachrichten über die erste Geschichte der christlichen Gemeinde in Ägypten stammen aus späterer Zeit und sind historisch wenig gesichert. Nach Euseb von Kaisareia (*h.e.* 2,16) soll der Evangelist Markus das Evangelium gepredigt und Gemeinden gegründet haben. Markus gilt der kirchlichen Überlieferung als erster Patriarch von Alexandreia, in dessen Nachfolge sich sowohl der koptisch-orthodoxe, als auch der griechisch-orthodoxe Amtsinhaber sehen. Für die ägyptischen Christen war und ist es sodann von Bedeutung, dass die Heilige Familie nach dem *Matthäus-Evangelium* auf ihrer Flucht vor Herodes Ägypten besucht haben soll (*Mt* 2,13-20). Ein dichter Kranz von Legenden und lokalen Wallfahrten entlang des Niltales umrankt diesen Aufenthalt. Apokryphe Evangelien wussten schon in altkirchlicher Zeit die Wanderschaft der Heiligen Familie mit manch wundersamen Zügen auszumalen.

Für das Ende des zweiten Jahrhunderts lassen die Quellen sodann eine gewisse Vielfalt christlicher Gruppierungen erkennen. Mit Bischof Demetrios von Alexandreia (189-231/ 32) tritt die „großkirchliche" Gemeinde erstmals ins Licht der Geschichte, und zwar als eine wohl organisierte Größe. Eine Katechetenschule in Alexandrien stellte die Unterweisung der Taufbewerber auf feste institutionelle Grundlagen.

Daneben haben auch gnostische Strömungen unterschiedlicher Schattierung eine nicht geringe Zahl von Anhängern gewonnen, die jedenfalls zum Teil in eigenen Gemeinden organisiert waren. Im Kontrast zur „Großkirche" war ihnen die Tendenz zu einem dualistischen Weltbild gemeinsam, das die Materie abwertete, zwischen Schöpfer- und Erlösergott unterschied und auf eine exklusive Ethik der zur wahren Erkenntnis (*gnosis*) gelangten Gläubigen hinauslief. Im oberägyptischen Nag Hammadi wurde 1945 eine gnostische Bibliothek aus dem vierten Jahrhundert entdeckt, die koptische Übersetzungen griechischer Vorlagen aus dem zweiten bis dritten Jahrhundert enthält. Aus der Gnosis war auch die von Mani (216-277) in Mesopotamien gestiftete Religion erwachsen. Seine Sendboten erreichten Ägypten noch im dritten Jahrhundert. Textfunde in Medinet Madi und der Oase Dakhlah, dem antiken Kellis, belegen, dass auch die Manichäer über Schrifttum in koptischer Sprache verfügten. Am geistigen Kampf gegen die Gnosis haben sich auf ihre Weise die großen alexandrinischen Theologen jener Zeit, Klemens († um 220) und Origenes († um 253), beteiligt. Biblische Botschaft und griechischer Geist verbanden sich bei ihnen zu einer Gestalt des Christlichen, das als „wahre Gnosis" auch den gebildeten Hellenen annehmbar werden sollte.

Von den Christenverfolgungen im Römischen Reich wurde Ägypten besonders schwer heimgesucht. Nach der Verfolgung unter Decius (249-251) versuchte Diokletian (284-305) seit 303/04, das Christentum systematisch zu vernichten. Von Maximin Daja wurden die Maßnahmen 311-313 in Ägypten fortgesetzt. Erst Konstantin schenkte der Kirche mit dem Mailänder Religionsedikt von 313 den Frieden. Bischof Petros I. von Alexandreia, der seinen Glauben im Jahre 311 mit dem Leben bezeugte, gilt als letzter prominenter Märtyrer Ägyptens. Hoch verehrt wurde der Märtyrer Menas. Im 4. Jahrhundert wurde über seinem Grab westlich von Alexandrien eine stattliche Kirche errichtet, die Wallfahrern aus allen Teilen der Alten Welt Aufnahme bot. Bis zum Limes wurden

Tonampullen mit der Darstellung des Menas gefunden, in denen die Gläubigen heilkräftiges Wasser vom Bestattungsort des Heiligen mit nach Hause brachten.

Die Verfolgungszeit hat sich tief ins Gedächtnis der ägyptischen Christenheit eingegraben. Die offiziell heute noch in Gebrauch stehende Zeitrechnung der koptischen Kirche, die „Ära der Märtyrer", beginnt mit dem Regierungsantritt Diokletians: das Jahr 284 A.D. entspricht dem koptischen Jahr 1.

2. Weltstadt und Wüste: Die Kirche Alexandreias und die Entstehung des Mönchtums (4./5. Jh.)

Die Struktur der Reichskirche, wie sie sich seit Konstantin formiert hat, gruppierte sich um die Bischöfe („Patriarchen") der großen Metropolen der Mittelmeerwelt, die gewisse Leitungsfunktionen für ihre Kirchengebiete ausübten. Nach Rom beanspruchte Alexandreia, noch vor Antiocheia, den zweiten Ehrenrang. Auf dem Konzil von Nikaia (325) wurde in *can.* 6 das ausschließliche Vorrecht des alexandrinischen Oberhirten bestätigt, die Bischöfe Ägyptens, Libyens und der Pentapolis, einem Gebiet westlich von Alexandreia, zu weihen. Schon früh trug der Bischof der Stadt den Titel „Papst und Patriarch". Man sieht, dass die ehrenvolle Bezeichnung Papst („Vater") nicht auf die *sedes Romana* beschränkt ist und an sich keine universale Leitungsvollmacht der Gesamtkirche beinhaltet. Bis heute wird der koptische Patriarch Papst genannt, wie auch der griechisch-orthodoxe Patriarch von Alexandreia den Titel *papas* führt.

Das Zweite Ökumenische Konzil (381) räumte dann aber dem Bischof von Konstantinopel, der neuen Reichshauptstadt, den zweiten Ehrenplatz nach Rom ein (*can.* 3). Damit war eine unheilvolle Konkurrenzsituation zu Alexandreia geschaffen, die das dogmengeschichtliche Ringen des fünften Jahrhunderts noch verschärfte. Durch ihre unbeugsame Haltung gegen den Arianismus hatten die Bischöfe Alexander (312/13-328) und Athanasios (328-373) der Kirche Alexandreias das stolze Bewusstsein verschafft, den Hort der Rechtgläubigkeit im christlichen Osten zu repräsentieren. In diesem Bewusstsein eröffnete Kyrill (412-444) seinen Kampf gegen Nestorios, den Patriarchen von Konstantinopel; nicht minder selbstbewusst betrieb Dioskur (444-451) die Absetzung des konstantinopolitanischen Patriarchen Flavian (vgl. S. 9).

Seit dem Ende des dritten Jahrhunderts hob in Ägypten die Blüte des Mönchtums an (vgl. S. 147-149 und 152f.). Neben die Weltstadt tritt die Wüste, in die sich einzelne Christen zurückzogen. Die Motive dafür waren vielschichtig: von der individuellen Heilssorge, dem Ungenügen an der Lebensführung des Gemeindechristentums, bis hin zur Flucht aus wirtschaftlicher Not. Die markante Gestalt des Antonios (ca. 251-356) steht dabei für das Einsiedlertum, das tief in die Wüste vordrang und sich oftmals in ausgedehnten Kolonien niederließ. Westlich des Deltas befanden sich u.a. die „Nitria", wo Ende des vierten Jahrhunderts an die 2.000 Asketen anzutreffen waren, die „Kellia", deren Zellen archäologisch ergraben wurden, und die „Sketis", das heutige Wadi Natrun, mit ihren vier bis heute besiedelten Klöstern. Unter den Aussprüchen der Mönche (*Apophthegmata patrum*), die im fünften bis sechsten Jahrhundert zu größeren Sammlungen zusammengestellt wurden, befinden sich auch geistliche Weisungen von Einsiedlerinnen.

Als Schöpfer des gemeinschaftlichen („koinobitischen") Mönchslebens gilt Pachomios (ca. 292-346/47), der mehrere Klöster gegründet und zu einem Verband zusammengeschlossen hat. Schenute von Atripe († 465), der Abt des sogenannten „Weißen Klosters" in Oberägypten, hat ein reiches Schrifttum im Sahidischen hinterlassen, das heute über Bibliotheken in aller Welt verstreut ist und noch nicht zur Gänze ediert wurde. Bemerkenswert ist seine literarische Auseinandersetzung mit Anhängern des Origenes. Dessen Theologie musste nach den dogmatischen Klärungen der Reichskirche im vierten Jahrhundert zunehmend als häretisch erscheinen. Bereits Kyrills Onkel, Patriarch Theophilos von Alexandreia (385-412), war gegen origenistisch denkende Mönche zu Felde gezogen. Ihr herausragender Vertreter Evagrios Pontikos (ca. 345-399) hatte die Vertreibung der origenistischen Mönche aus der ägyptischen Wüste selbst nicht mehr erlebt. Teile des orientalischen Mönchtums wurden trotz solcher Gegenmaßnahmen von seinem Schrifttum, das manche Spekulationen des Origenes systematisierte und radikalisierte (etwa in der Lehre von der Erlösung aller), weiterhin beeinflusst. Daneben gab es freilich ein Mönchtum, das sich von den Patriarchen bereitwillig in Dienst nehmen ließ, wenn es um die Durchsetzung der theologischen und kirchenpolitischen Ansprüche Alexandreias ging. Es ist kein Zufall, dass Kyrill u.a. in der Begleitung Schenutes am Konzil von Ephesos (431) teilgenommen hat.

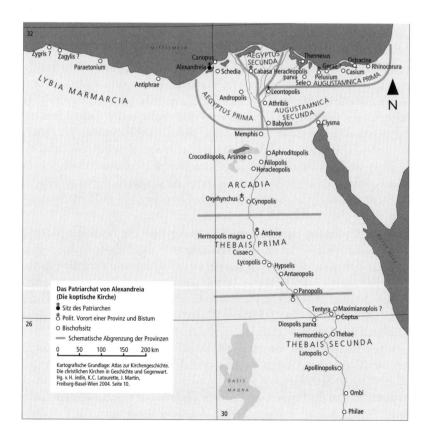

3. Der Kampf gegen das Chalcedonense und die Entstehung einer miaphysitischen Kirchenorganisation

3.1 Widerstand und Sammlung (5.-7. Jh.)

Der Streit um das Konzil von Chalkedon trieb einen Keil in die Christenheit Ägyptens. Patriarch Dioskur war in Chalkedon unterlegen. Mit ihrer fortgesetzten Ablehnung der Konzilsbeschlüsse betrachteten sich seine Anhänger als die wahren Hüter der Theologie Kyrills von Alexandreia. Zunächst gelang es durchaus noch, Gegner Chalkedons auf den alexandrinischen Patriarchenthron zu bringen. Zur dauernden Kirchenspaltung gerieten die Auseinandersetzungen jedoch, als Theodosios I., der letzte Patriarch streng antichalkedonensischer Überzeugung, im Jahre 537 aus Ägypten vertrieben wurde. Große Teile des Kirchenvolkes hielten ihm bis zu seinem Tod 566 die Treue; für sie war er der allein rechtmäßige Amtsinhaber. Die vom Kaiser neu eingesetzten, chalkedonensisch gesinnten Patriarchen vermochten es nicht mehr, diese Gläubigen an die Reichskirche zurück zu binden. Denn nach dem Tode des Theodosios I. wählten die Chalkedongegner fortan ihre eigenen Patriarchen. Seither bestehen jene beiden Patriarchate von Alexandreia, die heute griechisch- bzw. koptisch-orthodox genannt werden – und die sich beide in gleicher Weise in der Nachfolge des Evangelisten Markus sehen.

Die antichalkedonensische Opposition sah sich mitunter harten Unterdrückungen von Seiten der Reichsgewalt ausgesetzt. In Makarios von Tkow konnten die Gegner des Konzils das Andenken an einen Märtyrer in ihren Reihen pflegen. Nach einer Vita des sechsten Jahrhunderts hatte Makarios den Patriarchen Dioskur zum Konzil begleitet und sich später standhaft geweigert, den *Tomus Leonis* (vgl. S. 9) zu unterzeichnen. Von einem kaiserlichen Beamten sei er so hart geschlagen worden, dass er seinen Verletzungen erlag.

Die Entstehung einer eigenen miaphysitischen Hierarchie war auch von inneren Zerwürfnissen belastet. Die miaphysitische Bewegung zersplitterte sich in mancherlei Richtungen, denen es nicht gelang, zu einer einheitlichen Auslegung der gemeinsam verfochtenen Ein-Naturen-Lehre zu gelangen. Folgenreich war die Auseinandersetzung zwischen den beiden Miaphysiten Severos von Antiocheia und Julian von Halikarnass, die nach 518 im ägyptischen Exil aufeinanderstießen und sich über Jahre hinweg literarisch befehdeten (vgl. S. 13). Die „Julianisten" haben noch im Laufe des sechsten Jahrhunderts Gemeinden mit eigenen Bischöfen gegründet. Der Hauptstrom der Chalkedongegner Ägyptens folgte langfristig freilich Severos von Antiocheia.

Ein Schisma mit den syrischen Antichalkedonensern beschwor nach 566 sodann geradezu anarchische Zustände im Lager der Miaphysiten herauf. Gefestigt und so recht zu einer selbstbewussten Kirche zusammengeführt wurden die miaphysitischen (severianischen) Ägypter erst unter dem Patriarchen Damian (578-607). Unter ihm konnte manche Spaltung überwunden werden. Das Schisma mit den Syrern wurde allerdings erst 615/16 aufgehoben.

Unter dem Patriarchen Damian wuchs eine reiche koptische Literatur heran, die den „ägyptischen" Charakter der miaphysitischen Kirche hervortreten ließ. Dennoch wäre das Selbstbewusstsein der miaphysitischen Patriarchen samt ihrer Kirche in dieser Zeit unzureichend beschrieben, wenn man sie als ausschließliche Vertreter eines ethnischen „Koptentums" portraitieren wollte. Ihr Bewusstsein, rechtmäßige Inhaber des Patriarchenstuhles zu sein, schloss es mit ein, dass etwa Benjamin I. (626-665) und noch Alexander II. (705-730) ihre Osterfestbriefe in griechischer Sprache versandten. Auch erhielt sich das Griechische noch länger als Liturgiesprache.

3.2 Koptische Literatur im 6./7. Jahrhundert

Die vorherrschenden Gattungen der koptischen Literaturblüte, die unter dem Patriarchen Damian anhob, sind Predigten und romanhafte Heiligenviten. Bischöfe und Mönche wandten sich damit an ein breites volkssprachliches Publikum. Dabei enthalten die Predigten reichliche Polemik gegen die kirchlichen Gegner. Die Homilien eines Konstantin von Assiut rufen den großen Athanasios zum Kronzeugen an, wenn es darum geht, Chalkedonenser wie auch die Anhänger des Julian von Halikarnass der Häresie zu überführen. Zeugen der Vergangenheit ruft auch Johannes von Schmun auf, wenn er in seinen Predigten auf den Evangelisten Markus und den Mönchsvater Antonios Ägypten zum Land der Rechtgläubigkeit und Heiligkeit stilisiert.

Bei Johannes von Parallos hören wir davon, wie ein Bischof gegen häretische und apokryphe Bücher vorging, die in seiner Gemeinde in Umlauf waren. Lebendige Einblicke in den pastoralen Alltag von Bischöfen auf dem Lande vermitteln die erhaltenen Briefarchive von Pesyntheos von Koptos und Abraham von Hermonthis. Von Patriarch Johannes III. (681-689) hat sich eine Lobrede auf den heiligen Menas erhalten, dessen Heiligtum viele Pilger anzog (s.o. S. 66f.).

Predigten und Heiligenleben sind etwa auch noch von Zacharias von Sakha (frühes achtes Jahrhundert) und Patriarch Markos III. (799-819) überliefert. Die fragmentarisch erhaltenen Kommentare des Rufus von Schotep zum *Matthäus-* und *Lukas-Evangelium* zeigen, dass ihr Verfasser in der Lage war, die Methoden der alexandrinischen Bibelauslegung, z.B. die allegorische Deutung, selbständig zu handhaben. Möglicherweise hatte Rufus Werke des Origenes noch selbst vor Augen gehabt.

3.3 Die Christianisierung Nubiens

Die dogmengeschichtlichen Zwistigkeiten haben auch in der Missionierung Nubiens ihre Spuren hinterlassen. Unter „Nubien", das uns aus dem Alten Testament als „Kusch" bekannt ist, versteht die antike Geographie das Niltal südlich von Assuan/Elephantine. Heute wird das Gebiet durch das südliche Ägypten und den Sudan abgedeckt. In der Antike war das Land auch als „Äthiopien" bekannt. Der „äthiopische" Kämmerer der Kandake, von dessen Bekehrung die *Apostelgeschichte* berichtet, bezeugt möglicherweise christliche Anfänge im altnubischen Reich von Meroë (*Apg* 8,26-40), wobei die Historizität dieser Erzählung unsicher bleibt.

Planvoll missioniert wurden die nubischen Königreiche freilich erst im sechsten Jahrhundert – und zwar auf zwei Wegen, die beide von Konstantinopel ihren Ausgang nahmen. Kaiserin Theodora († 548) förderte hier wie auch andernorts die Verbreitung des miaphysitischen Bekenntnisses. Der von ihr entsandte Presbyter Julian kam um 540 in das nördliche Reich der Nobaden. Unterstützung erfuhr er von Bischof Theodor von Philae. Mit Longinos erhielten die Nobaden ca. 569 ihren ersten Bischof; er erreichte auch das ganz im Süden gelegene Reich von Alodia. In Makuria, das sich zwischen den beiden anderen Reichen befand, wirkten vermutlich die Sendboten des Kaisers Justinian (527-565), der im Gegensatz zu seiner Gemahlin ein strikter Anhänger Chalkedons war. Die konfessionellen Verhältnisse in Nubien sind für diese Zeit nicht mehr ganz sicher zu rekonstruieren. Als sich Nobadia und Makuria um 700 vereinigten, unterstand ihre Kirche jedenfalls dem miaphysitischen Patriarchen von Alexandreia. Als wichtige kirchliche Zentren sind besonders Faras (Pachoras) und Alt-Dongola anzusprechen.

Unter einem eigenen Metropoliten entfaltete sich in den zahlreichen Bistümern, Kirchen und Klöstern ein reges kirchliches Leben, von dem uns beachtliche Reste an Kunst und Literatur erhalten sind. Die Liturgie feierte man in griechischer Sprache. Einzelne Stücke wurden in die Volkssprache übertragen. Hinzu kommen Übersetzungen biblischer Texte, Hymnen und Predigten aus dem Griechischen und Koptischen. Das Nubische ist mit keiner dieser beiden Ausgangssprachen verwandt und kann zu den autochthon schwarzafrikanischen „nilo-saharischen" Sprachen gerechnet werden. Besonders bekannt geworden sind die Ausgrabungen in Faras, die ab 1960 einsetzten, als das Terrain um Abu Simbel vor der Überflutung durch den Assuan-Staudamm archäologisch erkundet wurde. Die außerordentlich qualitätvollen Fresken der freigelegten Kathedrale (8.-11. Jahrhundert) zeigen neben Christus und den Heiligen auch Mitglieder der königlichen Familie und des hohen Klerus.

Gegen die andrängenden Muslime konnten sich die Herrscher Nubiens lange Zeit erwehren. Erst im 13. Jahrhundert wurde das Gebiet von Nobadia-Makuria von den Mamluken zum Vasallenstaat gemacht. In einem längeren Prozess sickerte der Islam ein und verdrängte das Christentum. Im 14. Jahrhundert begegnen wir dem ersten muslimischen König in Alt-Dongola. Kleinere nubische Fürstentümer konnten den islamischen Mächten wenigstens bis Ende des 15. Jahrhunderts ihren Widerstand entgegensetzen. Unter muslimischer Herrschaft ist die erste schwarzafrikanische (und – im Unterschied zu Äthiopien – nichtsemitische) Kirche schließlich überall verloschen. Letzte christliche Ausläufer sind uns aus Reiseberichten des 17.-19. Jahrhunderts bekannt.

In die Verhältnisse Ägyptens griffen die nubischen Könige zu ihren Glanzzeiten ein, um so manche Bedrückung vom Patriarchen der koptischen Mutterkirche abzuwenden. Denn anders als in Nubien lebte die Kirche in Ägypten schon seit dem siebten Jahrhundert unter muslimischer Herrschaft.

4. Unter Kalifen und Sultanen

4.1 Die arabische Eroberung und ihre Folgen (7.-9. Jh.)

Durch die Umbrüche des siebten Jahrhunderts wurde die koptische Kirche von Patriarch Benjamin I. (626-665) gesteuert. Er erlebte die vorübergehende persische Eroberung des Landes (619-628/29), unter der auch die Kopten zu leiden hatten. Im oberägyptischen Versteck überstand er sodann die Regentschaft des reichskirchlichen (chalkedonensischen) Patriarchen Kyros (631-642), der zugleich als Präfekt waltete und gegen die Nichtchalkedonenser noch einmal unnachsichtig vorging. Schließlich wurde Benjamin Zeuge der arabischen Eroberung durch den Feldherrn Amr ibn al-As 639-645, mit dem er persönlich zusammengetroffen sein soll. Die in der letzten Zeit der byzantinischen Herrschaft zerzauste Kirche baute er in den ersten Jahrzehnten der islamischen Herrschaft tatkräftig wieder auf. Von besonderer dogmengeschichtlicher Bedeutung ist Benjamins 16. Osterfestbrief, der seine profunde Kenntnis der Kirchenväter unter Beweis stellt. In seiner Predigt auf die Hochzeit von Kana (*Joh* 2,1-12) werden in einem Häretikerkatalog neben Areios auch zeitgenössische Anhänger des Chalcedonense, unter ihnen Patriarch Kyros, als neue „Judasse" aufgelistet (Müller: *Homilie*, 84f.).

Trotz der Möglichkeit zum kirchlichen Wiederaufbau wird man doch nicht behaupten können, die arabischen Muslime seien von den Kopten überschwänglich als Befreier vom „byzantinischen Joch" begrüßt worden. Eher arrangierten sie sich mit der neuen Macht, die zunächst nicht viel anders erscheinen musste als das persische Intermezzo wenige Jahrzehnte zuvor. Erst im Laufe der Zeit wurden sich die Kopten des epochalen Einschnittes bewusst, den die arabische Eroberung bedeutete. Die Tragweite dieses Einschnittes und das Fortdauern der muslimischen Herrschaft verlangten zunehmend nach einer theologischen Geschichtsdeutung, wie sie etwa die Severos von Aschmunein zugeschriebene Patriarchengeschichte (10./11. Jahrhundert) vorlegte, in der die Araber denn auch als Befreier von Byzanz auftreten.

Im Laufe der Zeit mussten die Christen aber auch erkennen, dass sie unter muslimischer Herrschaft sozialen Benachteiligungen einschließlich finanzieller Mehrbelastungen ausgesetzt waren. Zweifelsohne hat die wieder und wieder angehobene Steuerlast den Übertritt breiter Bevölkerungsschichten zum Islam begünstigt. Von einer beträchtlichen Zahl von Konversionen berichtet schon im siebten Jahrhundert der Geschichtsschreiber Johannes von Nikiu. Mehrere Aufstände von Kopten wurden im achten und neunten Jahrhundert niedergeschlagen, so mit äußerster Brutalität die Rebellion der Kopten von Baschmur 829/30. Ergebnislos verliefen dabei die Vermittlungsversuche des koptischen Patriarchen Yusab I. (830-849) und seines syrisch-orthodoxen Amtsbruders Dionysios I. (818-845), der gar im Auftrag des abbasidischen Kalifen nach Ägypten gereist war.

Die angespannte Lage spiegelt sich in apokalyptischen Texten, in denen die Bedrückung durch die Muslime, aber auch der Sieg eines christlichen Herrschers prophezeit werden. Solche Weissagungen wurden Kirchenvätern aus vorislamischer Zeit in den Mund gelegt. Ein Beispiel dafür ist etwa die Pesyntheos von Koptos (568/69-632) zugeschriebene *Epistula prophetica* aus der Zeit um 760.

Auf andere Art den Glauben und die Hoffnung stärken, wollen Erzählungen wie die wohl fiktive Disputation des Patriarchen Johannes III. (681-689). Er soll dieses Streitgespräch mit einem Juden und einem Chalkedonenser vor dem arabischen Statthalter Abd al-Aziz geführt haben. Das Gespräch über die Frage, welches die wahre Religion sei, entspinnt sich, als der Patriarch im Nachlass eines Juden ein Stück vom Kreuzesholz Christi findet. Zum Beweis seiner Echtheit ins Feuer geworfen, verbrennt das Holz nicht. Vielmehr erlischt das Feuer plötzlich auf wundersame Weise. Aus der Disputation geht Johannes als klarer Sieger hervor: Der Chalkedonenser konvertiert zur miaphysitischen Kirche, der Muslim muss sich argumentativ geschlagen geben.

4.2 Unter fatimidischer Herrschaft (10.-12. Jh.)

Günstigere Lebensverhältnisse kehrten für die Kopten unter der Dynastie der Fatimiden (969-1171) ein. Im Gegensatz zu den sunnitischen Abbasidenkalifen Bagdads errichteten die Fatimiden in Ägypten ein eigenständiges schiitisches Kalifat. Ausdruck ihres Macht- und Repräsentationswillens war die Gründung der neuen Hauptstadt Kairo (*al-Qahira*, „die Siegreiche"). Als schiitische Herrscher über mehrheitlich sunnitische Muslime legten sie den anderen religiösen Minderheiten der Juden und Christen gegenüber eine insgesamt wohlwollende Behandlung an den Tag. Kopten konnten in höchste staatliche Ämter aufsteigen.

Allein der dem Wahnsinn verfallene Kalif al-Hakim (996-1021) bildete hier eine Ausnahme: Unter etlichen Schikanen entfernte er die „Ungläubigen" aus dem öffentlichen Leben und zerstörte Kirchen und Klöster, darunter die Jerusalemer Grabeskirche im Jahre 1008. Kalif al-Zahir (1021-1036) stellte diese Maßnahmen wieder ein und erlaubte den Christen, die unter dem Druck al-Hakims zum Islam übergetreten waren, zu ihrer angestammten Religion zurückzukehren. Der koptische Patriarch Christodoulos (Abd al-Masih, 1047-1077) suchte die Nähe der Kalifen, als er 1061 seinen Sitz dauerhaft nach Kairo verlegte. Dort residieren seine Nachfolger bis heute.

4.3 Unter Ayyubiden, Mamluken und Osmanen (12.-18. Jh.)

Unter der nun wieder sunnitischen Herrschaft der ayyubidischen (1175-1250) und mamlukischen Sultane (1250-1517) verschlechterte sich die Lage der Christen merklich. Besonders aus der ersten Hälfte des 14. Jahrhunderts sind pogromartige Ausbrüche des Volkszorns bekannt. Entzünden konnten sich solche Übergriffe an der Tatsache, dass „Schutzbefohlene" (*dhimmis*) noch immer in öffentlichen Diensten standen. Gerüchte kursierten, dass sie als Spione der Kreuzfahrer fungierten, mit unlauteren Mitteln zu ihrem Reichtum gekommen seien, die Muslime ungerecht behandelten, den Bau von Moscheen verhinderten und Mitchristen von der Konversion zum Islam abhielten. Im Jahre 1321 kam es in ganz Ägypten zu Angriffen auf Kopten und ihr Eigentum. Scheich Ibn al-Naqqasch von der Ibn Tulun-Moschee in Kairo verfügte 1357/58 ein Rechtsgutachten (*fatwa*), das die Dienste von *dhimmis* in Regierung und Verwaltung missbilligte. Die Zahl christlicher und jüdischer Beamter war im Sinken begriffen. Die Unmöglichkeit des gesellschaftlichen Aufstiegs und der Verlust an sozialem Prestige führten vermehrt zu Konversionen.

An der stets prekären Situation der Kopten hat sich auch unter der osmanischen Herrschaft über Ägypten (1517-1798) nichts Grundlegendes geändert. In dieser Zeit des allgemeinen wirtschaftlichen und kulturellen Niedergangs erlahmte das intellektuelle und geistliche Leben der Kirche. Die Zahl der Kopten sank weiter. Für das Ende des 18. Jahrhunderts wird ihr Anteil an der Bevölkerung auf 10-12 % geschätzt. Über die bescheidenen materiellen und religiösen Zustände, in denen sich die Kirche befand, berichten Reisende aus Europa.

Die Union mit Rom, die auf dem Konzil von Florenz 1442 verkündet worden war, hatte keinen Bestand. Doch blieb das römisch-katholische Interesse an den Kopten ungebrochen. Davon zeugt etwa die Reisetätigkeit des Dominikaners Johann Michael Wansleben (1635-1679), der aufschlussreiche Reiseberichte und Geschichtswerke über die koptische Kirche verfasst hat. Neuerliche Unionsversuche, die mit der Ernennung eines Apostolischen Vikars für katholisch gewordene Kopten 1741 einen ersten Erfolg verzeichnen konnten, führten freilich erst 1895 zur Errichtung eines koptisch-katholischen Patriarchates. Aber auch protestantische Bemühungen um die Kopten gab es. So versuchte etwa der Lübecker Lutheraner und Äthiopienreisende Peter Heyling 1633/34 vergeblich, die Mönche des Makarios-Klosters für reformatorisches Gedankengut zu gewinnen.

4.4 Koptische Theologie in arabischer Gestalt

Nur wenige Jahrhunderte nach der arabischen Eroberung war das Koptische zunehmend außer Gebrauch gekommen. Nur als Liturgiesprache lebte es fort. Als letztes Werk der koptischen Literatur gilt das 1322 entstandene Lehrgedicht *Triodion*, dessen 732 Strophen das Lob auf das mönchische Leben anstimmen. Zu seiner Entstehungszeit war das Gedicht freilich längst ein Ausnahmefall. Denn seit dem zehnten Jahrhundert haben koptische Kirchenschriftsteller begonnen, ihre Werke in arabischer Sprache zu verfassen. Die Übernahme des Arabischen hat das Niveau der koptischen Theologie deutlich angehoben. Indem man sich dem arabischen Kulturraum sprachlich öffnete, befand man sich in lebendiger Auseinandersetzung mit dem Islam und konnte sich vom Vorbild der christlich-arabischen Literaturproduktion in Syrien und Mesopotamien inspirieren lassen.

Ihren Gipfel erreichte die koptisch-arabische Literatur im 13. Jahrhundert mit drei Brüdern aus der angesehenen Familie Assal. Sie taten sich u.a. durch theologische, philosophische und kirchenrechtliche Arbeiten hervor. Dass al-Asad ibn al-Assal († vor 1260) u.a. eine Grammatik des Koptischen in arabischer Sprache erstellte, wirft ein bezeichnendes Licht auf die sprachlichen Verhältnisse seiner Zeit. Von seinem Bruder al-Mutaman ibn al-Assal stammen beispielsweise ein arabisch-koptisches Wörterbuch oder das theologische Kompendium *Sammlung der Grundlehren der Religion*, das er um 1263 verfasst hat.

Der fruchtbarste Schriftsteller unter den drei Brüdern war al-Safi ibn al-Assal († vor 1260). Er war Parteigänger des innerkirchlich nicht unumstrittenen Patriarchen Kyrill III. ibn Laqlaq (1235-1243), dessen Amtseinführung und dessen Tod er mit poetischen Werken begleitete. Seine 1238 vollendete Rechtssammlung (*Nomokanon*) genießt noch heute hohes Ansehen bei Kopten und Äthiopiern. Seine Kommentierung von Werken des Yahya ibn Adi († 974, vgl. S. 84) ist ein Beispiel dafür, wie sich die Kopten das arabische Schrifttum ihrer syrisch-orthodoxen Glaubensgefährten zum Vorbild nahmen. In seinen *Kurzen Kapiteln über die Trinität und Inkarnation* (1242) begegnet Al-Safi den anderen christlichen Bekenntnissen der Chalkedonenser und der Ostsyrer mit einem milde abwägenden Urteil (*Kap. 8*). Die Differenzen in der Christologie bestünden nur im unterschiedlichen Gebrauch philosophischer Begriffe, der gemeinsame christliche Glaube sei davon nicht betroffen. Der theologischen Herausforderung durch den Islam hat sich al-Safi mehrfach literarisch gestellt. Dabei bediente er sich einer rein philosophischen

Argumentationsweise. Für seine Apologie des Christentums griff er sowohl auf Autoren der Syrisch-Orthodoxen wie auch der Apostolischen Kirche des Ostens des neunten bis elften Jahrhunderts zurück, u.a. Ammar al-Basri, Yahya ibn Adi, Elias von Nisibis.

Freilich konnte auch eine traditionellere Haltung zu den anderen Konfessionen eingenommen werden. Das zeigen etwa die Traktate des Severos ibn al-Muqaffa, Bischofs von Aschmunein († nach 987), die sich gegen die Chalkedonenser richteten. Severos wird auch eine Geschichte der Patriarchen Alexandreias zugeschrieben, die sich aber im Wesentlichen der redaktionellen Tätigkeit des Mauhub ibn Mansur im 11. Jahrhundert verdankt. Selbstbewusst wird darin die gesamte Geschichte des christlichen Ägyptens von seinen Anfängen an für die koptische Kirche in Anspruch genommen. Von wahrhaft enzyklopädischen Ausmaßen ist das literarische Schaffen des Abu 'l-Barakat ibn Kabar († 1324), unter dessen Werken sich ein umfangreicher Liturgiekommentar und ein bohairisch-arabisches Wörterbuch befinden.

5. Neuzeit

5.1 Zwischen Beharrung und Erneuerung: Der innere Weg der Kirche

Napoleons Feldzug in Ägypten 1798-1801 war nur von kurzer Dauer gewesen und zudem erfolglos verlaufen. Dennoch markiert er in der Geschichte Ägyptens einen Einschnitt, den man häufig mit dem Beginn der Neuzeit im Lande am Nil gleichsetzt. Mit der Regentschaft Muhammad Alis (1805-1848) und seiner Nachfolger, die sich seit 1867 „Vizekönige" (Khediven) nannten, stand Ägypten nur noch formell unter osmanischer Herrschaft. Auf der Suche, den Anschluss an die Moderne zu finden, wurde den nichtchristlichen Untertanen zumindest offiziell der Weg zur bürgerlichen Gleichheit geebnet. Die diskriminierenden Kleidervorschriften für Nichtmuslime wurden aufgehoben, die Gleichstellung vor dem Gesetz wurde ihnen zugesichert und schließlich wurde die Kopfsteuer abgeschafft. Christen konnten auch wieder hohe Posten im Staatsdienst bekleiden. Damit sollten die Kopten erhalten, was sich einige unter ihnen zuvor noch vom Eingreifen Napoleons erhofft hatten. Während der französischen Besatzung hatten einige Kopten eine Freischärlertruppe, die „légion copte", gebildet, um an der Seite Frankreichs die muslimische Herrschaft abzuschütteln. Patriarch Markos VIII. (1796-1809) hatte von diesem Unternehmen dringend abgeraten. Nach dem Abzug der Franzosen war es denn auch zu Ausbrüchen des Volkszorns gegen die Kopten gekommen, die als „Fünfte Kolonne" einer ausländischen Macht erscheinen mussten.

Dass der Weisung des Kirchenoberhauptes hier nicht Folge geleistet wurde, lässt eine Konstellation erkennen, von der die weitere Geschichte der Kopten geprägt war: Neben der kirchlichen Hierarchie begriffen sich auch die Laien aus vornehmen Familien als eigenständige und selbstbewusste Repräsentanten ihrer Gemeinschaft. Seit der Mitte des 19. Jahrhunderts machte sich das Auseinanderdriften von Hierarchie und „Notabeln" immer deutlicher bemerkbar. Die Gründung einer offiziellen Laienvertretung 1883 sollte ein Mitspracherecht bei der Besetzung hoher Kirchenämter und in der kirchlichen Finanzverwaltung durchsetzen. Forderungen nach kirchlichen Reformen entstanden nicht zuletzt unter dem Eindruck westlicher Missionare, ihrer Schulen, Druckereien und sozialen Einrichtungen. Patriarch Kyrill IV. (1854-1861) war solchen Forderungen noch aufgeschlossen gewesen und hatte sich um ein modernes kirchliches Unterrichtswesen bemüht. Dagegen lehnten seine Nachfolger die Reformbestrebungen und besonders jegliche Mitsprache der Laien durchweg ab. Unter Kyrill V. (1874-1927) wurden die Mitglieder des Laienrates vorübergehend exkommuniziert.

Die Reformbewegung, von der die Kirche im Laufe des 20. Jahrhunderts schließlich geprägt werden sollte, musste also von anderer Seite ausgehen. Habib Girgis, Dekan des Theologischen Seminars in Kairo, begann 1918 mit einer Gruppe Gleichgesinnter, zur religiösen Unterweisung der Jugend Sonntagsschulen zu gründen. Als Vorbild dienten entsprechende Einrichtungen protestantischer Kirchen. Dafür wurden nicht nur Priester, sondern auch Laien theologisch fortgebildet. Von dieser Sonntagsschulbewegung hat die Kirche zahlreiche Reformimpulse empfangen. Wichtig wurde etwa das „Haus der Diakone" in Giza, das vornehmlich von Studenten der Universität Kairo getragen wurde. Von hier aus verbreitete sich die Idee der Sozialarbeit in der ganzen Kirche. Eine Frucht dieser Bemühungen war die Errichtung eines eigenen Bischofsamtes für soziale Dienste im Jahr 1962. Auch die Erneuerung des Mönchtums hat seine Wurzeln in der Sonntagsschulbewegung. Gleichwohl lieferten sich einige Patriarchen noch heftige Fehden mit den Laienvertretern, ehe die Reformbewegung unter Kyrill VI. (1959-1971) nun auch von der Kirchenleitung gefördert und in das kirchliche Leben integriert wurde. Ein Großteil der Bischöfe, die unter Kyrill VI. ernannt wurden, entstammte der Sonntagsschulbewegung. Das gilt auch für den gegenwärtigen Amtsinhaber Schenuda III. (seit 1971), der das Reformwerk seines Vorgängers konsequent weitergeführt hat und die koptische Beteiligung an der ökumenischen Bewegung intensivierte.

Zu Neuerungen kam es auch in der Gestaltung des weiblichen Mönchtums. Zu den Aufgaben der Marientöchter in Beni Suef gehört ein starkes caritatives Engagement. Ähnliches gilt für die Einführungen des Amtes der *schammasat*, eine Art weiblichem Diakonat, das aber keine Aufnahme in den Klerus beinhaltet und daher mit „Diakonissen-", nicht „Diakoninnen-Amt" übersetzt werden sollte. Aber auch zu einer Rückbesinnung auf die Ideale des alten Mönchtums ist es seit den 1940er Jahren gekommen. Entscheidend war hier der Einfluss von Matta al-Maskin (1919-2006), der sich an der altkirchlichen Mönchsliteratur orientierte und eine Vielzahl junger Kopten aus gebildeten Kreisen für das monastische Leben begeistern konnte. Eine wichtige Etappe auf dem Weg zur Wiederbelebung der alten Klöster war die Einführung der Regeln des Pachomios im Syrerkloster des Wadi Natrun 1951. In der zweiten Hälfte des 20. Jahrhunderts haben dann alle Klöster einen ungeahnten Aufschwung erfahren und zahlreiche Novizen aufnehmen können. Längst aufgegebene Anlagen wie etwa das „Weiße Kloster" Schenutes von Atripe konnten wieder besiedelt und neu aufgebaut werden. Diese Bewegung hält bis zur Gegenwart unvermindert an.

Bei alledem ist eine gewisse Klerikalisierung des kirchlichen Lebens nicht zu übersehen. Die offizielle Laienvertretung wurde von Präsident Nasser 1962 aufgehoben. Für ihn war die koptische Oberschicht zu sehr in das vorangegangene politische System verstrickt gewesen. Seitdem ist die Kirchenleitung der alleinige Ansprechpartner des – sich wandelnden – Staates.

5.2 Zwischen Säkularismus und Islamismus: Die Kirche in einem sich wandelnden Staat

Im ausgehenden 19. und 20. Jahrhundert war Ägypten dem Einfluss der Kolonialmächte Großbritannien und Frankreich unterworfen. Um 1900 bestand die politische Option zahlreicher koptischer Notabeln noch darin, den Schulterschluss mit den ebenfalls christlichen Briten zu suchen. Eine Reihe von Muslimen verfolgte dagegen einen panislamischen Kurs gegen die fremden Herren und ihre Handlanger im Lande. Der seit 1908 amtierende koptische Premierminister Butros Ghali wurde 1910 als Agent der verhassten Briten ermordet. Danach wurde die politische Landkarte Ägyptens von zwei Faktoren grundlegend geändert: Anstelle einer panislamischen Rückbindung an das Osmanische Reich nahm der antikolonialistische Widerstand eine neue, nämlich säkular-laizistische Prägung an. Getragen wurde diese Bewegung von der neu gegründeten *Wafd*-Partei und ihrem Führer Saad Zaghlul. Hinzu kam, dass auch die Kopten von der britischen Vormundschaft zunehmend enttäuscht waren. So fanden sich alsbald einflussreiche Kopten in führenden Positionen der *Wafd*-Partei, die im Sinne des modernen Nationalgedankens zwischen Ägyptern verschiedener Religionszugehörigkeit keine Unterschiede mehr machte. Muslime und Kopten waren gemeinsam an der „Nationalen Revolution" beteiligt, die 1919 gegen die britische Fremdherrschaft ausgebrochen war und zur Gründung des ägyptischen Königreiches 1922 führte. Die Verfassung von 1922 schrieb die Gleichheit aller Ägypter ungeachtet ihrer Religionszugehörigkeit fest.

Widerspruch gegen ein solches säkulares Staatswesen meldeten die 1928 gegründeten Muslimbrüder an. Ihr Führer Hassan al-Banna hielt die Verfassung für einen Rückfall in die vorislamische Zeit. Dagegen forderte seine Bewegung die Wiedereinführung des islamischen Gesetzes (*scharia*) einschließlich jener Bestimmungen, die Nichtmuslime zu Bürgern zweiter Klasse machen. Die Bruderschaft wurde 1948 zwangsweise aufgelöst. Nach dem Ende der Monarchie 1952 wurden islamische Tendenzen von Staatspräsident Nasser (1954-1970) entschieden zurückgedrängt. Mit Patriarch Kyrill VI. unterhielt Nasser enge Beziehungen. Die Westöffnung des Landes unter Sadat (1971-1981) sorgte für ein neuerliches Erstarken der islamistischen Opposition. Sadat versuchte, den radikalen Muslimen den Wind aus den Segeln zu nehmen, indem er den islamischen Charakter des Staates betonte. Als Papst Schenuda III. gegen Benachteiligungen und mangelnden Schutz seiner Gläubigen scharf protestierte, wurde er vom Staatspräsidenten 1980 in ein Wüstenkloster verbannt. Ein Komitee von Bischöfen übernahm nun die interimistische Leitung der Kirche.

Unter Hosni Mubarak (seit 1981) konnte Schenuda III. 1984 aus dem Exil zurückkehren. Sein Verhältnis zur Staatsführung hat sich insofern gewandelt, als er sich mit Kritik zurückhält. Diese demonstrativ zur Schau gestellte Loyalität zum Präsidenten hängt mit dem wachsenden Zuspruch zusammen, den die Muslimbrüder und andere islamistische Gruppierungen erfahren. Die ungelösten wirtschaftlichen Probleme des Landes haben diese Entwicklung gefördert. Die Antwort des Staates besteht in einer fortschreitenden Islamisierung des öffentlichen Lebens bei gelegentlichen Massenverhaftungen radikaler Islamisten. Seit Jahrzehnten kommt es immer wieder zu Anschlägen auf Kirchen und kirchliche Einrichtungen, hinter denen manchmal, aber keineswegs immer, dezidiert antichristliche Motive stehen. Alltägliche Benachteiligungen bestehen im Rechtswesen. Seit der Verfassungsänderung von 1980 gelten die „Prinzipien der Scharia" als „die Hauptquelle der Gesetzgebung". Dadurch wird die Religionsfreiheit nur als Freiheit, *zum* und nicht etwa *vom* Islam zu konvertieren, ausgelegt. Mit Muslimen verheiratete Christinnen müssen sich mit empfindlich eingeschränkten Rechten abfinden. Beim Kirchenbau können muslimische Anwohner jeden Neubau und jede Renovierungsarbeit leicht verhindern; der bürokratische Genehmigungsweg ist zudem langwierig und schwer durchschaubar.

Vor allem beklagen viele Kopten zu Recht, in der Regierung, im Parlament und im Staatsdienst unterrepräsentiert zu sein. Das gilt trotz einiger prominenter Ausnahmen wie Butros Butros Ghali, der es vom ägyptischen Minister zum UN-Generalsekretär (1992-1997) brachte. Man wird heute von einem koptischen Bevölkerungsanteil von maximal 10 % (eher 6-7 %) bei rund 80 Millionen Ägyptern ausgehen müssen. Von den 454 Sitzen im Parlament entfielen nach den Wahlen 2005 dagegen nur sechs Sitze auf Kopten, von denen nur einer direkt gewählt, die anderen vom Staatspräsidenten berufen wurden. Die Lebensbedingungen in Ägypten haben in den letzten Jahren eine stetige Auswanderungswelle hervorgerufen; rund 70 % der Emigranten waren Christen. In der weltweiten Diaspora dürften mittlerweile über eine Million Kopten leben.

Das offizielle Ägypten betont nach wie vor das gute Zusammenleben von Muslimen und Christen. Seit der Verfassung von 1971 gilt der Islam als die Religion des Staates. Die gegenwärtige Staatsführung versteht darunter etwas anderes als etwa die Muslimbruderschaft, die auf der vollständigen Einführung der *scharia* beharrt. Obwohl die Bruderschaft noch immer verboten ist, konnten ihre Mitglieder auf verschiedenen Parteilisten bei den Wahlen 2005 einen bemerkenswerten Erfolg erzielen. – Noch ist nicht entschieden, wie die Bestimmung Ägyptens als eines islamischen Staates in Zukunft ausgelegt werden wird. Von dieser Entscheidung wird das Leben, vielleicht auch das Überleben der Kopten in ihrer Heimat abhängen.

Die Kirchen der syrisch-orthodoxen Tradition

Karl Pinggéra

1. Zur Bezeichnung „syrisch-orthodox"

Die Bezeichnung „syrisch-orthodox" ist nicht so aufzufassen, als verstünde sich die damit bezeichnete Kirche in besonderer Weise als Kirche des heutigen Staates Syrien. Der Begriff „syrisch" bezieht sich vielmehr auf den größeren syrischen Kulturraum von der Levante bis ins obere Mesopotamien. Ferner zeigt die Selbstbezeichnung „syrisch-orthodox" an, wie sehr sich die Kirche ihrem aramäischen Erbe verpflichtet weiß. Ihr Oberhaupt ist der Patriarch von Antiocheia. Diesen Titel teilt er mit einem griechisch-orthodoxen, griechisch-katholischen, syrisch-katholischen Patriarchen sowie dem (ebenfalls mit Rom unierten, also katholischen) Patriarchen der libanesischen Maroniten. Alle diese Kirchen führen sich auf die erste Gemeinde Antiocheias zurück, jener Stadt am Orontes, in der die Anhänger Jesu zum ersten Mal „Christen" genannt wurden (*Apg* 11,26). Es waren die christologischen Streitigkeiten der Alten Kirche und die römischen Unionsbemühungen in der Neuzeit, die zur Zersplitterung der antiochenischen Kirche geführt haben.

In altkirchlicher Zeit war die Kirche Antiocheias beides gewesen: griechisch- und aramäischsprachig. Während Antiocheia selbst zu einem Brennpunkt hellenistischer Kultur und dann auch griechisch-christlicher Theologie geworden war, dominierte in weiten Teilen des Hinterlandes das Aramäische (der Sammelbegriff für eine semitische Sprachfamilie). In Edessa, dem Hauptort der östlich des Euphrat gelegenen Landschaft Osrhoëne, erwuchs schon früh eine eigene christliche Literatur in aramäischer Sprache. Der aramäische Dialekt von Edessa wird als „syrisch" bezeichnet. Dieses Syrische sollte zur klassischen Kult- und Literatursprache der aramäischen Christenheit werden. Zusätzlich zu ihren dogmatischen Differenzen haben sich das chalkedonensische (byzantinische bzw. „griechisch-orthodoxe") und das antichalkedonensische („syrisch-orthodoxe") Patriarchat im Laufe der Zeit auch in sprachlicher Hinsicht auseinander entwickelt. Im byzantinischen Patriarchat wurde die Liturgie neben dem Griechischen wohl nur bis ins 13. Jahrhundert auch in aramäischer Sprache gefeiert (neben das Griechische trat danach das Arabische als alternative Liturgiesprache). Die antichalkedonensische („Syrisch-Orthodoxe") Kirche sollte demgegenüber eine ausschließliche syrische Sprachgestalt annehmen.

Die Syrisch-Orthodoxe Kirche pflegt nach wie vor das Syrische in ihrer Liturgie und Theologie. Das klassische Syrische ist als lebende Sprache zwar längst außer Übung gekommen, doch verklammert es noch immer eine Kirche, die heute über die Länder des Nahen und Mittleren Ostens hinaus in alle Erdteile zerstreut ist.

Zur Geschichte der Syrisch-Orthodoxen Kirche gehören auch die südindischen Thomaschristen: Unter ihnen hat sich im 17. Jahrhundert eine beträchtliche Anzahl der Syrisch-Orthodoxen Kirche von Antiocheia angeschlossen. Gruppen aus der Schar dieser indischen Gläubigen haben sich später im 18. bzw. 20. Jahrhundert vom antiochenischen

Patriarchen gelöst und unabhängige Kirchen gegründet, die in Lehre und Kult aber weiterhin dem syrisch-orthodoxen Herkommen folgen. Zusammen mit der Patriarchatskirche Antiocheias gehören sie zu den (wie wir sie hier nennen wollen) „Kirchen der syrisch-orthodoxen Tradition", die zur Unterscheidung von der „ostsyrischen" Apostolischen Kirche des Ostens auch unter dem Sammelbegriff „Westsyrer" zusammengefasst werden können.

2. Das syrische Christentum bis zum fünften Jahrhundert

Die kirchliche Bedeutung Edessas lässt sich an der prominenten Besetzung ablesen, mit denen die Legende über seinen apostolischen Ursprung aufwartet. Kurz vor dem Tod Christi soll König Abgar von Edessa Christus einen Brief geschrieben haben, auf den der Erlöser bereitwillig geantwortet habe. Nach seiner Himmelfahrt soll einer der 72 Jünger des Herrn dann nach Edessa entsandt worden sein, wo er den zum Christen gewordenen König von einer schweren Krankheit geheilt habe. Diese Überlieferung wird erstmals von Euseb von Kaisareia († wohl 339/40) bezeugt (*h.e.* 1,13), als Edessa – nach dem Erlöschen seines halbautonomen Königtums 242 – schon in das Römische Reich eingegliedert gewesen war. Als die gallische Edelfrau und Heilig-Land-Pilgerin Egeria im Frühjahr 384 in Edessa weilte, konnte sie die Briefe Abgars und Christi persönlich in Augenschein nehmen (*itin. Eger.* 17,1). Nur wenige Jahrzehnte später ergänzt die syrische Fassung der Abgar-Legende den Briefwechsel um ein wundersam entstandenes Bild Christi, das der Abgesandte mit nach Edessa gebracht haben soll (*doct. Addai* 6). Der Jünger, der bei Euseb den Namen Thaddaios trägt, wird in der syrischen Quelle Addai genannt. Möglicherweise wird damit eine sonst nicht näher bekannte Persönlichkeit aus Edessas christlicher Frühzeit mit dem Thaddaios der Abgar-Legende verschmolzen.

Die überprüfbaren Nachrichten zu den kirchengeschichtlichen Anfängen in und um Edessa lassen immerhin darauf schließen, dass hier spätestens seit der Mitte des zweiten Jahrhunderts christliche Gemeinden bestanden haben. Dabei tritt uns aus den Quellen ein vielgestaltiges, von verschiedensten Richtungen gekennzeichnetes Christentum entgegen. Dazu zählte u.a. der erste uns bekannte Theologe Edessas, Bardaisan (154-222). Seine hoch spekulative Schriftauslegung, die philosophische, ethnologische und astrologische Anschauungen heranzog, galt der späteren Großkirche als häretische Verirrung. Aus dem nordmesopotamisch-syrischen Raum stammte etwa auch Tatian, der in Rom Schüler des Apologeten Justin geworden war. Tatian rief zu einer extrem asketischen Lebensführung auf, die den Verzicht auf die Ehe sowie auf Wein- und Fleischgenuss beinhaltete. Nach seiner Trennung von der römischen Gemeinde im Jahre 172 wirkte er wieder in seiner alten Heimat. Die vier kanonischen Evangelien vereinte Tatian zu einer einzigen, ursprünglich wohl syrisch geschriebenen Darstellung. Diese „Diatessaron" genannte Evangelienharmonie scheint in den aramäischen Gemeinden östlich von Antiocheia weithin als Normalgestalt des Evangeliums gegolten zu haben. Erst im fünften Jahrhundert wurde Tatians Evangelienharmonie aus dem kirchlichen Gebrauch verbannt.

Innerhalb dieses religiösen Kaleidoskops war die großkirchliche, im späteren Sinne rechtgläubige (orthodoxe) Gemeinde zunächst nur eine von mehreren Richtungen. Das großkirchliche Christentum fand im syrischen Raum sein Zentrum in Antiocheia. In Angleichung an die Neustrukturierung des Reiches wurde die Stadt auch in kirchlicher Hinsicht zum Hauptort der Diözese „Oriens". Nach Rom, Konstantinopel (seit 381) und Alexandreia nahm der Bischof von Antiochien den vierten Ehrenrang unter den „Oberbischöfen" (Patriarchen) des Reiches ein. Ihm folgte seit 451 noch der Bischof von Jerusalem, der auf dem Konzil von Chalkedon zum fünften Patriarchen des Reiches erhoben wurde.

In und um Edessa trug Ephraem der Syrer (um 306-373) als wortgewaltiger Prediger und Theologe entscheidend zur Durchsetzung des orthodoxen Christentums bei. Im öffentlichen Vortrag wandte er sich scharf gegen die Anhänger verschiedenster Häresien. Neben Bibelkommentaren und rhythmisch gebundenen Predigten zeigen besonders seine poetischen Hymnen eine meisterhafte Beherrschung der Sprache. Das christliche Glaubensgut durchdrang Ephraem in immer neuen Bildern und Symbolen. Seine Werke gehören zum theologischen Schatz der gesamten syrischen Christenheit (der West- wie der Ostsyrer).

3. Die Entstehung einer miaphysitischen Hierarchie (6./7. Jahrhundert)

Das syrische Christentum wurde schon früh in die christologischen Streitigkeiten hineingezogen, von denen die Reichskirche seit dem fünften Jahrhundert in Atem gehalten wurde. In der Gestalt des Bischofs Rabbula († 435/36) besaß Edessa einen eifrigen Verfechter der Theologie Kyrills von Alexandreias. Unter den Anhängern des Kyrill war Rabbula der erste, der in Theodor von Mopsuestia (nach dessen Tode 428) den eigentlichen theologischen Gegner ausmachte und ihn, den Lehrer des Nestorios, als Häretiker brandmarkte. Die Position Edessas im Spektrum der kirchlichen Parteiungen war nicht einheitlich: Nach Rabbulas Hinscheiden vermochte Ibas, ein dezidierter Vertreter der Theologie Theodors, den Bischofsstuhl zu erringen. Das entsprach auch der Ausrichtung der edessenischen Theologenschule, die später geschlossen werden musste, nach Nisibis verlegt wurde, und von der aus das Erbe Theodors im Perserreich verbreitet wurde (vgl. S. 24). Unter den Zöglingen der Schule von Edessa befand sich der aus Persien stammende Philoxenos († 523). Schon in seiner Jugend hatte er allerdings mit der antiochenischen Theologie, die seine Lehrer vertraten, gebrochen und war zum profilierten Streiter gegen die Lehre von den zwei Naturen in Christus geworden. Dabei wandte er sich nicht nur gegen die Anhänger Theodors von Mopsuestia, sondern auch gegen das Konzil von Chalkedon (451). Als Bischof der nordsyrischen Metropole Mabbug (seit 485) trug er entscheidend dazu bei, dass Severos, ein prominenter Gegner des Chalcedonense, im Jahre 512 zum Patriarchen von Antiocheia geweiht werden konnte.

Mit dem Regierungsantritt des Kaisers Justin (518-527) setzte eine strikt chalkedonensische Religionspolitik ein, von der die miaphysitischen Konzilsgegner nicht länger gedulddet wurden. Repräsentanten der theologischen Opposition wie Severos von Antiocheia und Philoxenos von Mabbug wurden abgesetzt, verbannt und durch chalkedontreue Bischöfe ersetzt. Der Widerstand war damit aber keineswegs gebrochen. Aus dem Exil heraus hielten die abgesetzten Bischöfe Kontakt mit einzelnen Gemeinden und Klöstern. Die Gläubigen wurden dabei angewiesen, sich der kirchlichen Gemeinschaft mit den Chalkedonensern zu enthalten. An manchen Orten Syriens stand nun Altar gegen Altar. In der Verbannung weihten die oppositionellen Bischöfe Priester, die in die Heimat zurückkehrten und dort ein eigenes gottesdienstliches Leben aufbauten. Noch geschah dies in der Hoffnung auf einen baldigen Umschwung der staatlichen Religionspolitik. Unter der Regentschaft Kaiser Justinians (527-565) musste man allerdings erkennen, dass mit einem solchen Umschwung auf absehbare Zeit nicht zu rechnen war. So kam es mit Unterstützung der Kaisergattin Theodora († 548) zu ersten eigenen Bischofsweihen. Anlass war die Bitte der arabischen Ghassaniden um die Entsendung eines Bischofs. Die Ghassaniden, die im syrischen Grenzland zum Persischen Reich siedelten, waren zwar mit Byzanz verbündet, gleichwohl aber miaphysitisch eingestellt. Für sie weihte der abgesetzte Patriarch Theodosios von Alexandreia, der sich im Exil in Konstantinopel aufhielt, 542/43 einen miaphysitischen Bischof. Zugleich wurde der syrische Mönch Jakob Baradaios († 578), auch er ein Antichalkedonenser, für Edessa zum Bischof geweiht. Seinen Bischofssitz, der schon von einem Chalkedonenser besetzt war, konnte er formell zwar nie einnehmen. Doch zog er durch die Gegenden des antiochenischen Patriarchats und weihte – ständig auf der Flucht vor den staatlichen Behörden – Priester und schließlich mit gleichgesinnten Vertretern des Episkopats auch neue Bischöfe. Innerhalb kurzer Zeit entstand eine selbständige miaphysitische Kirchenstruktur, die in der Weihe eines eigenen Patriarchen von Antiocheia 557/58 gipfelte. Diesen Bischöfen war es verwehrt, in den Städten ihrer bischöflichen Titel zu residieren (hier amtierten ja schon die kaiserlich bestätigten chalkedonensischen Bischöfe), vielmehr waren sie gezwungen, ihren Aufenthalt in abgelegenen Klöstern zu suchen.

Die damaligen Akteure hatten nicht beabsichtigt, eine eigene Kirche zu gründen. Dennoch war durch die Bischofsweihen eine parallele Organisation entstanden. Hier liegen die historischen Ursprünge der Syrisch-Orthodoxen Kirche, die von ihren Gegnern mit Blick auf Jakob Baradaios schon bald als „jakobitisch" bezeichnet wurde. Dieser Terminus, den die Syrisch-Orthodoxen in der Vergangenheit gelegentlich auch selbst übernommen haben, wird von der Kirche heute strikt abgelehnt. Sie versteht sich nicht als Neugründung des sechsten Jahrhunderts, sondern als legitime Repräsentantin der Kirche Antiocheias von ihren apostolischen Ursprüngen an. Allein der indische Zweig des syrisch-orthodoxen Patriarchates führt das Wort „jakobitisch" noch immer im Titel (vgl. S. 88).

Nach einer Phase innermiaphysitischer Wirren konnte 615/16 ein Schisma mit den Konfessionsverwandten in Ägypten überwunden werden (vgl. S. 67). Mit den Armeniern, die vorübergehend dem Julianismus anhingen, vermochte man 726 eine Kirchenunion zu besiegeln (vgl. S. 55). Auch auf dem Boden des Persischen Reiches hatte das miaphysitische Bekenntnis im Laufe des sechsten Jahrhunderts einige Anhänger gefunden. Dem syrisch-orthodoxen Patriarchen Athanasios Gammala (594-631) gelang es, diese Gläubigen 628/29 an seine Kirche zu binden. Dabei behielt dieser nun „östliche" Teil der westsyrischen Kirche weitgehend seine bisherige Selbständigkeit. Der miaphysitische

Ersthierarch Mesopotamiens, der Metropolit von Tagrit, galt als Vertreter des Patriarchen, war aber in seinem Bereich autonom. Die eigentümliche Doppelstruktur der Syrisch-Orthodoxen Kirche wurde beibehalten, auch nachdem die römisch-persische Grenze im Zuge der islamischen Eroberung des Orients verschwunden war. Der Metropolit des östlichen Kirchengebietes führte den Titel „Katholikos". Seit dem 12. Jahrhundert trug er auch den singulären Titel „Maphrian", mit dem wohl die Ordinationsvollmacht in seinem Jurisdiktionsbezirk zum Ausdruck gebracht werden sollte.

4. Unter Muslimen, Kreuzfahrern und Mongolen (7.-15. Jahrhundert)

4.1 Wechselnde Lebensbedingungen

Mit der Schlacht am Yarmuk 636 war Syrien der byzantinischen Herrschaft entrissen worden. Unter den omayyadischen Kalifen war Damaskus 668-750 das Zentrum des islamischen Reiches. Die muslimische Unterwerfung des Nahen Ostens zeitigte für die Syrisch-Orthodoxen ambivalente Folgen. Sie waren der byzantinischen Kirche nun gleichgestellt und konnten ihre Position in der Anfangszeit der islamischen Herrschaft durchaus behaupten. Der mindere Rechtsstatus und namentlich die Kopfsteuer für Nichtmuslime haben aber schon bald eine Welle von Konversionen zum Islam ausgelöst. Die westsyrische Chronik von Zuqnin erwähnt den zur Erhebung der Kopfsteuer dienenden Zensus unter Kalif Abd al-Malik 692 und meint dazu unter Rückgriff auf die biblische Geschichte: Die Söhne Hagars (die Araber) hätten damals begonnen, die Söhne Arams (die Aramäer) in die ägyptische Sklaverei zu führen (*The Seventh Century in the West-Syrian Chronicles*, 60). Apokalypsen entstehen, in denen Persönlichkeiten der Vergangenheit die Unterdrückung durch die Muslime vorhersagen. Die Apokalypse des Pseudo-Methodios (um 690) beklagt, dass Christen allein aus materiellen Gründen ihren Glauben verleugnen werden („ohne dass sie Zwang, Hieben oder Schlägen unterworfen sind"; *apoc. Meth.* 12,1). Danach aber prophezeit Pseudo-Methodios den bevorstehenden Sieg eines byzantinischen Kaisers über die Muslime und die Errichtung eines christlichen Idealreiches. Möglicherweise stammt die Apokalypse des Pseudo-Methodios aus einem miaphysitischen Milieu; jedenfalls wurde sie auch von den syrischen Miaphysiten geschätzt und gelesen. Zumindest einige unter ihnen scheinen die Hoffnung auf einen – in ihrem Sinne – rechtgläubigen Kaiser nicht aufgegeben zu haben.

Es waren die Byzantiner selbst, die solchen vagen Hoffnungen endgültig den Garaus gemacht haben. Im zehnten Jahrhundert war es ihnen gelungen, Teile Nordsyriens und 969 selbst die Stadt Antiocheia zu erobern. Es ist aufschlussreich, dass der syrisch-orthodoxe Patriarch Johannes VII. (965-985) in das nun byzantinisch gewordene Gebiet übersiedelte. Wie er haben auch viele seiner Gläubigen dem muslimischen Herrschaftsbereich den Rücken gekehrt. Die Hoffnung auf bessere Lebensbedingungen für die Kirche wurde jedoch enttäuscht. Byzanz verfolgte nämlich unbeirrt das Ziel, die Syrisch-Orthodoxen zur Aufgabe ihres „häretischen" Bekenntnisses zu bewegen und sie der Reichskirche einzugliedern. Patriarch Johannes VII. bekam das schmerzlich zu spüren, als er 969 zu einer Disputation nach Konstantinopel geladen war: Nachdem er sich geweigert hatte, das Konzil von Chalkedon anzuerkennen, wurde er verhaftet und gefangen gesetzt. Einer seiner Nachfolger wurde gar in das ferne Bulgarien deportiert. Dionysios IV. (1031-1042) entschloss sich daraufhin, das christliche Reich der Byzantiner zu verlassen, um den Sitz des Patriarchen wieder in das Gebiet der islamischen Herrschaft zu verlegen. Es waren nicht zuletzt diese bitteren Erfahrungen, die das Geschichtsbild der Westsyrer geformt haben. In der Rückschau erschien ihnen die islamische Eroberung im siebten Jahrhundert als willkommene Befreiung von der Zwangsherrschaft der „bösen" und „blasphemischen Griechen", wie sie in der Chronik des Patriarchen Michael I. (1166-1199) genannt werden (Chabot: *Chronique*, Bd. 4, 608. 651).

Patriarch Michael lebte schon in der Zeit, als die Kreuzfahrer ihre Herrschaften auf syrischem Boden aufgerichtet hatten. Von einzelnen Übergriffen abgesehen, erscheinen die „Franken" in der Chronik Michaels als Freunde und Beschützer der syrischen Christen. Seine besondere Sympathie gilt den Tempelrittern, weil sie „alle schätzen und lieben, die das Kreuz verehren" (Chabot: *Chronique*, Bd. 4, 601f.).

Interne Auseinandersetzungen und Spaltungen haben die Syrisch-Orthodoxe Kirche in ihrer Geschichte stets begleitet. Gründe dafür waren oftmals die oben beschriebene Doppelstruktur von Patriarch und Maphrian, aber auch die beständige Einmischung muslimischer Herrscher in die kirchlichen Angelegenheiten. Seit der Mitte des achten Jahrhunderts hatten die Patriarchen ein Diplom aus der Hand des Kalifen zu empfangen. Im 10./11. Jahrhundert rivalisierten zeitweise drei, im 14. Jahrhundert sogar vier Gegenpatriarchen miteinander.

Die mongolische Eroberung Bagdads 1258 und die Errichtung des Ilkhanates in Persien waren auch für die Syrisch-Orthodoxe Kirche bedeutsam (vgl. S. 32f.). Unter den religiös toleranten Mongolen erlebte besonders der Ostteil der Kirche eine Blütezeit. In

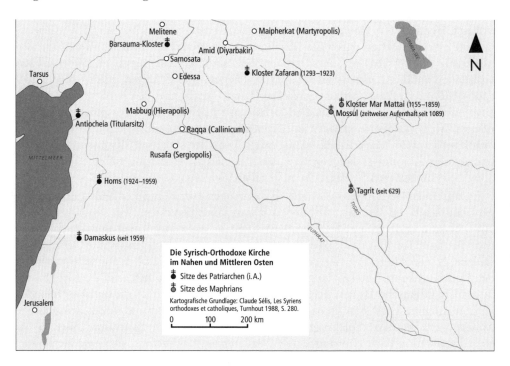

Die Syrisch-Orthodoxe Kirche
im Nahen und Mittleren Osten

Sitze des Patriarchen (i. A.)
Sitze des Maphrians

Kartografische Grundlage: Claude Sélis, Les Syriens orthodoxes et catholiques, Turnhout 1988, S. 280.

0   100   200 km

dem Maphrian Gregor Bar Hebraeus (1264-1286) besaß dieser Teil der Kirche nicht nur einen überragenden Gelehrten, sondern auch eine tatkräftige Führungspersönlichkeit. Wie der ostsyrische Katholikos-Patriarch Yahbalaha III. (1281-1317) hielt sich Bar Hebraeus bevorzugt in der Stadt Maragha auf, die sich die mongolischen Ilkhane zur Residenz genommen hatten. Der Maphrian suchte nicht nur die Nähe zu den Herren des Landes, sondern pflegte auch freundliche Kontakte zu den anderen christlichen Kirchen. In seinem Spätwerk gelangte Gregor Bar Hebraeus zu der Einsicht, dass die drei Hauptkonfessionen (Miaphysiten, „Nestorianer", Chalkedonenser) trotz unterschiedlicher Terminologie im Kern ihres Christusglaubens übereinstimmten.

Im 12./13. Jahrhundert umfasste die Kirche noch an die 100 Bistümer, die von Kleinasien und Zypern bis nach Ostiran und in das nordwestliche Afghanistan reichten. Die Hinwendung der Mongolen zum Islam seit dem Ende des 13. Jahrhunderts und die Vernichtungsfeldzüge des Timur Lenk ein Jahrhundert später haben dann auch bei den Westsyrern zu einem Niedergang geführt. Die Zahl der Gläubigen wurde dezimiert, die kirchliche Organisation brach in weiten Landstrichen zusammen. Danach beschränkten sich die verbliebenen Zentren noch auf einige Gegenden der heutigen Südosttürkei (darunter das Bergland des Tur Abdin östlich von Mardin), den Nordirak, einige Städte Syriens und Mesopotamiens sowie seit dem 15. Jahrhundert auf den Libanon. Der Maphrian verlor innerhalb dieser geschrumpften Kirchenstruktur seine besonderen Befugnisse, im 19. Jahrhundert wurde das Amt abgeschafft.

4.2 Das geistige Leben

Die Querelen, die zur Kirchenspaltung führten, haben miaphysitische Theologen schon früh veranlasst, ihre Sicht vom Gang der Ereignisse festzuhalten. Der erste streng miaphysitisch eingestellte Geschichtsschreiber syrischer Zunge war Johannes von Ephesos († um 586). Neben einer (unvollständig überlieferten) Kirchengeschichte hat sich von ihm eine *Geschichte der morgenländischen Seligen* erhalten. Zwei Kapitel in dieser Sammlung von Heiligenviten bilden die wichtigste Quelle für die frühen Jahre des Jakob Baradaios, der an der Weihe des Johannes zum (miaphysitischen) Bischof von Ephesos 558 selbst beteiligt war. Die Geschichtsschreibung wurde unter den syrischen Miaphysiten auch später reichlich gepflegt. Jakob von Edessa († 708) etwa nahm sich für sein Geschichtswerk die Weltchronik des Euseb von Kaisareia († 339/49) zum Vorbild. Die Weltchronik (*Beschreibung der Zeiten*) des Patriarchen Michael I. des Großen (1166-1199) verarbeitet in 21 Büchern eine immense Fülle an Quellen. Die Chronik Michaels und die bis 1234 reichende Chronik eines anonymen Verfassers bilden zusammen mit den Geschichtswerken des Gregor Bar Hebraeus den Höhepunkt der syrischen Chronographie.

Der anhaltende theologische Disput zwischen den Konfessionen verlangte danach, Argumentationstechniken zu üben und einschlägige Fachbegriffe (wie „Natur", „Hypostase", „Substanz" etc.) präzis zu bestimmen. Nicht zuletzt aus diesem Grund haben die Syrisch-Orthodoxen schon früh damit begonnen, Werke der griechischen Philosophie, besonders die logischen Schriften des Aristoteles, in das Syrische zu übersetzen und zu kommentieren. Dabei entwickelte sich u.a. das Kloster Qenneschrin („Adlerhorst") am linken Euphratufer zu einem Zentrum wissenschaftlicher Studien. Aus der Schule von

Qenneschrin gingen bedeutende Gelehrte und Kirchenmänner hervor: Jakob von Edessa
(† 708) betätigte sich neben der Geschichtsschreibung auch auf anderen Gebieten, wie
Exegese, Liturgieerklärung oder Kirchenrecht. Sein Handbuch philosophischer Grund-
begriffe stand im Dienst der Kontroverstheologie. Georg „der Araberbischof" († 724),
der im südlichen Irak für mehrere christliche Araberstämme verantwortlich war, hinter-
ließ u.a. Abhandlungen zu chronologischen und astronomischen Problemen sowie eine
vollständige Übersetzung der ersten drei Bücher des aristotelischen Organons.

Seit dem neunten Jahrhundert bedienten sich syrisch-orthodoxe Autoren auch der
arabischen Sprache. Nach den Ostsyrern waren es vornehmlich syrisch-orthodoxe Autoren, die durch ihre Übersetzungen das Erbe der griechischen Antike an die Muslime
vermitteln halfen. Im Bagdad des 9./10. Jahrhunderts vereinte die arabische Sprache
islamische und christliche Gelehrte in der Arbeit am philosophischen Begriff, bildete aber
auch das Idiom einer anhaltenden kontroverstheologischen Apologetik. Das eine schloss
das andere nicht aus. Vielmehr lieferte die Beschäftigung mit der antiken Philosophie das
Rüstzeug, um die Überlegenheit des je eigenen religiösen Standpunktes mit den Mitteln
der Vernunft demonstrieren zu können. Diese beiden Aspekte begegnen uns z.B. im weit
verzweigten Werk des Yahya ibn Adi (893-974), des wohl größten syrisch-orthodoxen
Gelehrten im 10. Jahrhundert. Sein Werdegang lässt erkennen, dass das gemeinsame
Vernunftideal über alle kontroverstheologische Diskussionen hinweg immerhin ein gleich-
berechtigtes Miteinander im wissenschaftlichen (wenn auch kaum im praktischen) Leben
ermöglichte: Lehrmeister des Yahya waren der ostsyrische Gelehrte Abu Bischr Matta
(† 940) und dessen prominentester Schüler: der gefeierte islamische Philosoph al-Farabi
(ca. 870-950). Yahya selbst zählte unter seine Schüler gleichermaßen Christen und Muslime.

Obwohl sich syrisch-orthodoxe Autoren auch später im Arabischen übten, war das
12./13. Jahrhundert von einer Rückbesinnung auf die syrische Sprache geprägt. Gerne
wird diese Epoche als „syrische Renaissance" apostrophiert. Unter ihren Schriftstellern
ragt der enzyklopädisch gebildete Maphrian Gregor Bar Hebraeus (1264-1286) hervor,
der das gesamte theologische und profane Wissen seiner Zeit zusammenfasste. In einem
seiner Spätwerke, dem *Buch der Taube*, bekennt Bar Hebraeus, schon in jungen Jahren
des konfessionellen Haders überdrüssig geworden zu sein. Stattdessen habe er sich auf
die Wissenschaften gestürzt: „...und weil das Leben zu kurz und das Studium lang und
breit ist, las ich über jeden Wissenszweig das, was das Notwendigste war. Während
dieser Studien glich ich einem Mann, der in den Ozean gefallen ist und seine Hand nach
allen Seiten ausstreckt, um gerettet zu werden" (Bedjan: *Ethicon*, 577f.). Halt fand der
Maphrian nach eigenen Worten in den asketischen, spirituellen und mystischen Traditionen, die er im *Ethikon* und im *Buch der Taube* zusammenfasste. Selbst in diesen Handbü-
chern des geistlichen Lebens scheute sich Bar Hebraeus nicht, neben christlichen Quellen
auch muslimische Autoren heranzuziehen und fruchtbar zu machen. Bar Hebraeus zeigte
sich überhaupt darum bemüht, den Anschluss an das hohe Niveau der muslimischen
Geisteswelt zu finden, die sich von der vermittelnden Tätigkeit christlicher Gelehrter
schon längst emanzipiert hatte.

5. Der Weg in die Moderne
5.1. Vom Nahen Osten in die weltweite Diaspora

Nachdem die kulturelle Blüte der „syrischen Renaissance" durch die Ungunst der Zeiten jäh abgebrochen war, hat die syrische Literaturgeschichte nach dem 14. Jahrhundert nur noch wenige neue Werke hervorgebracht, wenngleich das schriftstellerische Erbe der Vergangenheit durch immer neue Abschriften mit Fleiß weitergegeben wurde. Die weitere Geschichte der Kirche muss deswegen aus verstreuten Schreibernotizen und nicht zuletzt aus den Berichten westlicher Reisender erschlossen werden. Die systematische Sichtung dieser Quellen steht noch in den Anfängen.

Die Osmanen fassten in ihrem Reich alle Christen miaphysitischen Glaubens zu einer einzigen *millet* („Glaubensnation") zusammen, die dem armenischen Patriarchen von Istanbul unterstellt war. Von ihm mussten sich die Syrisch-Orthodoxen also (zunächst) vertreten lassen. Trotz beschränkter Entfaltungsmöglichkeiten war man um die Pflege des syrischen Erbes bemüht. So fasste Patriarch Ignatios Abdallah I. (1520/21-1557) den Plan, das Neue Testament mit Hilfe der Buchdruckerkunst in syrischer Sprache herauszubringen. Der Mönchspriester Moses von Mardin wurde, mit Handschriften ausgestattet, zu diesem Zweck nach Europa geschickt. Mit Hilfe des gelehrten Humanisten und österreichischen Kanzlers Johann Albrecht Widmannstetter (1506-1557) konnte das Werk bis 1555 vollendet werden. Patriarch Ignatios Petros IV. (1872-1894) reiste 1874/75 persönlich nach London, um Unterstützung für die Einrichtung einer Druckerei und einer Schule zu erhalten. Auf Königin Viktoria muss der orientalische Patriarch einen imposanten Eindruck gemacht. Bei einem Zusammentreffen soll die Monarchin gesagt haben: „Ich sehe in Ihnen das Bild des Erzvaters Abraham!" Auf britischen Druck hin wurde die Syrisch-Orthodoxe Kirche wenig später, im Jahre 1882, von der osmanischen Regierung in den Rang einer eigenen *millet* erhoben.

Der Mönch Moses von Mardin hatte gelegentlichen Aufforderungen, den katholischen Glauben anzunehmen, während seiner Europareise widerstanden. Seit der zweiten Hälfte des 16. Jahrhunderts haben sich dann jedoch immer wieder einzelne Bischöfe, auch Patriarchen, Rom angeschlossen. Zur Errichtung eines dauerhaften syrisch-katholischen Patriarchates ist es erst 1781 gekommen. Nur eine Minderheit der Gläubigen konnte gewonnen werden. Die Syrisch-Katholische Kirche zählt heute in einer weltweiten Diaspora rund 125.000 Mitglieder.

Unter dem türkische Nationalismus hatten seit dem ausgehenden 19. Jahrhundert auch die syrischen Christen zu leiden (vgl. S. 60f.). Seit 1894/95 kam es zu Übergriffen und vereinzelten Massakern. Die systematische Verfolgung der christlichen Bevölkerung im Jahr 1915 kostete schätzungsweise 100.000 Syrisch-Orthodoxen das Leben. Diese traumatischen Erfahrungen, von den Syrisch-Orthodoxen als *sayfo* (syr. „Schwert") bezeichnet, wurden erst in jüngerer Zeit in der westlichen Diaspora aufgearbeitet. Nach der Gründung der türkischen Republik 1923 wurde der Patriarch aus seinem Sitz, dem Kloster Zafaran, verbannt. Zuflucht fand das Patriarchat 1932 in Homs. 1959 verlegte der Patriarch seine Residenz nach Damaskus, in die Hauptstadt des neuen syrischen Staates. Das geistige Leben der Kirche ist in diesen bewegten Zeiten nicht abgebrochen. Gerade das 20. Jahrhundert hat wieder hochgelehrte Bischöfe hervorgebracht, die sich um die

Erforschung der syrischen Literatur und Theologie große Verdienste erworben haben. Hier sind besonders Metropolit Johannes Dolabani (1885-1969) und Patriarch Ignatios Ephraem Barsaum (1887-1957) zu nennen. Von letzterem stammt eine Geschichte der miaphysitischen syrischen Literatur, die nach wie vor als unentbehrliches Standardwerk gilt (*Verstreute Perlen in syrischen Schriften und Wissenschaften*).

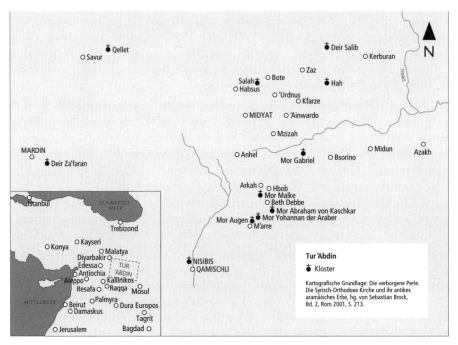

In der modernen Türkei verblieb den Syrern nach dem Ersten Weltkrieg nur der Tur Abdin als relativ geschlossenes Siedlungsgebiet. Diese Region am Oberlauf des Tigris war für ihr blühendes Klosterleben bekannt; der Name „Tur Abdin" bedeutet „Berg der Knechte (Gottes)". Hier, im Südosten des Landes, waren (und sind) die syrisch-orthodoxen Christen den Schikanen von kurdischen Patronen und Freiheitskämpfern (PKK) sowie der türkischen Staatsmacht ausgesetzt. Auch wirtschaftliche Gründe spielten eine Rolle, dass seit den 1960er Jahren Zehntausende aus dem unterentwickelten Tur Abdin auswanderten, um in der Fremde ein besseres Auskommen zu finden. Große Gruppen von Syrisch-Orthodoxen leben heute u.a. in Schweden und Deutschland (hier über 40.000 Gläubige). Im Tur Abdin befinden heute kaum mehr als 2.000 Syrisch-Orthodoxe. Etwa 10.000 Gläubige sind nach Istanbul abgewandert. Die Syrisch-Orthodoxe Kirche, die im Lausanner Vertrag 1923 nicht erwähnt wurde, zählt in der Türkei bis heute nicht zu den anerkannten Religionsgemeinschaften. Das 399 gegründete Kloster Mor Gabriel im Tur Abdin ist samt seiner Schule aktuell von der Schließung bedroht.

Der umsichtige Patriarch Ignatios Zakka I. Iwas steht der Kirche seit 1980 vor. Sie verfügt außerhalb Indiens über ungefähr eine halbe Million Gläubige. Mehr als die Hälfte davon lebt in Europa, Amerika und Australien. Die Herausforderung der Zukunft besteht darin, die eigene aramäische Ausprägung des Christlichen in einer westlich-säkularen Umwelt jenseits von Selbstabschottung oder Assimilation zu bewahren.

5.2. Die Thomaschristen syrisch-orthodoxer Tradition

Bis ins 16. Jahrhundert hinein hatten die Thomaschristen an der Malabarküste Indiens, dem heutigen Staat Kerala, zur Apostolischen Kirche des Ostens gehört (vgl. S. 34f.). Auch nach der Ankunft der Portugiesen sandte der Katholikos-Patriarch noch einen Bischof zu den indischen Glaubensgeschwistern. Nach der Entstehung einer mit Rom unierten ostsyrischen Kirche 1552 (vgl. S. 36) schickte auch deren Patriarch einen Bischof nach Indien. Für die Portugiesen waren die Ostsyrer „nestorianische" Häretiker. Der portugiesische Klerus war aber auch nicht bereit, die mit Rom unierte Gestalt des ostsyrischen Christentums zu dulden. So wurden *beide* aus Mesopotamien stammende Geistliche inhaftiert und außer Landes geschafft. Besonders Erzbischof Alexis de Menezes von Goa (1595-1617) wollte das kirchliche Leben der Thomaschristen dem lateinischen Ritus angleichen. Auf der Synode von Diamper (1599) ließ er die angestammten religiösen Bräuche verurteilen und eine große Zahl syrischer Handschriften dem Feuer überantworten. Gegen die Entfremdung von ihrem syrischen Erbe wehrten sich prominente Thomaschristen unter der Führung ihres „Archidiakons". Nächst dem landfremden Metropoliten war dieses Amt traditionell das zweithöchste in der Thomaschristenheit und wurde stets von einem einheimischen Priester versehen. Die Vertreter des Widerstandes versammelten sich 1653 zu dem denkwürdigen Schwur am „Gekrümmten Kreuz" (*kunan kurishu*) in Matancherry (Cochin). Sie schworen, nicht länger den lateinischen Bischöfen unterstehen zu wollen. Zwölf Priester (!) weihten den Archidiakon Thomas zu ihrem Metropoliten. Im Kirchenvolk fand er großen Zuspruch. Damit hatte die römische Kirche einen großen Teil ihrer südindischen Gläubigen verloren.

Mit Mitteln hoheitlicher Gewalt ließen sich diese Abtrünnigen nicht mehr zurückholen, nachdem 1663 die Niederländer die Malabarküste erobert und den Aktionsradius der katholischen Kirche stark eingeschränkt hatten. Die Niederländer, Kaufleute ohne eigene Bekehrungsabsichten, ließen es geschehen, dass 1665 der syrisch-orthodoxe Patriarch den Metropoliten Gregor Abd al-Dschalil nach Kerala schickte. Dieser holte die bischöfliche Weihe des vormaligen Archidiakons Thomas (dem bislang ja nur Priester die Hände aufgelegt hatten) nach und gliederte ihn mit seinen Anhängern der Syrisch-Orthodoxen Kirche ein. Damit vollzogen diese Thomaschristen in dogmatischer wie auch in liturgischer Hinsicht eine scharfe Kehrtwende: von der ostsyrischen („nestorianischen") hin zur westsyrischen (miaphysitischen) Kirche. Wie weit den damaligen Akteuren die Tragweite dieses Rituswechsels bewusst war, lässt sich schwer abschätzen. Auf alle Fälle verfolgten sie standhaft die Absicht, wieder zu einer genuin syrischen Tradition des Christentums zurückzukehren. Noch im 17. Jahrhundert gelang es den Katholiken freilich, ihre Position in Kerala wieder zu stärken. Der einheimische Priester, den man für die verbliebenen katholischen Gläubigen zum Bischof weihte, stammte übrigens aus derselben Familie wie der widerständige Archidiakon.

Im 19. Jahrhundert musste sich die Syrisch-Orthodoxe Kirche in Indien von den Anglikanern abgrenzen, deren reformerisch-reformatorisches Potenzial nicht wenige Kirchenmitglieder anzog. Ignatios Petros IV. reiste 1875 als erster syrisch-orthodoxer Patriarch nach Malabar, um den Großteil seiner Gläubigen für die Mutterkirche zurückzugewinnen. Aus den reformgesinnten Kreisen erwuchs danach die selbständige Mar-Thoma-Kirche, die Glied der anglikanischen Weltgemeinschaft ist und dem westsyrischen (freilich in reformatorischem Sinne veränderten) Ritus folgt. Die Zahl ihrer Mitglieder lässt sich heute auf rund 600.000 beziffern.

Ein kurzes Schisma im syrisch-orthodoxen Patriarchat, das zu Beginn des 20. Jahrhunderts eintrat, hatte für den indischen Teil der Kirche bleibende Folgen. Im indischen Zweig der Kirche hatten sich nämlich längst Bestrebungen bemerkbar gemacht, die auf die Unabhängigkeit von dem weit entfernt residierenden Patriarchen zielten. Für diese Gruppe weihte der offiziell abgesetzte Ignatios Abd al-Masih II. im Jahre 1912 einen eigenen „Katholikos des Ostens". Damit knüpfte er bewusst an die alte Institution des Maphrianates an (vgl. S. 81). Auf diese Weise war eine eigene autokephale Kirche entstanden, die sich heute als die „Malankara-Orthodoxe Syrische Kirche" bezeichnet. Eine Wiedervereinigung mit der beim Patriarchen von Antiocheia verbliebenen Kirche 1958 zerbrach schon wieder im Jahr 1975. Die heftigen Auseinandersetzungen zwischen beiden Kirchen, die sich besonders an Eigentumsfragen entzünden, dauern unvermindert fort und haben schon höchste indische Gerichte beschäftigt. Zum Zwecke der Abgrenzung hält die patriarchale Kirche in Indien nach wie vor an der Selbstbezeichnung „jakobitisch" fest und wird „Malankarische Jakobitische Syrisch-Orthodoxe Kirche" genannt.

Beide Kirchen folgen demselben westsyrischen Ritus, der in Kerala großteils in der Landessprache Malayalam gehalten wird, einem Zweig der dravidischen Sprachfamilie. Die rund zwei Millionen syrisch-orthodoxe Christen in Indien dürften sich in etwa gleichmäßig auf beide Kirchen verteilen. Aufgrund interner Zwistigkeiten hatte sich bereits Ende des 18. Jahrhunderts eine kleine Gruppe syrisch-orthodoxer Thomaschristen vom antiochenischen Patriarchen gelöst. Sie untersteht dem Metropoliten von Thozhiyur, zählt einige Gemeinden mit etwa 10.000 Gläubigen und bezeichnet sich als die „Malabarische Unabhängige Syrische Kirche".

So bietet die Thomaschristenheit heute ein buntes Bild verschiedener Kirchtümer. Zu diesem Bild gehören noch die Metropolie der Apostolischen Kirche des Ostens (vgl. S. 35), vor allem aber die zwei großen mit Rom unierten Kirchen des ost- und des westsyrischen Ritus mit ihren ca. 3,7 Millionen und 400.000 Gläubigen (Syro-Malabarische und Syro-Malankarische Kirche). Unter den 33 Millionen Einwohnern Keralas leben über sechs Millionen Christen, die zum größten Teil einer Kirche mit syrischer Tradition angehören. Die Mehrheit der Bevölkerung gehört dem Hinduismus an (56 %); zweitstärkste Religionsgruppe sind die Muslime (25 %). In dem 1956 aus den Fürstentümern Travancore und Cochin sowie dem Malabar-Distrikt gebildeten Bundesstaat Kerala herrscht ein friedliches Verhältnis zwischen den Religionen. Für das Bildungs- und Sozialwesen haben die Kirchen trotz ihrer Zersplitterung Vorbildliches geleistet. Kerala weist konstant die höchste Alphabetisierungsrate unter allen indischen Bundesstaaten auf. An der allgemeinen Lebendigkeit des kirchlichen Lebens unter den Thomaschristen haben auch die Kirchen der syrisch-orthodoxen Tradition ihren Anteil.

Die altorientalischen Kirchen im ökumenischen Dialog der Gegenwart

Dietmar W. Winkler

Durch die Jahrhunderte hinweg ist mehrfach versucht worden, die Wiedervereinigung von chalkedonischen und nicht-chalkedonischen Kirchen bzw. mit der nicht-ephesinischen assyrischen Kirche zu erreichen. Die Kirchen sind letztlich getrennt geblieben. Die Gespräche des Mittelalters scheiterten nicht nur an theologischen Themen und an der Art und Weise, wie die Kircheneinheit erreicht werden sollte, sondern auch an der räumlichen Trennung und den jeweiligen unterschiedlichen Entwicklungen im Nahen Osten, in Afrika und Westeuropa. Am Ende der Antike schufen die persischen und muslimisch-arabischen Eroberungen des siebten Jahrhunderts neue regionalpolitische Fakten. Die Begegnung und der Dialog waren dadurch praktisch unmöglich geworden.

Die Ansätze zur Kircheneinheit im Mittelalter konnten von den Ostkirchen nicht angenommen werden, da die Kirche des Abendlandes in ihrem historischen Kontext ein eigenes Kirchenverständnis entwickelt hatte, das die Einheit der Kirche mit der Unterwerfung unter den Primat des römischen Papstes verband. Diese Unionsversuche führten zumeist zu weiteren Spaltungen, wobei die Beweggründe zu den einzelnen Unionen unterschiedlich waren. Es sind politische, wirtschaftliche, persönliche und kirchliche Gründe, die den Ausschlag dafür gaben. Auch wenn es sich dabei um keinen „ökumenischen Dialog" handelt, wie er heute verstanden wird, so muss der „Uniatismus" dennoch hier Erwähnung finden, da er bis in die Gegenwart wirkt.

1. Unionen im Mittelalter und der frühen Neuzeit

Seit der Zeit der Kreuzzüge gab es zahlreiche Kontakte zwischen der abendländischen (lateinischen) Kirche von Rom und den Kirchen des Orients. Zur Zeit des armenischen Fürstentums/Königreiches von Kilikien (1080/1198-1375) ging der armenische Katholikos Gregor VI. (1195-1203) auf einer Synode in Tarsus eine Union mit Rom ein, die 1307 auf einer Synode in Sis, heute Kozan (Türkei), besiegelt wurde. Durch den einsetzenden Latinisierungsprozess wurde diese Form der Kircheneinheit von vielen Armeniern jedoch nicht akzeptiert. Schon 1344 kam es zum Aufstand, und 1361 nahm eine weitere Synode von Sis die Verbindung mit Rom ausdrücklich zurück.

Im 12. und 13. Jahrhundert suchten vereinzelt syrisch-orthodoxe Bischöfe, zumeist wegen interner jurisdiktioneller Streitigkeiten, Anschluss an Rom. Aber auch diese Verbindungen waren nicht von Dauer. Ab dem 13. Jahrhundert entsandte die Römisch-Katholische Kirche Missionare des Franziskaner- und des Dominikanerordens in den Orient. In Jerusalem und Alexandreia kamen sie auch mit der Koptisch-Orthodoxen Kirche in Kontakt, jedoch ohne Folgen für die Kircheneinheit.

Seit Papst Alexander III. (1159-1181) versuchte Rom auch eine Union mit den Äthiopiern zu erreichen. Dominikanische Missionare, die im 13. Jahrhundert mit einem mit Rom unierten Bischof kamen, überleben allerdings ihre Missionstätigkeit nicht.

Die Begegnung zwischen den Lateinern und der ostsyrischen Apostolischen Kirche des Ostens waren hingegen durchaus freundlich, wenn auch nicht immer konfliktfrei. So durfte beispielsweise der Dominikaner Riccoldo da Monte Croce zwar in einer der Kirchen Bagdads predigen, als er aber Maria als „Gottesgebärerin" (vgl. S. 7) bezeichnete, expedierten ihn die empörten Gläubigen aus der Kirche und unterzogen dieselbe einer rituellen Reinigung mit Rosenwasser. Kirchenhistorisch bedeutsam ist auch die Reise des aus Peking stammenden ostsyrischen Mönches Rabban Sauma, der Ende des 13. Jahrhunderts als Abgesandter des persischen Il-Khans Argun und des Katholikos Yahbalaha III. (1288-1318) nach Konstantinopel, Rom, Paris und in die Gascogne kam (vgl. S. 33). Der englische König Edward I. empfing die Eucharistie aus der Hand Rabban Saumas, und in Rom durfte er seine ostsyrische Liturgie in einer der römischen Basiliken feiern. Am Palmsonntag des Jahres 1288 empfing er die Eucharistie aus der Hand von Papst Nikolaus IV. (1288-1292). Zu einer Union kam es jedoch nicht. Erst 1552 begann eine solche mit der Kirche des Ostens, die bis heute Bestand hat. Damals wandte sich auf Grund eines inneren Schismas Patriarch Johannes Sulaqa um Hilfe an Rom. Papst Julius III. ordinierte ihn zum „Patriarchen der Chaldäer" (vgl. S. 36).

Erst in der frühen Neuzeit beginnen wieder bedeutendere Unionsbestrebungen seitens der Römisch-Katholischen Kirche, die das kirchliche und politische Gewicht des universal verstandenen Papsttums stärken sollten. Die bedeutendste diesbezügliche Unternehmung war zweifellos das Konzil von Ferrara-Florenz (1438-1445). Das Ziel des Konzils war unter anderem die Überwindung des Ost-West-Schismas und wurde vom byzantinischen Kaiser Johannes VIII. Palaiologos vehement unterstützt, da er erhoffte, ein geeintes Christentum könnte ihn vor der Türkengefahr schützen. Dabei waren die Orientalen zunächst nicht im Blickfeld. Erst als die Verhandlungen mit den Griechen abgeschlossen waren und Papst Eugen IV. im Juli 1439 mit der Bulle *Laetentur coeli* die Union mit den Griechen proklamierte, wandte man sich den Kirchen des Orients zu. Das Konzil tagte noch bis 1445, wurde allerdings nach fünf weiteren Sitzungen 1442 nach Rom verlegt. Mit den Dokumenten *Exsultate Deo* (22. November 1439), *Cantate Domino* (4. Februar 1442) und *Multa et admirabilia* (30. November 1444) wurden Unionen mit den Kopten und Äthiopiern, den Armeniern und den Syrern erreicht. Doch diese Unionen blieben ohne praktische Folgen, da sie vom gläubigen Volk in den jeweiligen Kirchen nicht angenommen wurden. Die in den Dokumenten enthaltenen dogmatischen Ergebnisse wurden jedoch für spätere Gründungen römisch-katholischer Ostkirchen („Unierte") herangezogen.

In der Neuzeit und im Zeitalter der Entdeckungen beginnt die komplexe Geschichte der Kirchentrennungen der südindischen Thomaschristen (vgl. S. 87). Die Portugiesen landeten 1498 an der Malabar-Küste. Ostsyrische und lateinische Christen traten zunächst in Kommuniongemeinschaft. Die Römisch-Katholische Kirche akzeptierte jedoch die Eigentraditionen der indischen Ostsyrer nicht und der schmerzhafte Latinisierungsprozess fand auf der (Pseudo-) Synode von Diamper (1599) einen Höhepunkt. Im Widerstand gegen die römisch-katholischen Portugiesen kam es zu einer Aufsplitterung der südindischen Christen. Ab 1662 konnten die von Papst Alexander VII. entsandten Karmeliten wieder viele ostsyrische Christen Indiens für die Römisch-Katholische Kirche zurückgewinnen, die heute eine der größten, mit Rom unierten Kirchen bildet und seit 1840 Syro-Malabarische Kirche heißt. Eine Minderheit bildet die seit 1930 bestehende Syro-Malankara Katholische Kirche, die die Liturgie nach dem westsyrischen Ritus feiert.

Weder die Verhandlungen auf dem Konzil von Ferrara-Florenz noch die Missionierungen durch römisch-katholische Orden seit dem 17. Jahrhundert in den Ländern des Nahen Ostens waren dazu angetan, das Vertrauen der orientalischen Kirchen zu gewinnen. Die ostkirchlichen Traditionen wurden gering geschätzt und der lateinische Ritus als einzig gültiges Richtmaß angesehen. Dennoch kam es in den folgenden Jahrhunderten zur Gründung von unierten katholischen Ostkirchen mit bleibenden Bestand, die – mit Ausnahme der Chaldäischen und der Syro-Malabarischen Kirche – jeweils nur eine Minderheit im Vergleich zu ihrer Mutterkirche bilden.

1740 wurde in Aleppo eine armenisch-katholische Gemeinde gegründet, 1742 bestätigte Papst Benedikt XIV. den armenischen Bischof Abraham Ardzivian als armenisch-katholischen Patriarchen von Kilikien. Der Sitz war zunächst in Sis (Kilikien), wurde aber bald nach Bzommar bei Beirut in den Libanon verlegt. 1774 wurde der syrisch-orthodoxe Bischof von Aleppo, Michael Dscharweh, römisch-katholisch, 1781 wurde er Patriarch der Syrisch-Katholischen Kirche. In der Folge gründete er ein Kloster in Scharfeh im Libanon, das bis heute Sommersitz des Patriarchen ist. Ein koptisch-katholisches Patriarchat wurde unter den Osmanen im Jahre 1824/1895 gegründet. Allerdings war die Patriarchen-Sukkzession nicht kontinuierlich. Erst seit 1947 ist diese ungebrochen.

Die Geschichte der Union mit der äthiopischen Kirche ist besonders leidvoll (vgl. S. 46). Im 16. Jahrhundert wandte sich der äthiopische Nägus („König“) an den Papst und die Portugiesen um Hilfe gegen den Islam. 1541 erfolgte eine portugiesische militärische Operation. Nachdem die Portugiesen über die Muslime siegreich waren, hatte der Nägus kein Interesse mehr an einer kirchlichen Einigung. So konnte der 1551 von Papst Julius III. zum Patriarchen von Äthiopien ernannte Jesuit Nunez Barreto das Land nie betreten. Dies gelang erst seinem Nachfolger, der ab 1580 wirkte. Unter dem Einfluss des Jesuiten Peter Paez wurde der äthiopische Nägus Susenyos (1607-1632) Katholik und erhob die römisch-katholische Konfession zur Staatsreligion. Als 1622 der von Papst Gregor XV. zum Patriarchen ernannte Jesuit Alfonso Mendez in Äthiopien ankam, wurde die Union formell proklamiert. Mendez latinisierte die jahrhundertealte kirchliche Eigentradition in der Liturgie. Susenyos setzte dies mit Gewalt durch. Es kam zu Wiedertaufen und Wiederordinationen. Jene, die sich weigerten, wurden getötet. Aufgrund des Widerstandes musste Susenyos jedoch schon 1632 abdanken. Sein Sohn und Nachfolger verwies Mendez und die Jesuiten des Landes. Peter Paez und andere Jesuiten wurden beim Versuch der Rückkehr ermordet. Erst ab 1839 können Lazaristen wieder in Äthiopien wirken. Nach der Inthronisierung Menileks II. (1889) konnten sich römisch-katholische Missionare wieder frei im Lande bewegen. Eine besonders tragische und unkluge Entscheidung war die Intensivierung der römisch-katholischen Mission während der Okkupation Äthiopiens durch das faschistische Italien (1938-1941). Schon 1930 hatte Papst Pius XI. eine eigene äthiopisch-katholische Hierarchie errichtet. Die gegenwärtige kirchliche Struktur geht aber erst auf 1961 zurück. Seit der Unabhängigkeit Eritreas im Jahre 1993 lebt etwa die Hälfte der Angehörigen dieser Kirche in dem neuen Staat.

Hinzu kommen die abendländischen Missionen der Kirchen der Reformation. Diese beginnen 1705/06 mit der Dänisch-Halleschen Mission nach Indien. Die evangelischen Missionen arbeiteten zunächst in den britischen und niederländischen Kolonien. Im 18. und 19. Jahrhundert kam es zu Gründungen von Missionsgesellschaften, die sich vor allem auf die neu erschlossenen Gebiete in Afrika und Indien konzentrierten. Ab dem Ende des 19. Jahrhunderts rückte auch der Orient verstärkt in den Vordergrund. So missionierten beispielsweise die Anglikaner bei den Ostsyrern im heutigen Irak. 1854 begann die Mission der *United Presbyterian Church* und 1925 die der *Episcopal Church* in Ägypten. Ein anderes Beispiel ist die *Hermannsburger Mission*, die unter anderem ab 1880 in Persien und 1927 in Äthiopien ihre Tätigkeit aufnahm.

Orientalische Katholische Ostkirchen	
Orientalische „Mutter"-Kirchen	Aus diesen orientalischen Kirchen stammende Katholische Ostkirchen
Assyrische Kirche des Ostens Alte Kirche des Ostens	Chaldäisch-Katholische Kirche (seit 1552) Patriarchat ca. 420.000 (Irak, Iran, Libanon, Syrien, Ägypten, Türkei, Jordanien, Westeuropa, USA, Australien)
	Syro-Malabarisch Katholische Kirche (ab 1662) Großerzbistum ca. 4 Millionen (Indien, Westeuropa, USA)
Orientalisch-Orthodoxe Kirchen: Armenisch-Apostolische Kirche (Katholikat von Edschmiatzin Katholikat von Kilikien)	Armenisch-Katholische Kirche (seit 1740) Patriarchat ca. 375.000 (Libanon, Syrien, Armenien, Irak, Iran, Ägypten, Ukraine, Frankreich, Griechenland, Latein- und Nordamerika)
Äthiopisch-Orthodoxe Kirche Eritreisch-Orthodoxe Kirche	Äthiopisch/Eritreisch-Katholische Kirche (seit 1930) Metropolie Ca. 225.000 (Äthiopien, Eritrea, Europa, Australien, USA)
Koptisch-Orthodoxe Kirche (Patriarchat von Alexandreia)	Koptisch-Katholische Kirche (seit 1824/1947) Patriarchat ca. 162.000 (Ägypten)
Malankara-Orthodoxe Syrische Kirche	Syro-Malankara Katholische Kirche (seit 1930) Großerzbistum ca. 412.000 (Kerala/Indien)
Syrisch-Orthodoxe Kirche (Patriarchat von Antiocheia)	Syrisch-Katholische Kirche (seit 1781) Patriarchat ca. 132.000 (Libanon, Syrien, Palästina, Ägypten, Türkei, Europa, Amerika)
	Maronitische Kirche (ohne orientalisch-orthodoxes Gegenüber, aber in der antiochenischen Tradition) Patriarchat ca. 3,2 Millionen (Libanon, Syrien, Zypern, Ägypten, Europa, Nord- und Südamerika)

All dies trug auch zur weiteren Zersplitterung der Kirchen des Orients bei. Weder die Missionsarbeit der Protestanten noch der Uniatismus der Katholiken führten zur Einheit der Kirche. Erst die ökumenischen Entwicklungen der Gegenwart haben zu Gesprächen mit gleichberechtigten Partnern geführt. Zunächst mussten sich aber auch die orientalisch-orthodoxen Kirchen selbst finden.

2. Die Gemeinschaft der orientalisch-orthodoxen Kirchen

Die jeweilige geopolitische Lage und die je eigene Geschichte der orientalisch-orthodoxen Kirchen verhinderten durch die Jahrhunderte einen beständigen Austausch oder eine kontinuierliche Zusammenarbeit. Deshalb schlug der indische Theologe Paul Verghese, der spätere Metropolit Paulos Mar Gregorios († 1996), dem äthiopischen Kaiser Haile Selassie im Jahre 1950 vor, zu einem Treffen aller orientalisch-orthodoxen Kirchenoberhäupter aufzurufen. Aufgrund kircheninterner Schwierigkeiten konnte diese Konferenz jedoch erst 1965 in Addis Abeba stattfinden. Damit begann aber eine Zeit intensiver Zusammenarbeit. Seit den 1960er Jahren nehmen die orientalisch-orthodoxen Kirchen, die voneinander jurisdiktionell unabhängig, jedoch in voller kirchlicher und sakramentaler Gemeinschaft sind, an den meisten ökumenischen Gesprächen als Kirchenfamilie teil.

Sowohl mit den orthodoxen und protestantischen Kirchen, wie auch mit der Römisch-Katholischen Kirche entstanden bereits Mitte der 1960er Jahre positive Beziehungen: Die inoffizielle Konsultation der altorientalischen Kirchen mit der orthodoxen Kirche im dänischen Aarhus 1964 hatte bereits erste Ergebnisse gebracht; die Römisch-Katholische Kirche zeigte auf dem Zweiten Vaticanum ihre ökumenische Bereitschaft – 1964 wurde das Ökumenismusdekret *Unitatis Redintegratio* verabschiedet – die Beziehungen zum *Ökumenischen Rat der Kirchen* (ÖRK) wurden in dem Treffen als herzlich bezeichnet, wobei die *Altkatholische Kirche* und die anglikanischen Kirchen besonders hervorgehoben wurden. Tatsächlich hatten die ersten Kontakte im Gesamtgefüge des 1948 gegründeten *Weltkirchenrates*, wie der *Ökumenische Rat der Kirchen* (ÖRK) in halboffizellen Dokumenten oft genannt wird, begonnen.

3. Die Mitgliedschaft im Ökumenischen Rat der Kirchen (ÖRK)

Seit seiner Gründung in Amsterdam 1948 sind die Koptisch-Orthodoxe Kirche, die Äthiopisch-Orthodoxe Kirche, die Malankara-Orthodoxe Kirche und die Assyrische Kirche des Ostens Mitglied des *Ökumenischen Rates der Kirchen*. Bis 1962 sind alle weiteren altorientalischen Kirchen dem ÖRK beigetreten: 1960 im Vorfeld der Vollversammlung von Neu-Delhi (1961) die Syrisch-Orthodoxe Kirche, 1962 im Rahmen des Treffens des Zentralkomitees in Paris die armenische Kirche als zwei jurisdiktionell unabhängige Kirchen, dem Katholikat aller Armenier von Edschmiatzin und dem von Kilikien. Erst 2003 stieß die Eritreisch-Orthodoxe Kirche zum ÖRK, da sie erst im Rahmen der 1993 erfolgten Unabhängigkeit Eritreas von der Äthiopisch-Orthodoxen Kirche unabhängig wurde. Im Kontext des ÖRK sind die Kirchen des Orients mit denen der Reformation, den Anglikanern und den Altkatholiken in beständigem Austausch. Vertreter der altorientalischen Kirchen haben und hatten Führungspositionen eingenommen.

Mehr als in anderen Untereinheiten des ÖRK sind die altorientalischen Kirchen in der Kommission für Glaube und Kirchenverfassung, der seit 1969 auch die Römisch-Katholische Kirche als Vollmitglied angehört, engagiert. Der theologische Dialog im Rahmen des ÖRK umfasst also die orientalisch- und byzantinisch-orthodoxen Kirchen, die Kirchen der Reformation, die Anglikaner, Altkatholiken und Katholiken. Gerade dieser multilaterale Dialog hat zu Beginn der 1980er Jahre herausragende Ergebnisse erbracht: Das sogenannte *Lima-Dokument* (1982) ist jener Text, der das bisher größte Echo gefunden hat. Die Kommission für Glaube und Kirchenverfassung stellt für die Ostkirchen insgesamt den besten Zugang zur Arbeit des ÖRK dar. Das gesellschaftspolitische Engagement und der interreligiöse Dialog des ÖRK wurden jedoch wiederholt Gegenstand von Konflikten. In diesem Kontext koordinieren sich die orthodoxen Kirchen byzantinischer Tradition und die altorientalischen Kirchen, die die *raison d'être* des ÖRK vor allem in der Hinführung zur sichtbaren Einheit der Kirche sehen.

Mitgliedschaft im Ökumenischen Rat der Kirchen und in regionalen Kirchenräten		
	Beitritt zum ÖRK	Mitgliedschaft in regionalen Kirchenräten
Assyrische Kirche des Ostens	1948	
Äthiopisch Orthodoxe Kirche	1948	All African Council of Churches (AACC)
Koptisch-Orthodoxe Kirche	1948	Middle East Council of Churches (MECC) All African Council of Churches (AACC)
Malankara-Orthodoxe Syrische Kirche	1948	Christian Conference of Asia (CCA)
Syrisch-Orthodoxe Kirche	1960	Middle East Council of Churches (MECC)
Armenisch-Apostolische Kirche (Katholikat von Edschmiatzin)	1962	Konferenz Europäischer Kirchen (KEK)
Armenisch-Apostolische Kirche (Katholikat von Kilikien)	1962	Middle East Council of Churches (MECC)
Eritreisch-Orthodoxe Kirche	2003	All African Council of Churches (AACC) Fellowship of Christian Councils in the Great Lakes and the Horn of Africa

4. Die Mitgliedschaft in den regionalen Kirchenräten

Die Koptisch-Orthodoxe Kirche gehört zwei regionalen Kirchenräten an: der *All Africa Conference of Churches* (AACC) und dem *Middle East Council of Churches* (MECC). Das Hauptaugenmerk scheint die Koptisch-Orthodoxe Kirche allerdings auf den Nahen Osten zu legen. Bereits seit dessen Gründung 1974 ist die Koptisch-Orthodoxe Kirche Mitglied des MECC. In diesem regionalen Kirchenrat treten die Konfessionen weniger als Einzelkirchen als in Kirchenfamilien auf. Als Gründungsfamilien können die orthodoxe, die altorientalische sowie die protestantische/episkopale Kirchenfamilie genannt werden. Als vierte Familie traten im Jahre 1989 die sieben katholischen Kirchen des Nahen

Ostens dem Kirchenrat bei – die offizielle Aufnahme wurde auf der fünften Vollversammlung in Nikosia 1990 gefeiert.

Das MECC ist ein regionaler Kirchenrat, in dem Kirchen der arabischen Länder, der Türkei, des Iran, Palästinas/Israels und Zyperns zusammenarbeiten. Von den miaphysitischen Kirchen sind deshalb mit den Kopten nur die Armenisch-Apostolische Kirche von Kilikien und die Syrisch-Orthodoxe Kirche von Antiocheia Mitglieder. Das interkonfessionelle theologische Gespräch findet in der Kommission für Glaube und Einheit (*Faith and Unity*) statt, deren Tätigkeit auch die Publikation von systematisch- und historisch-wissenschaftlichen Studien, den interreligiösen Dialog insbesondere zwischen Christen und Muslimen, die Ausarbeitung und Diskussion pastoraler Initiativen sowie die Unterstützung der *Association of Theological Education in the Middle East* (ATIME) umfasst.

Die Apostolische Kirche des Ostens ist nicht Mitglied im MECC. Die Ablehnung einer Aufnahme wurde vor allem von der Koptisch-Orthodoxen Kirche durchgesetzt, insbesondere auf Grund der Christologie und der auf Kyrill und Nestorios zurückzuführenden Auseinandersetzungen (vgl. S. 7-9).

Während das armenische Katholikat von Kilikien regional dem Nahostkirchenrat angehört, ist das Katholikat von Edschmiatzin aktives Mitglied der Konferenz Europäischer Kirchen. Die Äthiopier und Eritreer gehören dem *All African Council of Churches* (AACC) an, die Malankara-Orthodoxe Kirche der *Christian Conference of Asia* (CCA).

Die im MECC vertretenen katholischen Kirchen

Maronitische Kirche von Antiocheia

Griechisch-katholische melkitische Kirche von Antiocheia, Alexandreia und Jerusalem

Armenisch-katholische Kirche von Kilikien

Syrisch-katholische Kirche von Antiocheia

Koptisch-katholische Kirche von Alexandreia

Lateinisches Patriarchat von Jerusalem

Chaldäisch-katholische Kirche

---

5. Altorientalische Kirchen und lutherische, reformierte und anglikanische Kirchen

Während der Dialog mit der byzantinischen Orthodoxie bis in die 1990er Jahre erfolgreich verlief und nunmehr der Dialog mit der Römisch-Katholischen Kirche kontinuierlich arbeitet – auf beide wird weiter unten eingegangen – sind die Beziehungen mit den reformatorischen Kirchen auffallend gering.

5.1 Der Dialog mit lutherischen Kirchen und der EKD

Einen offiziellen multilateralen Dialog zwischen *Lutherischem Weltbund* und der Familie der altorientalischen Kirchen gibt es nicht. Es sind nur wenige bilaterale Unternehmungen, die jeweils regional oder national eingeschränkt bleiben.

1978 begannen Gespräche zwischen der Syrisch-Orthodoxen Kirche und den Lutheranern in Indien. Die seither halbjährlich stattfindenden Treffen nehmen sich vornehmlich der spezifischen Lebenssituation der Region und der Rezeption internationaler Dialogergebnisse an.

Zu Beginn der 1980er Jahre starteten Tagungen von altorientalischen Kirchen und der Evangelischen Kirche in Deutschland (EKD), einer Gemeinschaft lutherischer, reformierter und unierter Landeskirchen Deutschlands. Das erste Gespräch fand im Februar 1983 im koptischen Kloster St. Antonius in Kröffelbach/Taunus unter dem Thema „Die Christusfrage – Damals und Heute" statt und wurde als sehr fruchtbringend, eine Fortsetzung als sinnvoll angesehen.

Beim zweiten Treffen im März 1988 am selben Ort, das unter dem Thema „Christus im liturgischen Lobpreis und in der theologischen Reflexion" stand, wurde ein Schlussprotokoll verabschiedet, das die Regel *lex orandi – lex credendi* in den Vordergrund stellt und somit den liturgischen Lobpreis in der theologische Reflexion behandelt.

Das dritte Treffen, das im November 1991 auf Einladung der EKD im Kloster Wennigsen bei Hannover stattfand, wurde ausdrücklich als evangelisch/orientalisch-orthodoxe theologische „Konsultation" angekündigt. Ziel des dritten Treffens war ein Austausch über die christologische Vereinbarung zwischen den (byzantinisch-)orthodoxen und orientalisch-orthodoxen Kirchen von 1990. Die Teilnehmer an der Konsultation erklärten ihre theologische Zustimmung zu dieser Übereinkunft der beiden orthodoxen Kirchenfamilien. Auch wurde auf der Konsultation festgehalten, dass aufgrund der Nachbarschaft von orientalisch-orthodoxen und evangelischen Kirchen in Deutschland und den daraus erwachsenen gemeinsamen theologischen, diakonischen und pastoralen Fragen ein kontinuierliches Gespräch zur Vertiefung der Gemeinschaft zwischen den beiden Kirchen notwendig sei.

Beim vierten Treffen im Dezember 1994 in Herrenberg bei Stuttgart, das unter dem mehr aus der Praxis stammenden Oberthema „Überleben in schwieriger Zeit" stand, wurde auch über die Struktur der Weiterführung der Kontakte von EKD und orientalisch-orthodoxen Kirchen beraten. Es wurde beschlossen, ab 1996 jährlich ein Kontaktgespräch zwischen Vertretern der EKD und der orientalisch-orthodoxen Kirchen Deutschlands abzuhalten.

Die fünfte theologische Konsultation fand allerdings erst wieder im März 2003 in Berlin statt, die die bisherigen Dialoge der Orientalen reflektierte, um daraus Konsequenzen für die Zukunft der Beziehungen mit der EKD abzuleiten.

Bilaterale Dialoge unterhielt die Koptisch-Orthodoxe Kirche mit der Koptisch-Evangelischen Kirche und der lutherischen Schwedischen Kirche (Svenska kyrkan). Auf Einladung von Papst Schenuda III. fand im November 1988 im koptisch-orthodoxen Patriarchat in Kairo ein Treffen für einen theologischen Dialog mit der Koptisch-Evangelischen Kirche statt. Bereits zuvor hatten verschiedentlich Treffen der beiden Kirchen stattgefunden, insbesondere auf der Ebene der Sozial- und Bildungsarbeit sowie im Rahmen des *Middle East Council of Churches* (MECC) und der *Association of Theological Education in the Middle East* (ATIME). Somit war nun ein Klima des Vertrauens geschaffen, um sich den Fragen des Glaubens und der Doktrin zuwenden zu können. Für die ersten Sessionen wurden Themen gewählt, die *a priori* nicht zu den Kontroverspunkten zählen. 1989 und 1990 fanden insgesamt drei Konsultationen statt, die sich mit der Soteriologie und der Taufe beschäftigten, wobei in wichtigen Punkten Übereinstimmung gefunden wurde. Aufgrund der innenpolitischen Auseinandersetzungen in Ägypten und Konflikten der Kirchenleitungen kam es sodann zum Abbruch des Dialogs.

Die Schwedische Kirche und die Koptisch-Orthodoxe Kirche hatten 1994 und 1995 bilaterale Zusammentreffen. Beim ersten Kennenlernen im November 1994 im Kloster Anba Bischoy im Wadi Natrun, wurde unter anderem vorgeschlagen, dass jede Kirche eine Delegation für einen offiziellen Dialog nominiere. Ein weiteres Vorbereitungstreffen fand im Juni 1995 im schwedischen Karlstad statt. Allerdings scheint der Dialog über die Benennung der zu bearbeitenden Themen nicht hinaus gekommen zu sein und seither sanft zu ruhen.

5.2 Der Dialog mit dem Reformierten Weltbund (1994)

Mit dem Reformierten Weltbund nahmen die altorientalischen Kirchen den Dialog gemeinsam auf, allerdings war die Äthiopisch-Orthodoxe Kirche nicht vertreten. Das erste Treffen fand im Mai 1993 im koptischen Kloster Anba Bischoy im Wadi Natrun/Ägypten statt. Obwohl Themen wie „Schrift und Tradition" oder die „Mission der Kirche" behandelt wurden, diente es wohl vor allem dem gegenseitigen Kennenlernen. Schon das zweite Treffen in Driebergen/Niederlande führt am 13. September 1994 zu einem *Agreed Statement on Christology*. Den Vorarbeiten anderer bilateraler Dialoge, insbesondere der bei den PRO ORIENTE Konsultationen 1971 erarbeiteten *Wiener christologischen Formel* und den Übereinkünften mit der byzantinischen Orthodoxie, ist diese rasche christologische Verständigung zu verdanken.

Dieses christologische Dokument nimmt als Ausgangsbasis die *Formula unionis* von 433 (vgl. S. 8), setzt sodann die vier bekannten Adverbien des Konzils von Chalkedon hinzu und versteht es, sowohl die Gültigkeit als auch die Verschiedenheit der jeweiligen christologischen Traditionen herauszustellen. Der Bezug zum Text der zweiten inoffiziellen Konsultation zwischen altorientalischen und orthodoxen Theologen in Bristol 1967 ist leicht herzustellen. Er mag hier die Vorlage gewesen sein.

Christologische Extremformen werden abgelehnt, aber das Festmachen der christologischen Häresien an der Person des Nestorios oder der des Eutyches (vgl. S. 9), wie es zumeist in anderen bilateralen ökumenischen Konsenstexten mit den altorientalischen Christen geschah, unterbleibt. Vor allem eine ausdrückliche Nennung des Nestorios ist in Hinblick auf die ökumenischen Gespräche mit der Apostolischen Kirche des Ostens problematisch, daher setzte die orientalisch-orthodoxe/reformierte christologische Übereinkunft – wohl eher unbeabsichtigt – einen reifen ökumenischen Akzent.

5.3 Der Dialog mit den Anglikanern

Im Oktober 1985 fand auf Einladung der anglikanischen Kirchengemeinschaft in St. Albans/Großbritannien eine Begegnung mit Repräsentanten aller orientalisch-orthodoxen Kirchen statt. Das Ziel war vor allem die Planung einer engeren praktischen Zusammenarbeit in der theologischen Ausbildung und der Pastoral. Auch die Bildung einer *Gemischten theologischen Kommission* zur Eröffnung eines offiziellen theologischen Dialogs wurde erörtert, jedoch nicht realisiert. Das Zögern der orientalisch-orthodoxen Kirchen lässt sich auf die Diskussion um die Frauenordination in der anglikanischen Kirchengemeinschaft zurückführen. Nichtsdestoweniger setzte das St. Albans-Treffen auch positive Akzente, die eine Annäherung der beiden Kirchenfamilien erleichtern sollten: Um einen regelmäßigen Austausch zu gewährleisten, wurde unter anderem ein sogenanntes „Forum" ins Leben gerufen. Es sollte zunächst die pastorale Zusammenarbeit koordinieren und in weiterer Folge die Errichtung eines theologischen Forums zur Erstellung einer systematischen Studie der Unterschiede in Glaube und Praxis erörtern.

Ein herausragender Schritt auf dem Wege der christologischen Verständigung mit der koptischen Kirche war die *Gemeinsame Erklärung* des Erzbischofs von Canterbury, Robert Runcie, und des koptischen Papstes Schenuda III., welche am 1. Oktober 1987 im Kloster Anba Bischoy im Wadi Natrun/Ägypten unterzeichnet wurde. Der Text zeigt deutlich, dass auf bereits erfolgreich verlaufene bilaterale Gespräche zurückgegriffen werden konnte. Zunächst wird das Nizäno-Konstantinopolitanische Glaubensbekenntnis als Basis des gemeinsamen Glaubens zitiert. Der darauf folgende Passus ist ein gemeinsames christologisches Zeugnis, dessen Struktur und Sprache wiederum unschwer an die sogenannte *Wiener christologische Formel* erinnert, auf die wir unten noch zu sprechen kommen. Die anglikanische Kirchengemeinschaft und die Koptisch-Orthodoxe Kirche sind sich durch diese *Gemeinsame Erklärung* zunächst einen erheblichen Schritt näher gekommen. Allerdings ist der Dialog mit der Lambeth-Konferenz 1988 zunächst abgebrochen, da sich die Koptisch-Orthodoxe Kirche energisch gegen die Frauenordination ausspricht.

Beim zweiten Treffen des anglikanisch/orientalisch-orthodoxen Forums vom 12. bis 16. März 1990 im Kloster Anba Bischoy im Wadi Natrun/Ägypten verwies Papst Schenuda III. auf die Lambeth-Konferenz und verurteilte Homosexualität, Polygamie und Frauenordination. Aber nicht nur die in den 1990er Jahren von der anglikanischen Kirche gefällte Entscheidung für die Zulassung von Frauen zu allen Stufen des Weiheamtes beeinträchtigte die Beziehungen, auch der kritische Umgang mit der Bibel oder die Diskussion um die Homosexualität trugen dazu bei, die Verständigung schwierig zu gestalten. Dennoch kam das Forum im Mai 1993 im britischen Wimbledon ein drittes Mal zusammen. Nach diesen drei inoffiziellen Konsultationen kam es zu keinen multilateralen Treffen mehr. Bei den Treffen des Erzbischofs von Canterbury, George Carey, mit dem Katholikos aller Armenier, Karekin I von Edschmiatzin, im Jahr 1997 und Katholikos Aram I. von Kilikien 1998 äußerte man sich positiv zu diesem Dialog und regte an, die Foren wieder zu beleben. So traf sich im Juli 2001 ein Vorbereitungskomitee in Midhurst/England. Der Dialog wurde sodann offiziell aufgenommen. Bereits beim ersten Treffen im November 2002 in Edschmiatzin/Armenien kam es zu einer ausführlichen christologischen Erklärung, die vorwiegend auf die Dialoge mit der orthodoxen Kirche und die Pro Oriente Dialoge zurückgriff.

6. Orientalisch-Orthodoxe Kirchen und Orthodoxe Kirche

Die orientalisch-orthodoxen Kirchen wurden schon 1930 von der interorthodoxen Kommission (der byzantinischen Kirchen) als ein Thema der künftigen Prosynode betrachtet. 1951 sandte das Ökumenische Patriarchat eine Botschaft an die orientalisch-orthodoxen Kirchen, und 1953/54 fanden in Kottayam/Indien theologische Gespräche zwischen russischen und malankarischen Theologen statt. Der noch vor der ersten Panorthodoxen Konferenz in Rhodos (1961) – an der auch vier koptische, zwei äthiopische, ein armenischer, vier syrische und zwei malankarische Beobachter teilnahmen – gemachte Vorschlag, eine gemischte theologische Kommission beider Kirchenfamilien einzuberufen, fand zunächst kein Echo. Erst das Zusammenwirken der beiden herausragenden Ökumeniker Paul Verghese und Nikos Nissiotis, die zur selben Zeit im ÖRK tätig waren, führte unter den Auspizien der Kommission für Glaube und Kirchenverfassung (*Faith and Order*) von 1964 bis 1971 zu einer Serie von inoffiziellen Gesprächen.

6.1 Die inoffiziellen orthodox/ orientalisch-orthodoxen Konsultationen

Die orthodoxe Kirche war bei der ersten inoffiziellen Konsultation in Aarhus (1964) durch griechische und russische, ab der zweiten Konsultation in Bristol (1967) auch durch rumänische und bulgarische Theologen vertreten. Die orientalisch-orthodoxen Kirchen waren jeweils vollzählig repräsentiert. Allerdings war bei der zweiten und auch bei der dritten Konsultation (Genf 1970) das armenisch-apostolische Katholikat von Kilikien nicht anwesend, die armenische Kirche folglich allein durch das Katholikat von Edschmiatzin vertreten.

Diese vier inoffiziellen Konsultationen wurden auf Seiten der Orthodoxen durch die Panorthodoxen Konferenzen, auf denen jeweils auch orientalisch-orthodoxe Beobachter anwesend waren, mit großem Interesse begleitet. Auf der zweiten und dritten panorthodoxen Konferenz in Rhodos (1963 und 1964) wurden nicht nur die bilateralen ökumenischen Dialoge und Beziehungen diskutiert, sondern auch der Beobachterstatus auf dem 1962 eröffneten Zweiten Vatikanischen Konzil erörtert. Die vierte Panorthodoxe Konferenz in Chambésy 1968 ermutigte die Aussicht auf einen baldigen Beginn eines offiziellen Dialogs, der jedoch noch bis 1985 auf sich warten ließ.

Mit den inoffiziellen Gesprächen zwischen der orthodoxen Kirche und den altorientalischen Kirchen begann die gemeinsame Aufarbeitung des Schismas jener Ostkirchen, die aufgrund der Entscheidung des Konzils von Chalkedon (451) getrennt sind. Den Auftakt bildete die im August 1964 stattfindende erste inoffizielle Konsultation in Aarhus (Dänemark). Die Teilnehmer kamen zur Einsicht, dass beide Kirchenfamilien über die Zeit der Trennung den Glauben der Väter bewahrt haben. Die gemeinsame Basis wurde in der Lehre Kyrills von Alexandreia gefunden, dessen christologischer Kernsatz und die damit verbundenen terminologischen Probleme den Hauptanteil der Erörterungen in Aarhus ausmachten. Letztlich überwog die Erkenntnis, dass die Kirchen in ihrem Christusglauben, trotz unterschiedlicher Terminologien, übereinstimmen.

Die zweite inoffizielle Konsultation im Juli 1967 im britischen Bristol dachte die Ergebnisse von Aarhus weiter und beschäftigte sich mit der Christologie in den liturgischen Traditionen, den monotheletischen Auseinandersetzungen (vgl. S. 14) und der Terminologie des christologischen Dogmas. Eine bemerkenswerte Übereinstimmung im Christusglauben wurde von den Theologen festgestellt und eine gemeinsame christologische Konsensformel angeregt. Hinzu kamen weitere kanonische, liturgische und jurisdiktionelle Probleme auf – wie etwa die Zahl und Rezeption der Konzilien –, die der Klärung bedürfen und die der Einheit im Wege stehen.

Die dritte inoffizielle Konsultation im August 1970 in Genf bestätigte die christologische Übereinstimmung, und man erreichte ein substantielles gemeinsames christologisches Bekenntnis. Ausgangspunkt ist dabei die hypostatische Union (vgl. S. 7), wobei unterschiedliche terminologische Klärungen dieses theologischen Konzeptes zugestanden werden. Ausgesagt wird fernerhin die doppelte Wesensgleichheit, die Präexistenz, die Geburt aus der Jungfrau, die Vereinigung der beiden Naturen in der einen Hypostase des göttlichen Logos bei voller Beibehaltung der Eigentümlichkeiten von Gottheit und Menschheit. Allerdings geriet die Rezeption beziehungsweise Nicht-Rezeption der ersten sieben ökumenischen Konzilien nunmehr zum Problem. Für die orthodoxe Kirche besitzen sie eine unteilbare innere Kohärenz, deren dogmatische Formulierungen in einer Gesamtperspektive zu betrachten sind. Die altorientalischen Kirchen sehen die authentische christologische Überlieferung in den ersten drei Konzilien bewahrt, die durch die patristische und liturgische Tradition der Kirche ergänzt wurde.

Die Wiedervereinigung erfordert ferner die Lösung des Problems, dass einige Väter in der einen Familie verehrt, in der anderen jedoch verurteilt werden. Und schließlich wurde noch die heikle Frage der Jurisdiktion angeschnitten. Sowohl die orthodoxen als auch die altorientalischen Kirchen haben das traditionelle System der territorialen Autonomie oder Autokephalie bewahrt. Jedoch wird dieser Problembereich heute, in einer Zeit der zunehmenden Diaspora und Migration, in schwierigerer Weise zu behandeln sein als in den ersten Jahrhunderten der Christenheit.

Die inoffiziellen orientalisch-orthodoxen/orthodoxen Konsultationen
Aarhus (Dänemark), 11.–15. August 1964
Bristol (England), 25.–29. Juli 1967
Genf (Schweiz), 16.–21. August 1970
Addis Abeba (Äthiopien), 22.–23. Januar 1971

Die letzte inoffizielle Konsultation, die im Januar 1971 in Addis Abeba/Äthiopien stattfand, wandte sich daher einem der in Genf 1970 genannten Problembereiche zu, der Aufhebung der Anathemata und der Anerkennung der Heiligen. Grundsätzlich wurde darin Übereinstimmung erzielt, dass die Aufhebung von Anathemata gegen Heilige der anderen Kirche unerlässlich sei. Eine jeweilige Anerkennung des zuvor Verurteilten als nunmehr Heiligen sei jedoch nicht notwendig. Die Lehre der jeweiligen Väter müsse allerdings einer genauen Untersuchung unterzogen werden. Die Annullierung der gegenseitigen Verurteilungen habe die volle *Communio* zum Ziel, deren Voraussetzung wiederum die Übereinstimmung im Glauben sei. Deshalb waren sich die Teilnehmer dieser Konsultation auch darüber einig, dass eine offizielle Erklärung über die Einheit im Glauben – auf Grundlage der Gespräche von Aarhus, Bristol und Genf – erfolgen müsste.

Die inoffiziellen Konsultationen zwischen den beiden orthodoxen Kirchenfamilien kamen in vielen Bereichen gut voran. Ungelöst blieben vor allem Fragen nach den praktischen Konsequenzen der Einheit der Kirche auf örtlicher und überörtlicher Ebene. Da sich gemäß der orthodoxen Ekklesiologie die örtliche Einheit durch den Bischof, der mit seinem Kollegium von Presbytern in der einen Eucharistie vereint ist, darstellt, ist das Problem der Anwesenheit von mehreren Bischöfen in einer Stadt zu bewältigen.

6.2 Der offizielle orthodoxe / orientalisch-orthodoxe Dialog

Erst im Jahre 1985 begann der offizielle Dialog zwischen den beiden orthodoxen Familien. Bis dahin ruhte die Diskussion jedoch nicht. Schon im August 1971 traf sich eine Vorbereitungskommission der (byzantinisch-)orthodoxen Kirchen in Addis Abeba, die feststellte, dass die Bedingungen für den offiziellen Dialog von orthodoxer Seite her gegeben seien. Das Ständige Komitee der orientalisch-orthodoxen Kirchen erklärte sich im Juli 1972 für den Dialog bereit. Beide Unterkommissionen trafen sich zweimal (Penteli/ Athen 1973 und Addis Abeba 1975), um Einzelheiten von Methode und Thema des offiziellen Dialogs festzulegen.

Im Dezember 1985 begann, nach einer längeren Vorbereitungszeit und einigen inoffiziellen Sondierungsgesprächen, im Orthodoxen Zentrum des Ökumenischen Patriarchats in Chambésy die erste Vollversammlung der Gemischten Theologischen Kommission zwischen der orthodoxen Kirche und den orientalisch-orthodoxen Kirchen. Die Gemischte Kommission konzentrierte sich zunächst auf eine Sichtung und Bewertung der vier inoffiziellen Konsultationen. Sodann legt man die methodische Vorgehensweise des offiziellen Dialoges fest und delegierte die eigentliche Planungsarbeit an eine Subkommission. Diese tagte im September 1987 in Korinth/Griechenland und bereitete einen christologischen Konsenstext vor, der auch von den inoffiziellen altorientalisch/ römisch-katholischen Konsultationen der Stiftung PRO ORIENTE profitierte.

Die zweite Vollversammlung der Gemischten Kommission des offiziellen theologischen Dialoges zwischen der orthodoxen Kirche und den orientalisch-orthodoxen Kirchen fand im Juni 1989 im koptischen Kloster Anba Bischoy in Ägypten statt. Hier wurde eine gemeinsame Darlegung des Glaubens verabschiedet. Damit wurde eine über 1500 Jahre andauernde Trennung im Glauben auf offizieller Ebene zwischen den zwei Familien der Orthodoxen Kirche beseitigt. Dabei gingen die Dialogpartner einer Auseinandersetzung um die umstrittenen Begriffe nicht aus dem Wege. Dieser christologische Konsens wurde im September 1990 bei der dritten Sitzung der Gemischten Kommission bekräftigt. Zugleich wurde auch die Konzilsfrage neu interpretiert, denn die Grundlage der Übereinstimmung im Glauben sind die ersten drei Konzilien inklusive der *Formula unionis* von 433, deren Weiterführung und Interpretation die vier folgenden Konzilien sind. So bleibt jede der beiden orthodoxen Kirchenfamilien in ihrem je eigenen historischen, theologischen und konziliaren Kontext und behält auch ihre eigene christologische Terminologie bei. Die Voraussetzung dafür ist die Versicherung der grundlegenden substanziellen Übereinstimmung im Glauben. Abschließend sind sich die beiden Kirchen-

Der offizielle orientalisch-orthodox/orthodoxe Dialog

1. Vollversammlung: Chambésy (Schweiz), 10.–15. Dezember 1985

2. Vollversammlung: Kloster Anba Bishoi (Ägypten), 20.–24. Juni 1989

3. Vollversammlung: Chambésy (Schweiz), 23.–28. September 1990

4. Vollversammlung Chambésy (Schweiz), 1.–6. November 1993

familien einig, dass die in der Vergangenheit ausgesprochenen Anathemata aufgehoben werden müssen, um die volle Einheit zu erlangen. Dieser Glaubenserklärung wurden *Empfehlungen zu Pastoralen Fragen* beigegeben. Vorgeschlagen wurden zur Stärkung der Beziehungen der beiden Kirchenfamilien: wechselseitige Besuche von Kirchenoberhäuptern, Priestern und Laien; Austausch von Theologieprofessoren und -studenten; Möglichkeit der wechselseitigen Teilnahme an der Eucharistiefeier; gemeinsame Publikationen zur Verbreitung des Glaubenskonsenses; gegenseitige Anerkennung der Taufe; beiderseitige Verwendung von kirchlichen Räumlichkeiten; Korrektur der theologischen Ausbildung und Literatur hinsichtlich der Ergebnisse des Dialoges.

Damit sah man die theologische Arbeit der Gemischten Kommission für beendet an. Allerdings sind noch nicht alle praktischen Probleme beseitigt. Nach einer Zeit der Bewertung der Ergebnisse des offiziellen theologischen Dialoges durch die beiden orthodoxen Kirchenfamilien versammelte sich die Gemischte Kommission im November 1993 erneut in Chambésy. Damit trat dieser Dialog in eine neue, entscheidende Phase der praktischen Verwirklichung der sichtbaren Einheit der Kirchen. Die Schwierigkeiten der Überwindung des Schismas, das etwa 150 Millionen orthodoxe und zirka 30 Millionen orientalisch-orthodoxe Christen betrifft, sind trotz der dogmatischen Übereinstimmung nicht gering. Das über die Jahrhunderte getragene Misstrauen wird nun, nach Lösung der theologischen Probleme, eine vermehrte Berücksichtigung der sogenannten nicht-theologischen Faktoren erfordern. Vor Ort bleibt noch viel Überzeugungs- und Vertrauensarbeit zu leisten.

Die kompliziertesten Probleme sind für die orthodoxen Kirchen die Entwirrung der Jurisdiktionsfragen vor Ort und die Errichtung lokaler synodaler Strukturen gemäß der orthodoxen Ekklesiologie; auch die Überarbeitung der liturgischen Bücher stünde an. Tatsächlich bleibt die Rezeption des offiziellen Dialogs durch alle orthodoxen Kirchen bisher aus und praktische Konsequenzen vor Ort wurden nur in geringem Ausmaß gezogen. Einige bilaterale Annäherungen, besonders jene der Kirchen Antiocheias und Alexandreias, sind allerdings hervorzuheben.

6.3 Bilaterale pastorale Übereinkünfte

Der Ökumenische Patriarch von Konstantinopel, Bartholomaios I., besuchte im Januar 1995 den Patriarchen der Äthiopisch-Orthodoxen Kirche, Abunä Pawlos. Der Besuch führte zur Unterzeichnung einer „Gemeinsamen Erklärung", allerdings zu keinen konkreten weiteren Schritten. Hingegen gelang den griechisch-orthodoxen und syrisch-orthodoxen Patriarchaten von Antiocheia im November 1991 eine weit reichende pastorale Übereinkunft, die insofern bedeutsam ist, da es sich um den ersten Konsenstext der beiden Kirchen seit dem fünften Jahrhundert handelt. Dieses Dokument beinhaltet die Zusammenarbeit in der theologischen Ausbildung, die Akzeptanz, dass Gläubige zwischen den beiden Kirchen übertreten können, die Organisation gemeinsamer Synoden sowie Übereinkünfte die Taufe und Eheschließung betreffend. Bemerkenswert ist die Regelung, dass an Orten, wo nur ein Priester der einen oder anderen Kirche anwesend ist, dieser die Mysterien (Sakramente) einschließlich der Eucharistie für die Gläubigen beider Kirchen feiern soll. Dies kommt einer Eucharistiegemeinschaft gleich.

Im April 2001 kam es auch zu einem pastoralen Abkommen über die Mischehen zwischen den griechisch-orthodoxen und koptisch-orthodoxen Patriarchaten von Alexandreia auf Basis des offiziellen Dialogs. Dabei wurde festgehalten, dass nach der Eheschließung jene Kirche für das Spenden aller weiteren Sakramente an diese Familie zuständig ist, in der die Ehe geschlossen wurde. Das heißt auch, dass jener Partner, der nicht aus dieser Kirche stammt, bei der anderen Kirche zur Eucharistie zugelassen ist.

7. Der Dialog mit der Römisch-Katholischen Kirche

Die ersten Begegnungen von orientalisch-orthodoxen Kirchenoberhäuptern und dem römischen Papst begannen in den späten 1960er Jahren mit den Armeniern. Papst Paul VI. wurde im Mai 1967 vom armenischen Katholikos Khoren I. von Kilikien und im Mai 1970 vom armenischen Katholikos Vasken I. von Edschmiatzin in Rom besucht. Er selbst begegnete im Juli 1967 dem armenischen Patriarchen von Konstantinopel, Schnork Kaloustian, im heutigen Istanbul.

Der Gemeinsame Aufruf von Papst Paul VI. und dem Katholikos aller Armenier, Vasken I., vom 12. Mai 1970 ermahnte die Theologen, gemeinsame Studien zu betreiben, um die Kenntnisse des Geheimnisses unseres Herrn Jesus Christus und seiner Offenbarung zu vertiefen. Diesem Aufruf wurde 1971 mit der Einberufung der ersten nichtoffiziellen PRO ORIENTE-Konsultation nachgekommen. Da auch hier der wesentliche Impuls vom armenischen Vardapet und jetzigem Erzbischof Mesrob K. Krikorian, der bereits an den inoffiziellen Gesprächen mit der byzantinischen Orthodoxie von Aarhus (1964), Bristol (1967), Genf (1970) und Addis Abeba (1971) teilgenommen hatte, ausging, kann der armenischen Kirche eine gewisse Vorreiterrolle für den Dialog mit der Römisch-Katholischen Kirche zugesprochen werden.

7.1 PRO ORIENTE und der inoffizielle Dialog
mit der Römisch-Katholischen Kirche

Der von Franz Kardinal König 1964 gegründeten Stiftung PRO ORIENTE (Wien) kommt im Dialog mit den orientalischen Kirchen eine Pionierrolle zu. Die auf inoffizieller Ebene erreichten Ergebnisse wurden vielfach in offiziellen Dialogen rezipiert. Bereits bei der

ersten Wiener Konsultation 1971 wurde eine christologische Übereinkunft – die sogenannte *Wiener christologische Formel* – erarbeitet, die später in offizielle Dokumente aufgenommen wurde, u.a. in die gemeinsamen Erklärungen von Papst Schenuda III. und
Papst Paul VI. (1973), von Patriarch Ignatios Zakka I. Iwas und Papst Johannes Paul II.
(1984) sowie in die dogmatische Übereinkunft mit der Malankara-Orthodox Syrischen
Kirche (1990), aber auch in offizielle Dokumente der Koptisch-Orthodoxen Kirche mit
der anglikanischen Glaubensgemeinschaft und der orientalisch-orthodoxen Kirchen mit
dem Reformierten Weltbund. Vier weitere Wiener Konsultationen (1973, 1976, 1978,
1988) zeigten weitere anstehende Fragen auf, insbesondere ekklesiologische Differenzen.
Als Beitrag zur Lösung dieser Unterschiede wurden im Anschluss an die Konsultationen
sogenannte *Study Seminars* (Wien 1991, 1992, 1994) initiiert, die die theologische Weiterarbeit der inoffiziellen Konsultationen leisteten. Schließlich organisierte Pro Oriente auch
Regional Symposia (Wadi Natrun 1991, Kerala 1993, Kaslik 1994, Kröffelbach 1997) als
wertvolles Element des Rezeptionsprozesses von Ergebnissen ökumenischer Dialoge.

Das abschließende Kommuniqué der ersten inoffiziellen Konsultation wird als Mei-
lenstein im christologischen Dialog angesehen. Zitiert sei hier nur jener Absatz, der den
Kern der sogenannten *Wiener christologischen Formel* ausmacht:

> ### Aus der „Wiener christologischen Formel" (1971)
>
> „Wir glauben, dass unser Gott und Erlöser, Jesus Christus, Gottes Fleisch gewordener Sohn
> ist; vollkommen in seiner Gottheit und vollkommen in seiner Menschheit. Seine Gottheit
> war von seiner Menschheit nicht einen Augenblick getrennt. Seine Menschheit ist eins mit
> seiner Gottheit, ohne Vermischung, ohne Vermengung, ohne Teilung, ohne Trennung."

Dem wird angefügt, dass es, trotz dieser Übereinkunft im Christusglauben und der
Erkenntnis der Möglichkeit unterschiedlicher dogmatischer Ausdrucksweisen, noch verschiedene Interpretationen des Mysteriums Christi gibt und deshalb weitere Anstrengun-
gen unternommen werden müssen, um ein tieferes Verständnis des Geheimnisses der
Inkarnation nach der jeweiligen kirchlichen Tradition zu erreichen. Dennoch wird die
Orthodoxie beider Partner als dem Glauben von Nikaia (325) bis Ephesos (431) entsprechend anerkannt.

Die Diskussionen und Referate der zweiten Konsultation 1973 umkreisen eine Vielfalt von Themenbereichen, welche wohl jeweils für sich einer eigenen Tagung bedurft
hätten. Das 1971 bereits ausführlich behandelte Thema Christologie wurde diesmal nur
einen Tag lang bearbeitet, nimmt jedoch im abschließenden Kommuniqué den größten
Raum ein, wohl auch, weil bei den anderen Themen kein Konsens erzielt werden konnte.

Wie das Kommuniqué feststellt, ist unter den verschiedenen Traditionen noch kein
semantischer Konsens der griechischen christologischen Begriffe hergestellt. Es wird die
Unaussprechbarkeit des Christusgeheimnisses ausgedrückt. Von großer Bedeutung ist
hierbei das Zugeständnis verschiedener christologischer Formulierungen.

Zum christologischen Konsens kamen aber erhebliche ekklesiologische Schwierigkeiten, die den Großteil der Referate und Diskussionen der zweiten Wiener Konsultation
ausmachten. Ausgangspunkt war die Frage der Autorität der Konzile, in deren Zusammenhang die Themenkreise Rezeption, Anathemata und Primat Petri behandelt wurden.

Des Weiteren wurde darauf hingewiesen, dass die Kirchengeschichtsbücher und Katechismen zu überarbeiten wären, um die künftigen Priester, Katecheten und Kirchenoberhäupter in einem ökumenischen Geist heranzubilden.

Nach einer Sichtung der beiden vorangegangenen Konsultationen untersuchte man auf der dritten Konsultation 1976 das gegenseitige Kirchenverständnis. Eines der Anliegen war es, die Begriffe Ortskirche, Universalkirche und Römisch-Katholische Kirche einer Klärung zuzuführen. Dabei wurde Einigkeit darüber erzielt, dass dasselbe Mysterium der *una, sancta, catholica et apostolica ecclesia* (der einen, heiligen, katholischen und apostolischen Kirche) sowohl in der Ortskirche als auch in der Weltkirche zum Ausdruck kommt.

Gegenüber der zweiten Konsultation, die ekklesiologisch noch keine wirklich deutlichen Aussagen tätigte, war diesmal ein erheblicher Fortschritt zu verzeichnen. Grundsätzlich war man sich darüber einig, dass sich die Kirche sowohl lokal als auch universal manifestiert. Dabei wurde der Begriff der Koinonia (griech. „Gemeinschaft") verwendet, die durch die Teilhabe an der einen Eucharistie und der Kollegialität des Episkopats offenkundig wird. Es wurde jenes integrative Kirchenverständnis angesprochen, welches sich andernorts unter den Stichworten eucharistische, trinitarische und Communio-Ekklesiologie verdichtet. Der grundsätzliche Divergenzpunkt zeigte sich darin, dass die römisch-katholische Theologie der Gemeinschaft mit dem Bischof von Rom und dessen universeller Hirtenverantwortlichkeit einen besonderen Platz einräumt, während die orientalisch-orthodoxe Theologie das Konzil als oberste Autorität der Kirche betont.

Bei der dritten Konsultation 1978 stand das nach wie vor ungelöste Problem des Primats im Mittelpunkt. Katholischerseits bemühte man sich um eine Neuinterpretation der Konzilsdefinition des Ersten Vaticanums (1870). Es wurde festgestellt, dass die Entscheidungen dieses Konzils in gewissem Maße zeitbedingt waren und in die umfassendere Sicht von Schrift und Tradition zu integrieren seien. Die orientalisch-orthodoxen Theologen, das zeigen alle Referate von dieser Seite, verwerfen jeden universalen Jurisdiktionsprimat als eine in einer einzigen Person verwirklichte Autorität.

Der Kern des Problems in der Primatsdiskussion zwischen römisch-katholischen und orientalisch-orthoxoden Theologen liegt im jeweiligen Blickwinkel: Während die römische Kirche eine Theologie des Primats entwickelte, sehen die orientalischen Kirchen im

---

Inoffizielle PRO ORIENTE Konsultationen und Studienseminare mit den orientalisch-orthodoxen Kirchen in Wien

1. PRO ORIENTE Altorientalen Konsultation, 7.–11. September 1971

2. PRO ORIENTE Altorientalen Konsultation, 3.–9. September 1973

3. PRO ORIENTE Altorientalen Konsultation, 30. August bis 5. September 1976

4. PRO ORIENTE Altorientalen Konsultation, 11.–17. September 1978

5. PRO ORIENTE Altorientalen Konsultation, 18.–25 September 1988

1. Studienseminar „On Primacy", 29. Juni bis 1. Juli 1991

2. Studienseminar „On Councils and Conciliarity", 26.–29. Juni 1992

3. Studienseminar „Ecclesiology and Unity of the Church", 1.–5. Juli 1994

Primat eine historisch-kirchliche und jurisdiktionelle Institution. Die Vorbehalte der orientalischen Theologen sind historisch begründet. Sie sehen diese nicht zuletzt in der Existenz der katholischen (unierten) Ostkirchen bestätigt. Wenn auch ein universales Hirtenamt, als Amt der Einheit, seine theologischen Begründungen hat, so bleibt dennoch der nichttheologische Faktor der praktischen Amtsausübung und der gegenwärtigen Verflechtung verschiedener Funktionen des Papstes.

Nachdem sich die ersten vier PRO ORIENTE-Konsultationen in dichter zeitlicher Abfolge (1971-1978) aneinander reihten, dauerte es zehn Jahre, bis 1988 die fünfte Konsultation stattfinden konnte. Eine Sichtung der bisherigen Ergebnisse als Basis für die Weiterarbeit schien angebracht. Diese Konsultation hatte sich deshalb die Revision der Arbeit und Auswirkungen der vorangegangenen vier Konsultationen sowie die Planung des zukünftigen Kurses als Hauptaufgabe gestellt. Im Wesentlichen wurden drei Themenkreise behandelt:

a) die theologischen Implikationen liturgischer Texte;

b) welche Einheit stellen wir uns für die Zukunft vor;

c) Primat und Petrusamt.

Trotz der äußerst wertvollen Referate kam man auf dieser Konsultation über den *status quo ante* nicht hinaus.

Die explizite Behandlung liturgischer Texte erwies sich nicht nur als längst fällig, sondern für den ökumenischen Dialog mit den Ostkirchen als höchst notwendig. Die Vielfalt liturgischer Riten wurde auch als ein Spiegelbild der kirchlichen und theologischen Traditionen erkannt. Bei der Behandlung des zweiten Hauptthemas, die Vorstellungen von zukünftigen Modellen der Kircheneinheit, zeigte sich ein gewisses Dilemma. Gesucht wird eine Ekklesiologie, welche die Spannungen zwischen Autonomie und universalem Hirtenamt versöhnt. Der Konnex zum dritten Hauptthema war somit rasch hergestellt: Primat und Petrusamt. Letztlich blieben die bereits bei der vierten Konsultation aufgezeigten Probleme bestehen.

Die praktisch gesehen wichtigste Entscheidung der Konsultation war die Bildung eines *Standing Committee*, um eine effiziente Nachfolgearbeit der Wiener Konsultationen leisten zu können. Es wurde 1989 konstituiert und zeichnete für die in der Folge stattfindenden Studienseminare und Regionalsymposien verantwortlich. Erstere sollen die theologische Weiterarbeit der inoffiziellen Konsultationen leisten, letztere der Rezeption des im ökumenischen Dialog Erreichten dienen.

Die Studienseminare seien an dieser Stelle trotz der intensiven theologischen Arbeit nur überblicksartig angeführt. Das erste Seminar zum Thema Primat im Jahre 1991 zeigte deutlich das bekannte Problem auf: Die römisch-katholischen theologischen Begründungen des Petrusamtes als Dienst an der Einheit der Christen sind für die altorientalischen Kirchen nicht wirklich nachvollziehbar. Insbesondere seit der Definition des Ersten Vaticanums (1871) kann sich die Primatsdiskussion einer Einschränkung auf die jurisdiktionelle Dimension nicht erwehren. Die von beiden Seiten zugestandene Diskrepanz zwischen ekklesiologischer Auffassung und tatsächlicher Praxis ist insbesondere für die römische Kirche ein Auftrag, das Einheitsamt als Dienstamt sichtbar zu machen.

Das zweite Studienseminar zum Thema Konzil und Konziliarität im Jahre 1992 war eine Fortsetzung des vorangegangenen. Das Thema Primat wird in engem Zusammenhang von Konzilien und Konziliarität gesehen. Grundsätzlich bestand darin Übereinstimmung, dass der Begriff der Konziliarität über den Begriff der Konzilien hinausgeht und zum Wesen der Kirche gehört. Es wurden aber in aller Deutlichkeit über die Gemeinsamkeiten auch die Unterschiede herausgestellt. Die Differenzen kreisten wiederum vor allem um das jeweilige Primatsverständnis.

Das dritte Studienseminar zum Thema Ekklesiologie und Einheit der Kirche im Jahre 1994 zeigte, dass beide Seiten die Basis für eine Einheit der Kirche in einer Communio-Ekklesiologie sehen. Das dritte Studienseminar brachte aber keinen Fortschritt zu dem, was bereits auf vorangegangenen ökumenischen Zusammenkünften gesagt und festgestellt wurde. Die Interferenz von Ekklesiologie, Katholizität, Konziliarität, Primat und Einheitsvorstellungen scheint einen gleichsam unlösbaren Knoten zu bilden. Positiv war die Einbeziehung der orientalisch-katholischen Kirchen in diesem Studienseminar. Im Abschlussbericht wird betont, dass der Uniatismus keine Methode zur Erlangung der Einheit darstellt. Durch die Verbesserung der zwischenkirchlichen Beziehung wurde die Beteiligung der orientalisch-katholischen Kirchen ausdrücklich begrüßt.

7.2. Offizielle Dialoge und Beziehungen einzelner orientalisch-orthodoxer Kirchen mit der Römisch-Katholischen Kirche

Bereits auf der dritten PRO ORIENTE-Konsultation (1976) wurde von den Teilnehmern angeregt, die Kirchen mögen eine gemeinsame offizielle Kommission gründen, die sich aus Bischöfen, Theologen und Kirchenrechtlern zusammensetzt, um näher die Fragen zu untersuchen, in denen die nichtoffiziellen Konsultationen Übereinstimmung bzw. Nichtübereinstimmung gefunden haben. Dies wurde erst im Januar 2004 Wirklichkeit. Bis dahin waren die Beziehungen der Römisch-Katholischen Kirche zu den jeweiligen orientalisch-orthodoxen Kirchen bilateral.

7.2.1 Armenisch-Apostolische Kirche

Es wurde bereits erwähnt, dass die ersten Begegnungen von altorientalischen Kirchenoberhäuptern und dem römischen Papst mit der armenischen Kirche in den späten 1960er Jahren begannen. Papst Paul VI. traf 1967 Katholikos Khoren I. von Kilikien und Patriarch Schnork Kaloustian von Konstantinopel sowie schließlich 1970 Katholikos Vasken I. von Etschmiadzin. Obwohl keine offizielle Dialogkommission bestand, sind die Kontakte seit den sechziger Jahren nicht abgebrochen.

1983 unterschrieben der kilikische Katholikos Karekin II. Sarkissian und Papst Johannes Paul II. eine *Gemeinsame Erklärung*, mit der zu einer intensiven Zusammenarbeit der beiden Kirchen in der theologischen und katechetischen Ausbildung, der Pastoralarbeit sowie bei sozialen und kulturellen Projekten aufgerufen wird. Im Dezember 1996 kam es zu einem weiteren Treffen der beiden Kirchenoberhäupter; Karekin Sarkissian war diesmal bereits zum Katholikos von Edschmiatzin gewählt worden. Die dabei unterzeichnete *Gemeinsame Erklärung* hebt den gemeinsamen Christusglauben hervor und ist für die weiteren Beziehungen zwischen der Armenisch-Apostolischen und der Römisch-

Katholischen Kirche richtungsweisend. Mehrfach wurde bei diesem Treffen auf die Arbeit von PRO ORIENTE verwiesen. Karekin I. Sarkissian bekundete auch seine Bereitschaft, eine offizielle *Gemischte Kommission* zwischen der Römisch-Katholischen Kirche und der Armenisch-Apostolischen Kirche einzurichten. Der Katholikos verfasste für Papst Johannes Paul II. auch die Meditationstexte für die Karfreitagsprozession im Kolosseum (Rom) im Jahre 1997.

Im November 2000 besuchte der damals neu gewählte Katholikos Karekin II. Nersessian Papst Johannes Paul II. in Rom und lud diesen zu den 1700-Jahr-Feiern nach Edschmiatzin ein. Zugleich übergab der Papst dem Katholikos eine zuvor in Neapel aufbewahrte Reliquie Gregors des Erleuchters (vgl. S. 51 und 62). Der Einladung des Katholikos kam Papst Johannes Paul II. im September 2001 mit einem dreitägigen Besuch in Armenien nach und unterstrich damit die guten Beziehungen der beiden Kirchen.

Mit Aram I. Keschischian von Kilikien wurde 1997 ebenfalls eine *Gemeinsame Christologische Erklärung* mit Johannes Paul II. unterzeichnet. Damit haben beide armenischen Katholikoi und der römische Papst die Übereinstimmung im Christusglauben auf offizieller Ebene bestätigt.

7.2.2 Koptisch-Orthodoxe Kirche

Der umfangreichste offizielle Dialog der Römisch-Katholischen Kirche mit einer einzelnen altorientalischen Kirche verlief mit der Koptisch-Orthodoxen Kirche. Im Jahre 1973 kam es zu einem Treffen der Päpste Paul VI. und Schenuda III. Das herausragende Ergebnis war die in der abschließenden *Gemeinsamen Erklärung* enthaltene christologische Übereinstimmung, die auf die *Wiener christologische Formel* zurückgeht. Diese hatte Anba Schenuda – damals noch nicht Papst – gemeinsam mit dem österreichischen Theologen Msgr. Otto Mauer ausgearbeitet und so auf offizieller Ebene die auf der Wiener PRO ORIENTE-Konsultation 1971 erreichte Glaubensübereinstimmung bestätigt.

Als Folge dieses Treffens wurde eine offizielle Dialogkommission gegründet. Die ersten vier Treffen fanden zwischen 1974 und 1978 statt, die 1979 in gemeinsamen ökumenischen Leitlinien mündeten. Auf Grund der politischen Unruhen in Ägypten wurden die offiziellen Gespräche sodann unterbrochen. Von September 1981 bis Januar 1985 war Papst Schenuda III. in seiner Amtsausübung behindert und durch den ägyptischen Staatspräsidenten Anwar al-Sadat im Kloster Anba Bischoy im Wadi Natrun unter Hausarrest gestellt. Unmittelbar nach der Rückkehr von Papst Schenuda III. wurden die offiziellen Kontakte wieder aufgenommen. 1988 konnte mit der sogenannten *Brief Christological Formula*, die den bereits 1973 offiziell bestätigten christologischen Konsens für die Seelsorge zugänglich machen sollte, die erste Dialogphase zwischen der Koptisch-Orthodoxen und der Römisch-Katholischen Kirche abgeschlossen werden. Die 1988 beginnende zweite Dialogphase musste sich jenen Problemen stellen, die in den beiden Kirchentraditionen durch die über 1500 Jahre getrennt verlaufene Geschichte hervorgerufen worden sind. Allerdings wurde diese Phase bald abgebrochen.

Einige Ergebnisse seien etwas näher betrachtet. Noch bei der ersten Plenarsitzung der *Gemeinsamen Kommission* der Römisch-Katholischen Kirche und der Koptisch-Orthodoxen Kirche in Kairo (1974) stand das wechselseitige Verständnis der Christologie im Mittelpunkt der Beratungen. Im abschließenden *Gemeinsamen Bericht* ist eine Erklärung über die Christologie enthalten, in der, wie schon zuvor bei den Wiener PRO ORIENTE-

Konsultationen 1971 und 1973, die Grenzen der sprachlichen Fassbarkeit des Christus-mysteriums betont werden. Des Weiteren sollen die Sakramente in ihrer Beziehung zur Kirche und zur Erlösungsordnung, die Frage der Rechtgläubigkeit und Anerkennung der Heiligen sowie die Möglichkeit der Umsetzung der Dialogergebnisse in den liturgischen und kirchenhistorischen Büchern studiert werden. Unter einigen praktischen Fragen wird auch die Bildung eines Gemeinsamen Lokalen Komitees (*Joint Local Committee*) in Ägypten empfohlen.

Ab der zweiten Begegnung der Gemeinsamen Kommission (1975) zeichneten sich, wie bei den PRO ORIENTE-Konsultationen, Divergenzen in der Ekklesiologie ab. Die *Gemeinsame Kommission* setzte als Ziel ihrer Bemühungen die Einheit der beiden Schwesterkirchen als volle Gemeinschaft zweier gleich berechtigter apostolischer Kirchen. Für die Weiterarbeit wurden viele Themen aufgelistet, die bis heute zwischen den beiden Kirchen nicht geklärt sind: Struktur der Einheit der Kirche vor 451, Rolle des heiligen Petrus und seiner Nachfolger, Konzilien, Kanones, Dogmen bezüglich des Heiligen Geistes und der Gottesmutter, Fragen bezüglich des Lebens nach dem Tode etc. Bei dieser Themenvielfalt mag es verwundern, dass die *Gemeinsame Kommission* damals erhoffte, die „wichtigsten theologischen Punkte wie auch der praktischen und pastoralen Fragen innerhalb von sechs Jahren abzuschließen".

Die folgenden Treffen der Jahre 1976 (Wien) und 1978 (Kairo) erarbeiteten über die Christologie hinaus die Rolle der Konzile im Leben der Kirche sowie die Sakramente und ihre Beziehung zur Kirche und zur Heilsökonomie. Trotz theologischer Fortschritte lassen diese Treffen erkennen, wie die Kirchen in ihrer Skepsis noch von der Trennung durch die Jahrhunderte geprägt sind. Dies hat mit den konkreten Erfahrungen vor Ort zu tun. Vor allem unter den einfachen Gläubigen würde das Vertrauen zueinander erst langsam wachsen. Im *Gemeinsamen Bericht* 1976 wurden deshalb auch eine Anzahl praktischer Vorschläge für das konkrete pastorale Zusammenleben der Kirchen in Ägypten angesprochen. Die *Gemeinsamen Berichte* zeigen aber auch, wie sehr man von der greifbar nahen Einheit der beiden Kirchen überzeugt war. Die theologischen Arbeitsvorschläge waren konkret, Zeitpläne zur Lösung von Aufgaben wurden erstellt, praktische Probleme der Zusammenarbeit und der Vertrauensbildung sehr realistisch behandelt. Die Tätigkeit des *Lokalen Gemeinsamen Komitees* wurde forciert.

1979 kam die *Gemeinsame Kommission* in Rom zusammen und erarbeitete die sogenannten *Principles for guiding the search for unity between the Catholic Church and the Coptic Orthodox Church*, die von Papst Johannes Paul II. und Papst Schenuda III. approbiert wurden. Im beigegebenen Protokoll wurde die Errichtung zweier Komitees angeregt: Eines für theologische Studien und eines für praktische Fragen. Letzteres sollte drei Subkomitees – für Schulen, soziale Institutionen und pastorale Projekte – bilden. In den *Principles* werden den Kirchen zwölf Punkte unterbreitet. Das Ziel der Bemühungen ist die volle Communio, die im sakramentalen Leben der Schwesterkirchen des einen Volkes Gottes ihren Ausdruck finden soll. Die anvisierte Einheit meint, gemäß dieser Leitlinien, in keiner Weise die Absorption einer Kirche durch die andere und setzt das Recht jeder Kirche voraus, sich selbst gemäß ihren eigenen Normen und Traditionen zu leiten. Diese legitime Autonomie benötige dennoch ein wechselseitiges Beziehungsgeflecht, wobei das unterschiedliche Verständnis bezüglich jener Strukturen, durch die der Einheit und Integrität des Glaubens der Kirche gedient werden soll, noch überwunden werden müsse. Die meisten der Leitlinien sind aus den *Gemeinsamen Berichten* der vorangegangenen vier Treffen der *Gemischten Kommission* entnommen. So enthält dieses Dokument die wesentlichen Ergebnisse und Schlussfolgerungen der offiziellen Gespräche der 1970er Jahre. Die christologische Glaubensübereinstimmung wurde als Faktum gesehen, die Akzente waren praxisorientiert. Insgesamt sind die Leitlinien vorwärts orientiert, man möchte sich trotz der dogmatischen Schwierigkeiten nicht mit einem Auf-der-Stelle-Treten der ökumenischen Beziehungen zufrieden geben.

All dies wurde durch die politischen Umstände in Ägypten und den Hausarrest von Papst Schenuda III. in den Jahren 1981 bis 1985 abgebrochen. Nur wenige Tage nach der Rückkehr von Papst Schenuda III. nach Kairo sandte Johannes Paul II. ein Telegramm in das koptische Patriarchat, in dem er ankündigte, dass eine römisch-katholische Delegation sobald wie möglich in Kairo eintreffen würde, die die Möglichkeiten zur offiziellen Fortsetzung des Dialoges sondieren solle. 1986 entschied die Heilige Synode der Koptisch-Orthodoxen Kirche über den weiteren Weg des Dialoges und nannte folgende Punkte als klärungsbedürftig: 1. Christologie, 2. Hervorgang des Heiligen Geistes, 3. Purgatorium, 4. Unbefleckte Empfängnis, 5. Ablässe, 6. Eheschließung mit Nichtchristen, 7. Koptisch-Katholische Kirche. Erst 1988 traf sich eine Gemischte Gruppe im Kloster Anba Bischoy im ägyptischen Wadi Natrun, die eine kurze christologische Formel (*Brief Christological Formula*) als Ausdruck der offiziellen Übereinstimmung in der Christologie verabschiedete:

„Brief Christological Formula" (1988)
zwischen der koptischen und der katholischen Kirche

„We believe that our Lord, God and Saviour Jesus Christ, the Incarnate-Logos is perfect in His Divinity and perfect in His Humanity. He made His Humanity one with His Divinity without mixture nor mingling nor confusion. His Divinity was not separated from His Humanity even for a moment or twinkling of an eye. At the same time, we anathematize the Doctrines of both Nestorios and Eutyches."

Diese kurze Formel soll die christologische Übereinstimmung von 1973 pastoral zugänglich machen. Papst Johannes Paul II. zeigte in einem Brief vom 30. März 1988 an Papst Schenuda III. sein ausdrückliches Einverständnis. Die nahezu wörtliche Übereinstimmung dieser kurzen christologischen Formel mit der *Gemeinsamen Erklärung* von Paul VI. und Schenuda III. (1973) und der in *Wiener christologischen Formel* (1971) ist unübersehbar.

Zehn Jahre nach dem letzten offiziellen Treffen hatte die *Gemeinsame Kommission* 1988 ihre fünfte reguläre Zusammenkunft (Das Mysterium der Erlösung und seine Folgen für die Lehre von den Letzten Dingen). Das abschließende Kommuniqué gibt nicht sehr viel Auskunft über den Verlauf der Gespräche. Die nächsten drei Treffen (1990, 1991, 1992) beschäftigten sich mit Pneumatologie (Filioque) und Eschatologie (Purgatorium). Eine gemeinsame Übereinkunft wurde nicht mehr verabschiedet.

7.2.3 Syrisch-Orthodoxe Kirche

Obwohl keine offizielle Dialogkommission bestand, sind die Beziehungen mit der Syrisch-Orthodoxen Kirche von Antiocheia besonders weit gediehen. Nur etwas mehr als einen Monat nach der ersten Wiener PRO ORIENTE-Konsultation kam es zu einer Begegnung von Papst Paul VI. und Patriarch Ignatios Yaqub III. Am 27. Oktober 1971 wurde eine *Gemeinsame Erklärung* abgegeben, die feststellt, dass „im Glauben an das Mysterium des Wortes Gottes, das Fleisch und wahrhaft Mensch geworden ist, kein Unterschied besteht, auch wenn über Jahrhunderte hin Schwierigkeiten auf Grund verschiedener theologischer Ausdrucksweise im Bekenntnis des Glaubens entstanden sind".

Die vollkommene Glaubensübereinstimmung in der Christologie wurde 1984 – unter Heranziehung der *Wiener christologischen Formel* – durch Papst Johannes Paul II. und Patriarch Ignatios Zakka I. Iwas in Rom erklärt: Die in den beiden Kirchen durch die Jahrhunderte aufgetretenen Unterschiede beträfen in keiner Weise die Substanz des Glaubens. Sie seien lediglich durch die Unterschiede in der Terminologie, in der Kultur und durch verschiedene Formeln unterschiedlicher theologischer Schulen, die denselben Inhalt ausdrücken wollten, entstanden. Das Herausragende an dieser Erklärung ist, dass die Glaubensübereinstimmung als derart eng gesehen wird, dass die gegenseitige pastorale Hilfe auch die Sakramente mit einbeziehen kann. Sie verdient ohne Zweifel das Prädikat „historisch". Obwohl nach wie vor die vollständige Übereinstimmung im Glauben Voraussetzung für die Gemeinschaft in der Eucharistie ist, gewährt hier die Römisch-Katholische Kirche erstmalig einer nicht mit ihr in Communio stehenden Kirche, wenn auch nur in dringenden pastoralen Fällen, sakramentale Gemeinschaft.

Um dieses Pastoralabkommen von 1984 auch in Indien umzusetzen, wurde mit der zum Patriarchat von Antiocheia gehörigen Malankara Syrisch-Orthodoxen Kirche eine offizielle Dialogkommission gegründet, die 1990 erstmals in Kerala zusammenkam. Dabei wurden drei Unterkommissionen gebildet, die sich mit pastoralen Fragen, Mischehen und der Trennung der Kirchen Indiens in historischer Sicht beschäftigen sollen.

Beim zweiten Treffen 1991 wurde ein Entwurf zur Lösung der Mischehenfrage erarbeitet, der es den Ehepartnern freistellt, zu wählen, in welcher Kirche sie das Ehesakrament empfangen sollen. Dabei soll sowohl den Ehepartnern als auch deren Angehörigen das Recht eingeräumt werden, dort die Eucharistie zu empfangen, wo das Ehesakrament gespendet wird, sofern sie einer der beiden Kirchen angehören. 1993 verabschiedete man dieses Pastoralabkommen auf der Sitzung in Mulanthuruthy (Indien) und publizierte es 1994. Seither wurden in regelmäßigen Abständen vor allem praktische Themen bearbeitet. Das zwölfte Treffen dieses indischen Dialogs fand im Oktober 2007 statt.

7.2.4 Malankara-Orthodox Syrische Kirche

Der Dialog mit der seit 1975 autokephalen Malankara-Orthodox Syrischen Kirche geht auf einen Rombesuch von Katholikos Baselios Mar Thoma Mathews I. bei Papst Johannes Paul II. im Jahre 1983 zurück. Auf Ersuchen der Inder hat die Römisch-Katholische Kirche der Errichtung einer offiziellen *Gemischten Dialogkommission für theologische und pastorale Fragen* zugestimmt. Schon beim ersten Treffen 1989 in Kottayam wurde eine *Gemeinsame Erklärung über den Glauben an das Geheimnis des Mensch gewordenen Wortes* angenommen und 1990 approbiert veröffentlicht. Der Text kann auf die seit Wien 1971 verabschiedeten orientalisch-orthodoxen/römisch-katholischen christologischen Konsenstexte zurückgreifen.

Die Übereinstimmung im Christusglauben war somit auch mit der Malankara-Orthodox Syrischen Kirche offiziell, und der Dialog trat in eine neue Phase. Man beschäftigte sich unter anderem mit der Rolle des Episkopats für die Einheit, der Geschichte der Kirchen in Indien und dem Mischehenproblem. Grundsätzlich wird versucht, die Dialoge mit beiden orientalisch-orthodoxen Kirchen Indiens so eng wie möglich zu verbinden, da zwischen diesen keine Lehrunterschiede bestehen. Die römisch-katholischen Mitglieder sind deshalb in beiden Kommissionen identisch, so weit wie möglich werden dieselben Themen behandelt und die Treffen unmittelbar hintereinander geplant.

7.2.5 Äthiopisch-Orthodoxe Kirche

Mit der Äthiopisch-Orthodoxen Kirche bestand kein theologischer Dialog. Auf Grund der politischen Situation, die das Mengistu-Regime (1974-1991) mit sich brachte, waren die offiziellen Kontakte kompliziert. Im Jahre 1981 besuchte Patriarch Abunä Täklä Haymanot Papst Johannes Paul II. in Rom. Für 1990 war ein weiterer Besuch des Nachfolgers Patriarch Anba Märqorewos (1988-1992) geplant, musste aber wegen der schwierigen innenpolitischen Lage Äthiopiens abgesagt werden. Deshalb war der Besuch von Patriarch Abunä Pawlos (seit 1992) bei Papst Johannes Paul II. im Jahre 1993 in Rom von besonderer Bedeutung. Bei seiner Ansprache betonte der Papst die Einheit im Glauben, die zu einer stärkeren Zusammenarbeit im täglichen Leben führen müsse. Hierzu sei die gemeinsame Ausbildung von Priestern, die Jugendarbeit, die caritative Tätigkeit für die Flüchtlinge des Landes und vieles mehr zu zählen.

7.2.6 Der multilaterale Dialog in den USA

Der Dialog zwischen der Römisch-Katholischen Kirche und den orientalisch-orthodoxen Kirchen in den Vereinigten Staaten ist der einzige diesbezügliche offizielle regionale multilaterale Dialog. Erste Kontakte auf dem Internationalen Eucharistischen Kongress in Philadelphia (1976) legten den Grundstein für diese ökumenischen Konsultationen, die unter den Auspizien der jeweiligen altorientalischen Hierarchie und der *United States Conference of Catholic Bishops* stattfinden. Im Mittelpunkt der Gespräche stehen vor allem pastorale Fragen des konkreten zwischenkirchlichen Zusammenlebens.

Die ersten Treffen galten auch dem Kennenlernen der Traditionen und der Festlegung einer Methode des Dialoges. Hierzu wurden 1980 gemeinsame Richtlinien publiziert. Als weiterer großer Themenbereich wurden die liturgischen Traditionen studiert. Die Referate und Gespräche trugen zu einem besseren wechselseitigen Verständnis bei, so dass 1983 eine *Gemeinsame Erklärung* zur Eucharistie verabschiedet werden konnte.

Seit 1984 wurden folgende Themen bearbeitet: die Frage der Mischehen zwischen Orientalen und Katholiken, welche die Kommission seit Beginn des Dialoges beschäftigt; die Chrismation im Kontext des orientalischen und römisch-katholischen sakramentalen Lebens; die *Gemeinsamen Erklärungen* zwischen den orientalisch-orthodoxen Kirchen und Rom, insbesondere im Hinblick auf ihre pastoralen Implikationen. 1999 kam es zu einem weiteren gemeinsamen Dokument, das auf die pastorale Situation der wachsenden Zahl orientalisch-orthodoxer Schüler in römisch-katholischen Schulen in den USA eingeht. Seither trifft sich die Kommission jährlich.

8. Der offizielle theologische Dialog der orientalisch-orthodoxen Kirchen mit der Römisch-Katholischen Kirche

Im Januar 2004 begann ein neuer offizieller Dialog mit der Römisch-Katholischen Kirche, bei dem alle orientalisch-orthodoxen Kirchen vertreten sind: die Koptisch-Orthodoxe Kirche, die Syrisch-Orthodoxe Kirche, das Armenisch-Apostolische Katholikat von Edschmiatzin, das Armenisch-Apostolische Katholikat von Kilikien, die Äthiopisch-Orthodoxe Kirche, die Malankara-Orthodox Syrische Kirche und die Eritreisch-Orthodoxe Kirche. Im Vorfeld traf sich im Januar 2003 in Rom ein Vorbereitungskomitee, das ein umfangreiches Arbeitsprogramm vorlegte.

Offizielle Dialogtreffen der „Gemischten Kommission für den theologischen Dialog zwischen den orientalisch-orthodoxen Kirchen und der römisch-katholischen Kirche"
Treffen des Vorbereitungskomitees, 27.–29. Januar 2003
1. Vollversammlung: Kairo (Ägypten), 27.–30. Januar 2004
2. Vollversammlung: Rom (Italien), 26.–29. Januar 2005
3. Vollversammlung: Edschmiatzin (Armenien), 27.–30. Januar 2006
4. Vollversammlung: Rom (Italien), 28. Januar bis 3. Februar 2007
5. Vollversammlung: Maarrat Saydnaya (Syrien), 27. Januar bis 2. Februar 2008
8. Vollversammlung: Rom (Italien), 27.–30. Januar 2009

Das erste Treffen in Kairo 2004 stand so ganz im Zeichen der Sichtung bisheriger Ergebnisse auf offizieller, inoffizieller und regionaler Ebene. Da durch bilaterale christologische Erklärungen mit einzelnen orientalisch-orthodoxen Kirchen, wenn auch nicht mit allen, die christologische Frage von Seiten der Römisch-Katholischen Kirche für geklärt gilt, entschloss man sich nun das jeweilige Kirchenverständnis, also die Ekklesiologie, zu bearbeiten. Das zweite Treffen in Rom 2005 sichtete das Thema von verschiedenen Seiten: Communio-Ekklesiologie, Teilkirche, Universalkirche, Schwesterkirchen, Kirchenfamilien, konstitutive Elemente der Communio etc. Das dritte Treffen in Edschmiatzin 2006 setzte diesen Weg fort und behandelte Fragen der apostolischen Sukkzession, Bischofsamt und Kollegialität, Primat und Konziliarität.

Nachdem nun eine Fülle an Material aufbereitet war, wurde ein *Drafting Committe* ernannt, das ein *Gemeinsames Dokument* erarbeiten sollte. Allerdings konnte dieses wegen der Libanonkrise 2006 und der damit verbundenen Reiseschwierigkeiten erst nach dem vierten Treffen in Rom 2007 zusammentreten. Das vierte Treffen behandelte deshalb weitere Fragen wie die Mission der Kirche, die Rettung der Ungläubenden und die damit verbundenen Fragen der Ehe zwischen Christen und Muslimen, die vor allem für die Koptisch-Orthodoxe Kirche einen besonderen Problemkreis darstellte. Das inzwischen vom *Drafting Committee* erarbeitete umfassende Dokument zu *Nature, Constitution and Mission of the Church* wurde beim fünften Treffen in Maarrat Saydnaya/Syrien 2008 eingehend diskutiert und Änderungsvorschläge eingebracht. Beim sechsten Treffen in Rom wurde dieses Dokument von der Gemischten Kommission fertig gestellt und den entsprechenden kirchlichen Autoritäten (Heilige Synoden, Glaubenskongregation) zur Rezeption vorgelegt.

9. Die ökumenischen Beziehungen der Apostolischen Kirche des Ostens der Assyrer

Bis heute wird die Apostolische (Assyrische) Kirche des Ostens als häretisch („nestorianisch") angesehen, und vor allem die Koptisch-Orthodoxe Kirche verhinderte bisher eine Integration dieser Kirche in den *Middle East Council of Churches* (MECC). Hingegen verliefen vor allem die Beziehungen mit der Römisch-Katholischen Kirche seit den 1990er Jahren erfolgreich.

Verschiedene Kontakte der ostsyrischen Christen mit anderen Kirchen gab es schon vor dem 20. Jahrhundert. Jene mit Rom führten zu Unionen, aus der im Nahen Osten die Chaldäisch-Katholische Kirche und in Indien die Syro-Malabarisch Katholische Kirche hervorgingen, die jeweils den ostsyrischen Ritus beibehielten. Verstärkt wurden die interkonfessionellen Beziehungen im 19. Jahrhundert durch das Wirken anglikanischer, presbyterianischer und lutherischer Missionen.

Die ökumenische Entwicklung der Apostolischen Kirche des Ostens im 20. Jahrhundert stellt sich undeutlich dar. In jener Zeit, in der das Ökumenische Patriarchat von Konstantinopel mit seinen Enzykliken (1902 und 1920) wichtige ökumenische Impulse setzte und mit der Weltmissionskonferenz in Edinburgh (1910), den Gründungen des Internationalen Missionsrates (*International Missionary Council* 1921), von Praktisches Christentum (*Life and Work* 1925) und Glaube und Kirchenverfassung (*Faith and Order* 1927) die Basis für die ökumenische Bewegung des 20. Jahrhunderts gelegt wurde, war die Apostolische (Assyrische) Kirche des Ostens nicht präsent. Zwar wurde sie 1948 (bzw. 1950) Mitglied des *Ökumenischen Rates der Kirchen* (ÖRK) und ist solcherart auch in den multilateralen theologischen Dialog von Glaube und Kirchenverfassung (*Faith and Order*) eingebunden, dennoch scheint die Kirche des Ostens in der ökumenischen Bewegung isoliert und in den theologischen Gesprächen unbedeutend gewesen zu sein. Durch die Ereignisse im Umfeld des Ersten Weltkrieges geriet die Apostolische Kirche des Ostens an den Rand des Unterganges. So war diese Kirche wegen der tragischen Ereignisse der ersten Hälfte des 20. Jahrhunderts weitgehend ihrer Führer und Kleriker beraubt. Der dadurch hervorgerufene Mangel an theologischen Experten verhinderte ein tieferes Engagement in der ökumenischen Bewegung. Auch wenn es zu einzelnen Kontakten und Initiativen kam, so entwickelten sich konstruktive ökumenische Dialoge erst gegen Ende des 20. Jahrhunderts.

9.1 Die Beziehungen zur Römisch-Katholischen Kirche

9.1.2 Die gemeinsame Christologische Erklärung

Im Jahr 1994 unterfertigten Papst Johannes Paul II. und der assyrische Katholikos-Patriarch Mar Dinkha IV. eine *Gemeinsame christologischen Erklärung*. Die Vorgeschichte der Unterzeichnung hatte bereits 1978 begonnen. Mar Dinkha war beim Gottesdienst zur Inauguration von Papst Johannes Paul II. unter den Repräsentanten und Delegierten aus der christlichen Ökumene. Anlässlich des offiziellen Besuchs Mar Dinkhas beim römischen Papst im Vatikan im November 1984 initiierten die beiden Kirchenoberhäupter einen theologischen Dialogprozess. In den zehn Jahren von 1984 bis 1994 gab es fünf informelle Treffen, die letztlich zu jenem Dokument führten, das die christologischen Missverständnisse der Vergangenheit beseitigte und auch Maßnahmen für die praktische Zusammenarbeit setzte. Diese *Gemeinsame christologische Erklärung* ist ökumenisch richtungweisend, da die christologischen Aussagen durchaus auch für die orientalisch-orthodoxen Kirchen, die in der Tradition Kyrills von Alexandreia stehen, annehmbar sein müssten.

Zunächst wird das gemeinsame apostolische Erbe auf Basis des Glaubensbekenntnisses von Nikaia (325) und Konstantinopel (381) bestätigt. Gottheit und Menschheit Jesu Christi, geeint in einer Person, werden bekannt, wobei auf die Formulierung der antiochenisch-alexandrinischen Unionsformel von 433 zurückgegangen wird (vgl. S. 8). Auch wird die Kontroverse um den Theotokos-Titel (griech. „Gottesgebärerin") beigelegt (vgl. S. 7).

Im christologischen Bekenntnis wird der Unfassbarkeit des Geheimnisses der Menschwerdung Rechnung getragen, indem man – nach Feststellung des gemeinsamen Glaubens – die Möglichkeit der Vielfalt sprachlicher Ausdrucksformen zugesteht. In der Kontroverstheologie des fünften Jahrhunderts wurde den Formulierungen (wie etwa *theotokos* und *christotokos*) jenes Verständnis vorenthalten, das zum Erfassen des christologischen Denkansatzes des je anderen notwendig gewesen wäre. Deutlich wird in der christologischen Erklärung auf den gemeinsamen Glauben Wert gelegt, nicht jedoch auf eine einheitliche Fachterminologie in Theologie, Liturgie und Frömmigkeit. Damit wird einerseits eine Vielfalt der Ausdrucksmöglichkeiten des Glaubens zugestanden und andererseits die Begrenztheit jeder sprachlichen Fixierung des Geheimnisses der Inkarnation gesehen.

Aus der Gemeinsamen christologischen Erklärung von Papst Johannes Paul II. und Katholikos-Patriarch Mar Dinkha IV. (1994)

„...Daher ist unser Herr Jesus Christus wahrer Gott und wahrer Mensch, vollkommen in seiner Gottheit und vollkommen in seiner Menschheit, gleichen Wesens mit dem Vater und gleichen Wesens mit uns allem – außer der Sünde. Seine Gottheit und seine Menschheit sind in einer Person vereint, ohne Vermischung, ohne Teilung und ohne Trennung. In ihm wurde die Unterschiedlichkeit der göttlichen und menschlichen Natur mit all ihren Eigenschaften, Fähigkeiten und Wirkungsweisen gewahrt. Doch weit davon entfernt, ‚einer und zugleich ein anderer' zu sein, sind Gottheit und Menschheit in der Person des gleichen und einzigen Sohnes Gottes und Herrn Jesus Christus geeint, der das Ziel einer einzigen Anbetung ist.

Christus ist daher kein ‚gewöhnlicher Mensch', den Gott adoptiert hat, um in ihm zu wohnen und ihn zu inspirieren, wie er es in den Gerechten und Propheten getan hat. Doch das gleiche göttliche Wort, von seinem Vater gezeugt vor aller Zeit ohne Anfang in seiner Gottheit, wurde in der Endzeit in Bezug auf seine Menschheit von einer Mutter ohne einen Vater geboren. Die menschliche Natur, die die Jungfrau Maria geboren hat, war immer die des Sohnes Gottes selbst. Dies ist der Grund, warum die Assyrische Kirche des Ostens die Jungfrau Maria als „Mutter Christi, unseres Gottes und Heilandes" verehrt. Im Licht dieses gleichen Glaubens wendet sich die katholische Tradition an die Jungfrau Maria als die „Muter Gottes" und ebenso als die „Mutter Christi". Wir erkennen beide die Berechtigung und Richtigkeit dieser Ausdrucksformen des gleichen Glaubens an, und wir achten beide, was die einzelne Kirche jeweils in ihrem liturgischen Leben und in ihrer Frömmigkeit bevorzugt. ..."

9.1.3 Der offizielle theologische Dialog

Mit der Unterzeichnung der *Gemeinsamen christologischen Erklärung* wurde auch die Errichtung einer offiziellen *Gemischten Kommission für den theologischen Dialog zwischen der Römisch-Katholischen Kirche und der Assyrischen Kirche des Ostens* angeregt. Im Jahr 1995 begann dieser Dialog, der sich nun der Aufgabe stellte, die Sakramententheologie zu bearbeiten. Die Themenbereiche umfassten zunächst die allgemeine Sakramententheologie, die Eucharistie, Ehe und Krankensalbung. Obwohl letztere nicht in der offiziellen Liste der „Sakramente" (*raze*, „Mysterien") der Kirche des Ostens genannt werden, konnte eine profunde inhaltliche Übereinstimmung dieser kirchlichen Handlungen auf Grund der biblischen Fundierung und liturgischen Feiern beider Traditionen erarbeitet werden. Diskutiert wurde ebenso das, was die Römisch-Katholische Kirche „Sakramentalien" nennt, wie auch die assyrischen *raze* des Heiligen Sauerteigs (*malka*) und des Kreuzzeichens.

Die Treffen fanden jährlich statt und im Oktober 1999 wurde bereits ein Textentwurf zum sakramentalen Leben erörtert. Im Jahr 2002 wurde die *Gemeinsame Erklärung über das sakramentale Leben* von der Kommission abgeschlossen und den jeweiligen kirchlichen Autoritäten zur Stellungnahme übergeben. Die römisch-katholische Glaubenskongregation hat ihre Zustimmung gegeben, die Zustimmung der Apostolischen Kirche des Ostens blieb bisher aus. Aufgrund interner Schwierigkeiten der Apostolischen Kirche fand das letzte offizielle Treffen 2004 statt. Der Dialog wurde danach nicht weitergeführt. Die Spannungen innerhalb der Apostolischen Kirche des Ostens rühren von der aktuellen Situation im Irak und diversen starken Meinungsverschiedenheiten in den Diasporagemeinden her. Im August 2005 kulminierten diese Auseinandersetzungen ein erstes Mal in der Absetzung von Bischof Mar Bawai Soro, des Co-Vorsitzenden und eines der Architekten des offiziellen Dialogs. Patriarch Mar Dinkha IV. und die assyrische Synode suspendierten ihn auf Grund seiner pro-katholischen Ansichten. Die Folge waren und sind eine Reihe von Gerichtsprozessen in den USA. Im Mai 2008 trat der Großteil von Mar Bawais Diözese zur Chaldäischen Kirche über. Im Zuge der Auseinendersetzungen wandten sich beide Seiten an Rom. Der Päpstliche Rat zur Förderung der Einheit der Christen rief zur Versöhnung auf, in der Hoffnung, den Dialog zu einem späteren Zeitpunkt fortzusetzen.

9.1.4. Eucharistiegemeinschaft mit der Chaldäisch-Katholischen Kirche

Der offizielle Dialog hat aber in seiner fruchtbaren Phase noch weitere ökumenische Erfolge erzielt, vor allem in den Beziehungen zwischen den beiden ostsyrischen Schwesterkirchen, der Assyrischen und der Chaldäischen Kirche. Bereits die *Gemeinsame Christologische Erklärung* (1994) sprach von praktischen und pastoralen Konsequenzen für die Gläubigen der Kirche des Ostens und der Römisch-Katholischen Kirche, vor allem in jenen Gebieten, wo diese eng zusammenleben. Im Jahre 1996 besuchte der chaldäische Patriarch Raphael I. Bidawid die USA und konsekrierte gemeinsam mit Mar Dinkha IV. eine neue chaldäische Kirche in Southfield/Detroit (Michigan). Anlässlich dieser ersten offiziellen Begegnung eines assyrischen und eines chaldäischen Patriarchen wurde ein gemeinsamer Prozess des Dialogs und der Zusammenarbeit initiiert, dessen Ziel die Wiederherstellung der vollen kirchlichen Einheit der Apostolischen Kirche des Ostens ist. Angeregt wurde vor allem die Zusammenarbeit auf praktischer und pastoraler Ebene:

Katechese, Herausgabe liturgischer Bücher, theologische Aus- und Weiterbildung, Förderung der gemeinsamen aramäischen Muttersprache, die Ausarbeitung von pastoralen Programmen und Bildungsprojekten usw.

Wenn auch diese bilaterale Arbeitsgruppe kaum weitere konkrete Ergebnisse erzielte, so wurde 2001 in Rom ein erstaunliches Dokument veröffentlicht: *Richtlinien für die Zulassung zur Eucharistie zwischen Chaldäischer Kirche und der Assyrischen Kirche des Ostens.* Sie gehen zunächst auf die schwierige pastorale Situation beider Kirchen im Nahen Osten und der Diaspora ein und verweisen auf die christologische Übereinstimmung. Sodann wird die Gültigkeit der *Anaphora von Addai und Mari*, die keinen Einsetzungsbericht aufweist, bestätigt und den Chaldäern erlaubt, mit der Kirche des Ostens dort Eucharistiegemeinschaft aufzunehmen, wo eine extreme Diaspora-Situation die gegenseitige sakramentale Unterstützung sinnvoll und notwendig macht. Den Hintergrund bildeten historische, liturgische und theologische Studien zur *Anaphora von Addai und Mari*, zu denen auch die Stiftung PRO ORIENTE beigetragen hat.

9.1.5 Der PRO ORIENTE-Dialog mit den Kirchen syrischer Tradition

Die offiziellen Begegnungen und Dialoge mit der Assyrischen Kirche wurden auf inoffizieller Ebene durch die Stiftung PRO ORIENTE unterstützt. Im Juni 1994 kam es in Wien zur ersten inoffiziellen Konsultation, die erstmals Vertreter aller Kirchen syrischer Tradition einschloss: die Apostolische Kirchen des Ostens (Alt- und Neukalendarier), die orientalisch-orthodoxen Kirchen (Syrisch-Orthodoxe Kirche von Antiocheia und Malankara Syrisch-Orthodoxe Kirche von Indien) sowie die entsprechenden orientalisch-katholischen Kirchen (Chaldäisch-, Syrisch-, Malabar-, Malankar- und Maronitisch-Katholische Kirche). Die Konsultation beschäftigte sich vor allem mit historischen oder theologischen Fragen des fünften bis siebten Jahrhunderts, die als Grundlage der Debatte um die zentrale Frage nach dem „Nestorianismus" der Kirche des Ostens dienten.

Die zweite inoffizielle Syrer-Konsultation fand im Februar 1996 in Wien statt und verlief ausgesprochen erfolgreich. Sie bearbeitete die bisher erreichten christologischen Übereinkünfte, das Konzil von Ephesos (431), den Drei-Kapitel-Streit (vgl. S. 13) und die Liturgie als Ausdruck der Christologie. Erstmalig konnte eine christologische Konvergenz zwischen vor-ephesinischen, vor-chalkedonischen und chalkedonischen Kirchen erreicht werden. Im Schlusskommuniqué wird das Glaubensbekenntnis des Konzils von Nikaia 325 als Grundlage herangezogen und auf die *Wiener christologische Formel* verwiesen. Die christologischen Missverständnisse, so zeigte die zweite Syrer-Konsultation, beruhten vor allem auf der Gleichsetzung von syrischer und griechischer Terminologie, insbesondere den Begriff *qnoma* betreffend, der bisher mit ὑπόστασις gleichgesetzt wurde. Bezüglich des Konzils von Ephesos ist es bemerkenswert, dass die zweite Syrer-Konsultation zu dem Schluss kam, dieses könnte trotz aller Kontroversen eine gemeinsame Basis bilden, da der theologische Inhalt des Konzils in der einen oder anderen Weise von allen Kirchen syrischer Tradition geteilt werde. Man müsse zwischen dem sogenannten „Nestorianismus" und der Theologie der Apostolischen Kirche des Ostens unterscheiden. In einem weiteren Arbeitsabschnitt beschäftigte sich die Konsultation mit dem sogenannten „Drei-Kapitel-Streit", allerdings fand diese Diskussion kaum Niederschlag im Schlussdokument. Man kam zur grundlegenden Einsicht, dass zwischen den verurteilten Lehren und den anathematisierten Personen zu unterscheiden sei. Zum Fortschritt im

Syriac Dialogue von Pro Oriente haben letztlich auch liturgiewissenschaftliche Studien und Analysen liturgischer Quellen wesentlich beigetragen und hier insbesondere die Studien zur *Anaphora von Addai und Mari*, die – wenn auch ohne Einsetzungsbericht – als eine authentische Anaphora des frühen Christentums erkannt wurde, nahe den ursprünglichen Formen des Eucharistischen Gebetes.

Eines der schwierigsten Probleme der getrennten Christenheit auf dem Weg zur Einheit wurde auf der dritten Pro Oriente-Syrer-Konsultation in Chicago 1997 behandelt, nämlich die Tatsache, dass Theologen, die die eine Kirche als Väter und Heilige verehrt, von der anderen Kirche als Häretiker verurteilt werden. Theodor von Mopsuestia und Nestorios von Konstantinopel sind Namen, die mit den ältesten Kirchenspaltungen und den christologischen Fragestellungen des fünften Jahrhunderts verbunden sind. Ihre Lehre und Verurteilung, sowie deren Verhältnis zur („nestorianischen") Apostolischen Kirche des Ostens, standen im Mittelpunkt dieser Konsultation. Dabei handelt es sich nicht einfach nur um zwei Heilige der ostsyrischen Kirche unter vielen, sondern um zwei Kirchenlehrer, die, wenn auch auf verschiedene Weise, identitätsstiftenden Charakter besitzen und darüber hinaus in der eucharistischen Liturgie einen Ehrenplatz innehaben. Denn neben jenem Liturgieformular, das nach den Erstverkündern des Evangeliums in der ostsyrischen Kirche benannt ist, Addai und Mari, stehen jene zwei, die den Namen der umstrittenen Kirchenlehrer tragen. Bezüglich Theodor von Mopsuestia wird angeregt, das 125 Jahre nach seinem Tod auferlegte Anathema auf seine Person und Werk zu reevaluieren. Bezüglich der Person und der Werke des Nestorios sollte eine Unterscheidung gemacht werden zwischen seiner Person, seinem Glauben und seinem pastoralen Bemühen einerseits und dem „Nestorianismus" als Häresie andererseits.

Eine zweite Phase des inoffiziellen Dialogs begann März 2000 in Wien, in dem man die Christologie als abgeschlossen erachtete und sich der Sakramententheologie zuwandte. Zwei Themenbereichen wurden behandelt, die allgemeine Sakramententheologie und das Sakrament der Initiation. Im grundlegenden Verständnis und in der theologischen Substanz gab es zwischen dem westlichen und syrischen allgemeinen Sakramentenverständnis keinen essentiellen Unterschied. Für die Kirchen syrischer Tradition wurden erfreulich viele Gemeinsamkeiten aufgezeigt. Die nächsten Konsultationen in Wien 2002 erarbeiteten weitere Sakramente (*raze*), auch jene, die in den jeweiligen Listen keine Entsprechung haben, d.h. Ehe und Krankensalbung einerseits sowie Heiliger Sauerteig (*malka*) und Zeichen des Kreuzes andererseits. Die sechste Konsultation im März 2003 schloss diese zweite Phase ab; der Schwerpunkt lag auf den Sakramenten Eucharistie, Priesteramt und Buße, die von allen Kirchen der syrischen Tradition gleichermaßen gefeiert werden.

Im Oktober 2004 begann mit der siebten Konsultation in Changanassery/Kerala (Indien) die geplante dritte Phase des *Syriac Dialogues* zum Thema Primat. Allerdings musste danach der *Syriac Dialogue* beendet und umstrukturiert werden. Die Gründe lagen vor allem in jeweils unterschiedlichen internen Problemen. Die Syrisch-Orthodoxe Kirche von Antiocheia wird durch den weiter unten zu besprechenden Beschluss der Patriarchen des Nahen Ostens behindert, die Apostolischen Kirche des Ostens durch die Absetzung ihres bisher für die Ökumene verantwortlichen Bischofs.

Als Neuansatz wurden von der Wiener Stiftung die *Pro Oriente Studies of Syriac Tradition* ins Leben gerufen, die jene notwendige Grundlagenforschung bieten sollen, um so zu einem besseren Verständnis der gemeinsamen Geschichte beizutragen. Im Oktober 2006 wurde ein *Pro Oriente Forum Syriacum* konstituiert mit der Aufgabe, die Forschungs- arbeit und -gespräche der sogenannten *Pro Oriente Colloquia Syriaca* zu koordinieren. Es besteht aus einem Team von internationalen Experten der syrischen Studien aus Europa, dem Nahen Osten, Indien und den USA, in dem alle Kirchen syrischer Tradition durch Wissenschaftler vertreten sind. In den zu bearbeitenden Themen wurde ein Paradigmen- wechsel vollzogen, der durchaus Vorbildcharakter für andere interkonfessionelle Bezie- hungen haben könnte. Die bisher behandelten Thematiken der vergangenen 40 Jahre – v.a. Christologie und Ekklesiologie – sind in gewisser Weise von der theologischen Wis- senschaft weitgehend erarbeitet und werden nicht mehr behandelt. Es bedürfte hier nun eher einer Anstrengung der involvierten Kirchen, diese Arbeit zu rezipieren und umzuset- zen. Nunmehr werden Thematiken behandelt, die diese Kirchen in ihrer Existenz heute *gemeinsam* betreffen. Über die Geschichte ihrer Traditionen hinaus ist dies vor allem die Begegnung mit anderen Religionen und Kulturen.

Pro Oriente „Syriac Dialogue"

Christologie im historischen Kontext
Wien, 24.–29. Juni 1994
Wien, 22.–27. Februar 1996
Chicago, 8.–11. Juli 1997

Sakramententheologie
Wien, 29. Februar bis 2. März 2000
Wien, 26. Februar bis 1. März 2002
Wien, 7. März 2003 bis 11. März 2003

Primat
Changanassery/Kerala, 4. Oktober 2004 bis 7. Oktober 2004

Das erste *Colloquium Syriacum* fand im November 2007 in Salzburg statt und behan- delte die Thematik „Syriac Churches encountering Islam". Aus historischer Sicht wurde das Thema von der Zeit der großen Kalifen über die Epochen der Omayyaden, Abbas- iden und Osmanen aufgerollt. Dabei wurde sowohl der nahöstliche als auch der indische Kontext berücksichtigt und schließlich auf die aktuelle Situation eingegangen. Das *Forum Syriacum* beschloss in seiner Sitzung im Juli 2008 in Aleppo/Syrien, an diese letzte The- matik anzuschließen. Das zweite *Colloquium Syriacum* im November 2009 in Wien steht unter dem Thema: „Syriac Christianity in the Middle East and India today: Contributions and Challenges". Hierbei werden Fragenkomplexe wie der kulturelle und soziale Beitrag der Christen des Orients, Religionsfreiheit und Pluralismus, der Status der Christen in den Ländern des Nahen Ostens und Indiens bearbeitet, um schließlich die komplexe Frage der Emigration zur Sprache kommen zu lassen.

Pro Oriente Studies in the Syriac Tradition

1. Pro Oriente Colloquium Syriacum: Salzburg, 14.–16. November 2007.
2. Pro Oriente Colloquium Syriacum: Wien, 4.–6. November 2009.

9.2 Die Beziehungen unter den altorientalischen Kirchen

9.2.1 Assyrer und Kopten: Ein schwieriges Verhältnis

Der Dialog mit den Kopten hatte einen erstaunlich guten Start. Auf der 6. Generalversammlung des *Middle East Council of Churches* (MECC) im November 1994 war es die eigentliche Überraschung, dass der koptische Papst Schenuda III. die Beobachter der Apostolischen Kirche des Ostens, Mar Narsai de Baz und Mar Bawai Soro, nach Ägypten einlud und vorschlug, einen bilateralen theologischen Dialog zu beginnen. Bis dahin waren die Kopten den Gesprächen mit der Apostolischen Kirche des Ostens skeptisch gegenübergestanden. Zu dieser positiven Entwicklung haben die Bemühungen und das Engagement des MECC für „Glaube und Einheit" (*Faith and Unity*) und vor allem die *Gemeinsame christologische Erklärung zwischen der Römisch-Katholischen Kirche und der Assyrischen Kirche des Ostens* (1994) beigetragen.

Schon im Januar 1995 fand im koptischen Kloster Anba Bischoy im Wadi Natrun/Ägypten dieses Treffen von Theologen der Koptisch-Orthodoxen Kirche und der Apostolischen Kirche des Ostens statt. Während des Treffens wurde ein Entwurf für eine *Gemeinsame christologische Erklärung* ausgearbeitet, die den beiden Kirchenleitungen und Synoden zur Begutachtung vorgelegt wurde. Nach dem Treffen wurde der Text der koptischen und der assyrischen Synode zur Begutachtung übermittelt. Die Apostolische Kirche des Ostens ratifizierte die Erklärung noch im selben Jahr.

Die koptisch-orthodoxen Bischöfe lehnten den Text allerdings ab. Der Dialog mit der Apostolischen Kirche des Ostens wurde von Seiten der Kopten 1996 völlig abgebrochen. Die Hintergründe des Dialogabbruchs waren wohl unterschiedliche Interpretationen der gemeinsam erarbeiteten christologischen Erklärung. Insbesondere während des Pontifikats Schenudas III. ist Kyrill von Alexandreia zur unumstösslichen Norm koptisch-orthodoxer Theologie geworden. Hierbei werden aber weder Kyrills eigene theologische Möglichkeiten bedacht, noch wird eine rechte Dogmenhermeneutik angewandt.

Daraus erklärt sich auch der nachhaltige Widerstand der Koptisch-Orthodoxen Kirche gegen jeglichen ökumenischen Dialog mit der Kirche des Ostens. Nicht nur die Reflexionen über Nestorios, sondern auch die Diskussion um Lehre und Verurteilung des Theodor von Mopsuestia, Theodoret von Kyrrhos und Ibas von Edessa, wie sie in *Pro Oriente Syriac Dialogue* stattfand, werden mit größtem Argwohn beobachtet.

Auf Grund der Bemühungen der Römisch-Katholischen Kirche, des *Middle East Council of Churches* und von Pro Oriente um eine Integration der Apostolischen Kirche des Ostens in den ökumenischen Dialog sah sich die Koptisch-Orthodoxe Kirche gedrängt, korrigierend einzuwirken. Am 10./11. März 1998 gab es in Kairo und im Wadi Natrun auf Einladung von Papst Schenuda III. ein Treffen der drei Oberhäupter der orientalisch-orthodoxen Kirchen des Nahen Ostens, der Koptisch-Orthodoxen Kirche, der Syrisch-Orthodoxen Kirche und der Armenisch-Apostolischen Kirche von Kilikien.

In der *Gemeinsamen Erklärung der drei Patriarchen* wurde die Befürchtung geäußert, die christologische Rechtgläubigkeit könnte durch den Einbezug der Apostolischen Kirche des Ostens verloren gehen. Es wird angemahnt, dass die drei Kirchen gemeinsame dogmatische Positionen in allen theologischen Dialogen haben müssen. Diese Aussage hatte weitreichende Konsequenzen, denn sie behindert einzelne orientalisch-orthodoxe

Kirchen, vor allem die Syrisch-Orthodoxe Kirche, in bilateralen Bemühungen zur Apostolischen Kirche des Ostens und auch im Pro Oriente Syrer-Dialog.

9.2.2 Der Dialog mit der Syrisch-Orthodoxen Kirche

Eine der positiven Folgeerscheinungen der zweiten Pro Oriente Syrer-Konsultation (1996) war der Beginn eines bilateralen Dialoges zwischen der Apostolischen Kirche des Ostens und der Syrisch-Orthodoxen Kirche. Im Anschluss an die Konsultation schrieben die Teilnehmer der beiden Traditionen einen Brief an Katholikos-Patriarch der Apostolischen Kirche des Ostens, Mar Dinkha IV. Khnanaya, und an syrisch-orthodoxen Patriarch Ignatios Zakka I. Iwas mit der Bitte, eine *Gemeinsame Komission* für den theologischen Dialog zwischen den beiden alten und apostolischen Schwesterkirchen zu errichten, die sich März 1998 im Mar Maron Kloster in Annaya (Libanon) konstituierte.

Das Arbeitsprogramm sah vor, die bereits verabschiedeten gemeinsamen christologischen und praktisch-seelsorgliche Erklärungen mit der Römisch-Katholischen und der Chaldäischen Kirche zu erörtern. Betont wurde ebenso die notwendige gemeinsame Förderung des Gebrauchs der syrisch-aramäischen Sprache in Liturgie und Bildung.

Die Bearbeitung dieses ambitionierten Programms wurde bereits nach der Konstituierung durch den nur eine Woche später in Kairo erfolgten Beschluss der Patriarchen des Nahen Ostens verhindert, dass sich die altorientalischen Kirchen als Kirchenfamilie engagieren und in allen ökumenischen Dialogen eine gemeinsame dogmatische Position vertreten sollen. So bleiben die *Pro Oriente Colloquia Syriaca* zur Zeit das einzige Forum, in dem die beiden Kirchen einen ökumenischen Austausch pflegen können.

10. Ausblick

Die interkonfessionellen Dialoge des 20. Jahrhunderts haben durch die Gründung des Ökumenischen Rates der Kirchen 1948 und durch das Zweite Vatikanische Konzil (1962-1965) hervorragende Impulse erhalten und in der Folge weit reichende Ergebnisse erzielt. Durch die Vorarbeit der Dogmen- und Kirchengeschichtsforschung konnte vieles aufgearbeitet und geklärt werden. Im Vergleich zu den 1500 Jahren der getrennt verlaufenden Geschichte wurden innerhalb kürzester Zeit ökumenische Meilensteine gesetzt. Diese erste Phase nach dem II. Vaticanum kann als Periode diagnostiziert werden, die von Enthusiasmus und Fortschritt geprägt war, besonders im Dialog mit den Ostkirchen. Was die altorientalischen Kirchen betrifft, so ist dies die Zeit der Erarbeitung der christologischen Übereinstimmungen zwischen jenen Kirchen, die ab dem Konzil von Chalkedon (451) getrennte Wege gingen. Wenn man sich die Dokumente dieser Zeit genauer ansieht, dann kann man die Energie der Ökumenischen Bewegung und des II. Vaticanum, die positive Einstellung und Visionen auf dem Weg zur Einheit klar erkennen.

In den 1980er Jahren hat der Elan der 1970er Jahre nachgelassen, und eine Periode der Routine und Konferenzökumene setzte ein. In diese zweite Phase fällt auch die Unterbrechung des Dialogs mit der Koptisch-Orthodoxen Kirche auf Grund des Exils von Papst Schenuda III. Die erste Generation großer Ökumeniker verließ allmählich die

Bühne und die Folgegeneration diskutierte aufs Neue über Themen, die bereits abgehandelt worden waren oder gar schon in einem früheren Jahrzehnt gelöst werden konnten.

Die 1990er Jahre waren von beträchtlichen Rückschlägen im theologischen Dialog mit den Ostkirchen geprägt. In dieser dritten Phase begannen die orientalisch-orthodoxen Kirchen die christologischen Vereinbarungen aus den 1970er Jahren zu hinterfragen, weil die Römisch-Katholische Kirche einen Dialog mit der Apostolischen Kirche des Ostens begann, die jedoch von der Koptisch-Orthodoxen Kirche als häretisch bezeichnet wird. Wie kann die katholische Kirche zugleich eine christologische Übereinkunft mit den orientalisch-orthodoxen Kirchen und der Assyrischen Kirche haben, so wurde in Ermangelung einer rechten Dogmenhermeneutik gefragt. Eine der Folgen dieser Entwicklung war die 1997 entstandene gemeinsame Erklärung der drei orientalisch-orthodoxen Patriarchen des Nahen Ostens, dass diese Kirchen nur mehr als Kirchenfamilie in den Dialogen partizipieren wollten. Dies hatte die Sistierung der bilateralen syrisch-orthodoxen/assyrischen Bemühungen zur Folge, wie auch eine Neuorientierung der inoffiziellen Dialoge durch die Stiftung PRO ORIENTE. Weiters wurde auch der assyrisch/katholische Dialog ausgesetzt, weil die internen Auseinandersetzungen in der Apostolischen Kirche des Ostens eine Fortsetzung vorerst unmöglich machten.

Im Jahre 2004 begann allerdings ein neuer Dialog zwischen den orientalisch-orthodoxen Kirchen und der Römisch-Katholischen Kirche, wenn auch nach altem bilateralen konsensökumenischen Muster. Erste Ergebnisse werden sicherlich erbracht werden, man wird jedoch bald einer methodischen Neuorientierung bedürfen. Die multilateralen PRO ORIENTE-Studien der syrischen Tradition versuchen diesbezüglich einen Neuansatz. Insgesamt bleibt jedoch sowohl der Wille als auch die Hoffnung, dass solide theologische Arbeit in dogmatischer, historischer und liturgischer Hinsicht jene Grundlagen schaffen, die es ermöglichen, die Stolpersteine auf dem Weg zur Einheit zu beseitigen.

Liturgie und Spiritualität

Erich Renhart

Liturgie und Spiritualität sind Begriffe, welche intuitiv höchst unterschiedliche Assoziationen hervorrufen. Sie sind in äußerst vielfältiger Prägung erfahrbar, gerade in den altorientalisch-kirchlichen Traditionen. Die beiden Begriffe verweisen aufeinander: spirituelle Formen sedimentieren in den Liturgien; liturgische Texte, Zeichen und Vollzüge prägen neben anderen Faktoren das spirituelle Leben.

In der folgenden Darstellung wird es nicht möglich sein, neue Definitionen vorzulegen und etwa viele liturgische Vollzüge oder spirituelle Ausprägungen in den altorientalischen Kirchen über die Jahrhunderte hinweg darzulegen. Daher wird eine Auswahl getroffen, die wichtig erscheinende Aspekte ins Blickfeld rücken und einen Einblick in das spirituelle und liturgische Leben der Kirchen gewähren soll. Dabei entsteht vielleicht der Wunsch, Weiteres entdecken zu wollen.

Um eine spezifisch christlich-orientalische Spiritualität nachzuzeichnen. beginnt diese Darstellung mit der Liturgie und fährt dann fort mit den Äußerungen des spirituellen Lebens bis hin zur mystischen Schau.

1. Liturgie
1.1 Die eine Liturgie und die vielen Feiern

Wenn wir den Begriff Liturgie hören, verbinden wir damit wohl zuallererst „Eucharistiefeier". Dies ist richtig und doch in einem gewissen Sinne eine Verkürzung, denn das liturgische Leben der orientalischen Kirchen ist so vielfältig wie das anderer Kirchen auch. Wir stehen vor einer Vielzahl von liturgischen Feiern und Vollzügen: Feiern, die in der lateinischen Tradition als „sakramental" bezeichnet werden (Eucharistie, Taufe, Buße usw.), Weihen und Segnungen (Kirch- und Altarweihe, Weihe liturgischer Geräte, Weihen von Personen etc.), die Feier der Tagzeiten (Stundengebet), die Begräbnisriten und manches mehr. Die Gesamtheit der liturgischen Feiern wird häufig mit dem Begriff „Ritus" benannt, bei dem die Eucharistiefeier so etwas wie das Leitmotiv für die Bestimmung der liturgischen Tradition bildet. Denn immer schon hat man in ihr die größte Verdichtung des gottesdienstlichen Feierns gesehen. Die Bedeutung der Eucharistiefeier erwächst aus der Weisung des Herrn beim Letzten Abendmahl: „Tut dies zu meinem Gedächtnis!" (*Lk* 22,19). Die frühe Kirche hat, diesem Auftrag nachkommend, dafür mannigfachen Ausdruck gefunden.

Die Prägeorte der frühen Liturgien waren die großen Städte wie Jerusalem, Antiocheia, Kaisareia oder Alexandreia. Überhaupt spielten die Städte mit ihren theologischen Schulen in dieser ersten *formative period* des dritten bis fünften Jahrhunderts eine entscheidende Rolle. Daneben sind es immer wieder einzelne Klöster gewesen, die liturgieprägend wirkten.

Alle altorientalischen Kirchen haben im Laufe der Zeit „ihren" Kanon an Liturgien herausgebildet. Sie haben ihre je eigene(n) Eucharistiefeier(n), die gewöhnlich in ihren Landessprachen gefeiert werden. Zahlreich sind die Übersetzungen sowie zwei- oder mehrsprachige Liturgiebücher, bis in die Gegenwart herein. Hier liegt ein ungemeiner Reichtum vor.

Aus der Frühzeit der orientalischen Liturgien sind im Allgemeinen verhältnismäßig wenig Quellen erhalten geblieben. Es ist damit zu rechnen, dass die ältesten in Gebrauch stehenden Gebete zuerst mündlich tradiert und verändert worden sind, ehe sie schriftlich fixiert wurden. Der Prozess der Verschriftung hat je nach Region und Text unterschiedlich lange gedauert. Darum ist es nicht einfach, lineare Abhängigkeiten der Liturgien voneinander festzustellen. Es lassen sich jedoch eindeutige Verwandschaften nachweisen.

Anders als in der lateinisch-westlichen Liturgie, die über Jahrhunderte hinweg mit einem Standard-Formular – allerdings mit variablen Teilen – für die normale Eucharistiefeier auskommt, werden in den meisten orientalischen Kirchen mehrere Liturgien verwendet, die im liturgischen Kalender ihren festen Platz haben. Diese eucharistischen Liturgien tragen die Namen herausragender Persönlichkeiten der jeweiligen Kirche und der frühen Tradition (z.B. *Anaphora der Zwölf Apostel* oder *Anaphora des Hl. Basileios*). „Anaphora" meint hier das eucharistische Hochgebet, eine Reihe von zusammengehörigen Gebeten nach dem Wortgottesdienst und vor dem Kommunionteil.

Die Liturgieformulare wurden schon in alter Zeit mit den Namen von Aposteln oder prominenten Kirchenväter versehen. Es kann für die Frühzeit indes nur selten erwiesen werden, ob die Anaphorentexte tatsächlich aus der Feder dieser oder jener Persönlichkeit geflossen sind. Mag sein, dass sie von den entsprechenden Autoritäten verwendet wurden; mag sein, dass sie diese Gebete bearbeitet oder ihnen zum Durchbruch verholfen haben. Für gewöhnlich ist erst bei viel jüngeren Anaphoren, so etwa in der syrisch-orthodoxen Tradition, die eindeutige Zuordnung der Namen im Sinne der Autorschaft klar. Die Frage der historischen Verfasserschaft ist eigentlich für orientalische Christen gar nicht so wichtig. Denn die namentliche Zuschreibung will eine Liturgie authentisieren, älteste Herkunft und theologische Trefflichkeit sollen garantiert sein.

Wenngleich die Liturgie in den frühen Jahrhunderten der christlichen Kirchen im Orient eine Vielfalt von Formen und Ausdrucksweisen findet, bilden sich einige gleichbleibende Grunddaten heraus: Die äußere Struktur der Feiern ist geprägt durch die Verkündigung des Wortes Gottes, also den Vortrag der heiligen Schriften, und die Eucharistiefeier, welche das Mysterium Jesu Christi vergegenwärtigt. Das Gefüge der einzelnen Abschnitte innerhalb dieser Teile variiert geringfügig.

Insgesamt ist es bei der textlichen Vielfalt der orientalischen Liturgien erstaunlich, dass sich über Regionen hinweg, die tausende Kilometer voneinander entfernt liegen, ein struktureller Grundtyp *ma con variazioni* durchgesetzt hat. Drei Indikatoren, mit denen man die Variationen feststellt, sind der Ort des anaphorischen Fürbittgebetes (der Interzessionen), die Reihenfolge bei diesem Gebet (zuerst für die Verstorbenen und dann für die Lebenden oder umgekehrt) und schließlich die Formulierung der Herabrufung des Geistes (der Epiklese). Der große gemeinsame Nenner liegt jedoch im Bewusstsein, dass die vielen unterschiedlichen Gebete und Hymnen nur ein annähernder Widerschein der in den Himmeln ewig gefeierten Liturgie ist.

Grobstruktur der Anaphoren (stark schematisiert)

STUNDENGEBET

VORBEREITUNG ZUR MESSE

PRÄ-ANAPHORISCHER TEIL
  Biblische Lesungen
  Evangelium
  Friedensgruß
  Glaubensbekenntnis (Credo)

ANAPHORA
  Eröffnungsdialog
  Gebet vor dem Sanctus
  Sanctus
  Gebet nach dem Sanctus
  Abendmahlsbericht
  Anamnese
  Epiklese
  Anaphorisches Fürbittgebet
  Doxologie

KOMMUNIONTEIL
  Gebet vor dem Vater Unser
  Vater Unser
  Kommuniongebet
  Kommunion
  Dankgebet
  Frieden
  Schlußdoxologie
  Entlassung

Fragt man nach dem Genius der orientalischen Liturgien, so könnte man mehrere Aspekte nennen: großer Reichtum an Hymnen und liturgischer Dichtung, tiefer Mystizismus, demütige Gottesfurcht, durchscheinender büßerischer Tenor, opulente Formen der Zelebration, ostentative Sinnenhaftigkeit für die mitfeiernde Gemeinde.

1.2 Tauffeier und Stundenliturgie

Von allen nicht-eucharistischen Liturgien sind die Feier der Taufe und die Heiligung der Tagzeiten (Stundengebet, Horen, Tagzeitenliturgie) hervorzuheben, weil der Ablauf jener Feiern zum Modell für zahlreiche weitere sakramentliche Vollzüge geworden ist.

Tauffeier

In der Alten Kirche geht der Feier der Initiation, der Einführung in die Kirche, eine bisweilen mehrjährige vorbereitende Hinführung voraus, der Katechumenat mit seinen

Taufkatechesen. Diese findet ihren Abschluss in den Initiationsriten mit einer ersten, präbaptismalen Salbung, dem Wasserritus als der eigentlichen Taufe, mit einer weiteren, postbaptismalen Salbung und der abschließenden Eucharistiefeier. Der Zusammenhang von Taufe und Eucharistiefeier blieb in den orientalisch-christlichen Riten bestehen.

Zur Veranschaulichung des Ablaufes soll ein Taufritus (hier der Syrisch-Orthodoxen Kirche) schematisch dargestellt werden, wobei lediglich die größeren Teile neben Hymnen, Akklamationen und Weihrauch Berücksichtigung finden:

TEIL I   (korrespondiert mit dem Anfangsteil der Eucharistiefeier)

Eröffnendes Gebet
Biblische Lesungen
Gebet über die Katechumenen
Einschreibung des Namens
Bezeichnung der Stirn (ohne Öl)
Absage an die Macht des Bösen
Glaubensbekenntnis
Dankgebet

TEIL II   Eröffnende Gebete
Bezeichnung mit Öl
Wasserweihe (mit der Herabrufung des Geistes, „Epiklese")
Wasserritus mit dem Untertauchen
Besiegelung mit dem Salböl
Bekleidung mit dem weißen Gewand
Kommunion
Schlussgebet

Die ältere Gepflogenheit, das Salböl im Zusammenhang des Taufritus zu weihen, ist in der Apostolischen Kirche des Ostens beibehalten worden. In den anderen orientalisch-orthodoxen Kirchen hat sich diese Feier als Myronweihe verselbständigt (s.u.), was sich bereits in den Schriften des im Orient weithin prägend gewordenen Pseudo-Dionysios dem Areopagiten (6. Jh.) abbildet.

Stundenliturgie

Die Liturgiegeschichte hat zwei Formen der Tagzeitenliturgie hervorgebracht, entsprechend dem Ort der Versammlung und der teilnehmenden Gemeinde: das Kathedral-Offizium und das monastische Offizium. Ersteres findet in der Kathedralkirche statt mit Bischof, Priester, Diakon und der versammelten Gemeinde. Es ist eine Gemeindeliturgie. Das Stundengebet der Mönche hingegen wird konventual begangen, im Kreise der Mönchs- oder Nonnengemeinschaft. Gemeinsam ist den Modellen, dass sie Psalmenvortrag, biblische Lesung (nicht in der ältesten Entwicklungsstufe), Orationen (Gebete des der Feier Vorstehenden), Cantica und Hymnen miteinander verbinden. Ein kontinuierlich das ganze Psalmenbuch durchschreitendes Psalmodieren hat es offensichtlich nur im Stundengebet der Mönche und Nonnen gegeben. Für die Gemeindeliturgie bildeten sich schon früh thematisch ausgerichtete Psalmenreihen heraus. Im Laufe der Liturgiegeschichte verschmelzen die beiden Grundformen miteinander, was in jeder der orientalischen Kirchen auf eigene Weise geschah und heute noch erkennbar ist.

Die Heiligung der Tagzeiten durch Gebet, Hymnus und Schriftlesung kennt naturgemäß die Angelpunkte Abendlob (Vesper) und Morgenlob (Laudes). Für alle orientalischen Kirchen bildet sich dabei eine Art Kanon von Psalmen heraus. So wird der Psalm 141 (140) zum sogenannten „Abendpsalm":

> *„Herr, ich rufe zu dir; komme bald, mir zu helfen;*
> *höre meine Stimme, wenn ich rufe.*
> *Wie Weihrauch steige empor zu dir mein Gebet,*
> *meiner Hände Erheben sei wie das Opfer am Abend."* (141,1-2)

Zur morgendlichen Stunde werden der Psalm 63 (62) bzw. der Psalm 50 (49) rezitiert:

> *„Gott, mein Gott, dich suche ich;*
> *es dürstet nach dir meine Seele.*
> *Nach dir verlanget mein Leib*
> *gleich einem dürren, lechzenden Land ohne Wasser.*
> *So schaue ich aus nach dir im heiligen Zelt,*
> *deine Kraft und deine Herrlichkeit möchte ich schauen."* (63,2-3)

Neben diesen Angelhoren Vesper und Laudes werden, aus der monastischen Tradition kommend, noch andere Stunden geprägt, ganz nach der alten Einteilung des Tages: die dritte Stunde (Terz), die sechste Stunde (Sext), die neunte Stunde (Non) sowie die Komplet und das mitternächtliche Gebet.

Eindrucksvolle Schilderungen der Jerusalemer Gepflogenheiten des vierten Jahrhunderts in Hinsicht auf die Tagzeitenliturgie bietet der Bericht der Pilgerin Egeria. So vernehmen wir über die Versammlungen am frühen Morgen, noch vor dem Morgenlicht:

> *„Jeden Tag werden vor dem Hahnenschrei alle Tore der Anastasis* [= die Auferstehungskirche] *geöffnet, und alle Mönche und Jungfrauen, wie man hier sagt, steigen hinab, aber nicht nur sie, sondern auch Laien, Männer und Frauen, die frühmorgens an den Vigilien teilnehmen wollen. Von dieser Stunde an bis zum Morgengrauen werden Hymnen vorgetragen und Psalmen rezitiert, ebenso auch Antiphonen. Auf die einzelnen Hymnen folgt ein Gebet. Zwei oder drei Priester und ebenso die Diakone wechseln sich an den einzelnen Tagen mit den Mönchen ab und sprechen nach den einzelnen Hymnen oder Antiphonen die Gebete."*
> (Röwekamp: Egeria, *Itinerarium*, 24,1)

Die in dem Pilgerbericht geschilderte Praxis aus der heiligen Stadt sollte daher als Modell – mit Variationen – für andere Horen in den Traditionen der orientalischen Kirchen stehen.

1.3 Andere „sakramentliche" Feiern

In der westlichen lateinischen Tradition ist der Begriff „Sakrament" mit seinen Adjektiven „sakramental" und „sakramentlich" für eine Reihe von liturgischen Vollzügen zum unumgänglichen *terminus technicus* geworden. Damit ist eine tiefe theologisch-systematische Symbolik verbunden und vor allem die Festlegung auf die Siebenzahl – mit der häufigen Interpretation: 4 + 3, die vier Elemente der Welt und die drei göttlichen Personen, welche die Gesamtheit des Kosmos ausmachen.

Sämtliche altorientalische Kirchen waren über die Jahrhunderte hinweg mit der Kirche von Rom in mehr oder minder regem Kontakt. Aus manchen dieser Kontakte sind Kirchenunionen entstanden. Es mögen solche und andere Berührungen – bis hin zu Auseinandersetzungen – gewesen sein, welche dazu geführt haben, dass man auch in Hinsicht auf die orientalischen Kirchen von „Sakramenten" zu sprechen begann. Doch ist dieser Begriff für die orientalischen Kirchen kaum angemessen. Denn es entspricht wenig dem orientalisch-christlichen Empfinden, Definitionen von Begriffen vorzulegen, um so zu einem tieferen Erfassen der in den Feiern memorierend-aktualisierten Heilstaten Gottes zu gelangen. Wenn denn tatsächlich ein Begriff angewendet werden sollte, der dem nomenklatorischen Empfinden der westlichen liturgischen Tradition entspräche, dann wäre mit dem griechischen Wort *mysterion* („Geheimnis"; syr. *raza*) der am wenigsten unproblematische Begriff gefunden. Denn so kann auch das Gepräge des orientalisch-christlichen Empfindens übernommen werden, ohne Missverständnisse mit Inhalten der westlichen liturgischen Nomenklatur zu provozieren oder gar zu überformen.

Wie schwierig der Vergleich der östlichen mit der westlichen liturgischen Tradition ist, kann am Beispiel der „Firmung" abgelesen werden. Sie ist bei uns die verselbständigte Salbung nach dem Wasserritus der Taufe. In der aus der Abfolge des Initiationsritus herausgelösten Form gibt es sie in den orientalischen Kirchen nicht. Auch die Buße ist in ihrer nach lateinischem Ritus häufigsten Form als Einzelbeichte in den orientalischen Riten nicht so gebräuchlich. Stattdessen gibt es gemeinschaftliche Bußriten, die zuweilen mit anderen liturgischen Feiern verknüpft sind. Hier sei etwa an den „Abendweihrauch" in der koptischen Tradition (s.u.) erinnert. Des Weiteren wird die Handauflegung in den orientalischen Weiheriten besonders betont. Manche Weiheliturgie wird als Feier der Handauflegung tituliert, so im armenischen *Buch der Handauflegungen*. Die Feier der Eheschließung kennt wie der byzantinische Ritus auch eine Bekrönung der Brautleute. Die Begräbnisriten sind in den orientalischen Riten je nach kirchlichem Stand sehr differenziert ausgeprägt.

1.4 Die Liturgie der Apostolischen Kirche des Ostens

Am Beginn dieser Darstellung steht die Liturgie der Apostolischen Kirche des Ostens. Ihre liturgische Tradition hat wie keine andere archaische Elemente bis in die Gegenwart bewahrt. Und es sind wie überall die ältesten Formulare, die in besonderer Weise identitätsbildend gewirkt haben. Über die Frühzeit dieser Liturgie sind wir jedoch nur dürftig informiert.

Die Liturgie der Apostolischen Kirche des Ostens ist aus edessenischem Boden herausgewachsen. Edessa, die Hauptstadt der damaligen Provinz Osrhoëne, hat über Jahrhunderte hinweg eine bedeutende Rolle für das syrischsprachige Christentum gespielt. Die edessenische theologische Tradition bildet autochthon syrisches Gedankengut aus, freilich in Auseinandersetzung mit der griechischen Tradition und einem durchscheinenden alttestamentlich-jüdischen Substrat. Der griechische Einfluß auf das syrische Denken hat dabei im Laufe des fünften und sechsten Jahrhunderts zugenommen.

Eucharistie – Qurbana – Anaphora

Die Frühzeit der Assyrischen Kirche, die sich am Ostrand im damaligen Persischen Reich etabliert hat, kennt wohl eine Vielzahl von Formularen für die Eucharistiefeier. Der syrische Name dafür ist *qurbana,* diesem Begriff liegt der Wortstamm *qrb* zugrunde mit der Grundbedeutung „nähern, nahe bringen", im liturgischen Sinne „darbringen". In der Literatur wird dafür häufig das griechische Wort *Anaphora* verwendet.

Von jener ursprünglichen Vielfalt haben wir heute nur noch rudimentäre Kenntnis. Denn bereits um die Mitte des siebten Jahrhunderts war es in der Apostolischen Kirche des Ostens zu einer Regulierung gekommen, welche die Anzahl der heranzuziehenden Liturgieformulare auf jene drei begrenzte, welche bis heute das ostsyrische Kirchenjahr prägen. Diese drei eucharistischen Gebetsformulare tragen die Namen herausragender Gestalten der Apostolischen Kirche des Ostens:

- Die Liturgie von *Addai und Mari:* Addai und Mari werden zu den 72 Jüngern des Herrn gerechnet und weisen damit auf die frühe apostolische Zeit zurück. Addai gilt als der Apostel von Edessa, Mari als dessen Schüler und Gefährte.

- Die Liturgie des *Theodor:* Theodor von Mopsuestia, Übersetzer und Theologe, gilt als einer der bedeutendsten Kirchenlehrer der ostsyrischen Kirche († 428).

- Die Liturgie des *Nestorios:* Nestorios war Patriarch auf dem Stuhl von Konstantinopel, seine Lehre wurde auf dem Konzil von Ephesos 431 verurteilt († nach 451). Sein Name wurde von den theologischen Gegnern verwendet, um diese Kirche, die als häretisch empfunden wurde, zu bezeichnen.

Die Anaphora, die den Namen der Jünger *Addai und Mari* trägt, ist unter diesen dreien die bei weitem altehrwürdigste. Sie ist die am häufigsten verwendete Liturgie im ostsyrischen liturgischen Jahr. Ihr wurde und wird von jeher ein besonderer Rang eingeräumt. Die folgende Darstellung geht exemplarisch besonders ausführlich auf den Ablauf dieser eucharistischen Liturgie ein.

Die Anaphora von Addai und Mari

Diese Anaphora lässt noch den Hauch des frühchristlich-jüdischen Geistes verspüren. Es spricht manches dafür, dass sie in einem judenchristlichen Milieu zu Beginn des dritten Jahrhunderts aufgezeichnet worden ist.

Die Grobstruktur

Am Anfang der Messfeier steht die *Liturgie des Wortes* (Wortgottesdienst), auf die die *Darbringung* (*Qurbana, Anaphora,* eucharistisches Hochgebet) folgt. Daran schließt sich der *Kommunion*teil an. Diese Grobstruktur teilt der ostsyrische Ritus mit allen benachbarten orientalischen Liturgien. Doch die Eigengebete, die spezifischen Hymnen, das

Gewicht, das den Prozessionen zu den liturgischen Orten zukommt, und manche andere Details geben der Liturgie von Addai und Mari ihr eigenes Gepräge.

Die Eingangsriten

Nach der Händewaschung des Zelebranten und dem Anlegen der liturgischen Gewänder folgt der Einzug zum Altarraum, je nach Gegebenheit mit Bischof, Archidiakon, mit den Diakonen und den anderen liturgischen Diensten. Kreuz, Weihrauch, Kerzen und das Evangelien-Lektionar werden mitgetragen. Die Worthandlung setzt ein, indem die nun folgende Messfeier als Entsprechung des Auftrags von *Lk* 22,19 „Tut dies zum Gedenken an mich!" dargestellt wird. Die daran anschließende Akklamation „Ehre sei Gott in der Höhe der Himmel!" ist nicht nur biblische Reminiszenz (*Lk* 1,14), sie gibt gewissermaßen ein wiederkehrendes Leitmotiv für die ganze Feier vor. Es folgt das „Vaterunser":

> *„Vater unser, der Du in den Himmeln* [bist],
> *geheiligt sei Dein Name,*
> *Dein Reich komme!*
> *Heilig, heilig, heilig bist Du,*
> *unser Vater, der Du in den Himmeln bist! ..."*

Ein priesterliches Gebet schließt daran an. Es erfleht den Beistand Gottes für diese Feier, ein anderes sehr altes, welches an den Werktagen herangezogen wird, ist ein Lobpreis des Namens Gottes:

> *„Es sei angebetet, gelobt, gerühmt, gepriesen und gesegnet,*
> *im Himmel und auf Erden,*
> *der anbetungswürdige und von der Trinität gelobte löbliche Namen,*
> *ihm sei gedankt, ..."*

Psalmenabschnitte und -verse führen fort. Wenn der Messe eine Feier der Stundenliturgie direkt vorausgeht, dann ist hier der Beginn der Messfeier zu sehen. Ein Priestergebet, das entsprechend dem liturgischen Kalender ausgewählt wird, findet dann in dem *Onita d-qanke* (ein Responsorium unmittelbar vor der Prozession zum Bema hin; *qanke* = griech. *konche*: Apsis, Altarraum) seine hymnische Antwort. Hierauf wird der Vorhang geöffnet. In feierlicher Prozession geht es zum Bema, einem erhöhten Platz inmitten des Kirchenschiffes. Hier finden Bischof, Priester, Diakone und Lektoren ihren Platz, hier werden Kreuz und Evangeliar auf einer Art Altar abgelegt. Das Bema ist der Ort, an dem die gesamte Wortliturgie stattfindet. Während des feierlichen Zugs zum Bema wird der überaus alte Hymnus *Lakhu mara* gesungen („Dir, Herr"):

> *„Dir, Herr des Universums, sagen wir Dank.*
> *Dich, Jesus Christus, preisen wir,*
> *denn Du lässt auferstehen unseren Leib,*
> *Du rettest unsere Seelen! ..."*

Auf dem Bema angekommen, beräuchert der Diakon den Zelebranten sowie die ganze versammelte Gemeinde. Ein kurzes Priestergebet (Kollekte) bestärkt das *Lakhu mara*, ehe der Diakon zum *Trishagion*, zum Anstimmen des Dreimalheilig, auffordert – eine Anrufung des dreifaltigen Gott –, welches die versammelte Gemeinde laut singt:

> *„Heiliger Gott, heiliger Starker, heiliger Unsterblicher,*
> *erbarme Dich über uns!"*

Nach einer weiteren Kollekte beginnt der eigentliche Wortgottesdienst.

Die Liturgie des Wortes

Die erste Lesung wird aus dem Alten Testament ausgewählt, dem Kirchenjahr entsprechend, die zweite Lesung aus dem Buch der Propheten. Dem Vortrag geht jeweils die Mahnung des Diakons voraus, aufmerksam zu sein. Ein Psalmenvers, der mit dem jeweiligen liturgischen Festanliegen korrespondiert, wird vom Zelebranten angestimmt. An Sonn- und Festtagen geht der nun folgenden dritten Lesung aus den *Paulusbriefen* oder aus dem *Hebräerbrief* eine sogenannte *Turgama* (syr. „Übersetzung", „Ausdeutung") voraus, eine Aufforderung, sich dieser Lesung mit besonderem Gewinn zuzuwenden. Die Versammlung vernimmt sitzend das Wort Gottes.

Daraufhin holt der Zelebrant in Begleitung eines Diakons aus dem *Diakonikon*, einer Art Sakristei, die dem Altarraum benachbart ist, das Evangeliar. In der Zwischenzeit werden, passend zur liturgischen Jahreszeit und dem Festanlass entsprechend, Psalmenverse in Verbindung mit dem Halleluja gesungen (*Halleluja – Zummara*). Ein Responsorialgesang (*Onita d-ewangeliyon*) nimmt thematisch das Motiv des Evangeliums auf. In manchen Traditionen gibt es an dieser Stelle noch eine *Turgama*, ähnlich wie vor der ersten neutestamentlichen Lesung. Nach dem Weihrauch und einem kurzen Dialog mit der versammelten Gemeinde vernimmt diese die Worte des Evangeliums im Stehen. Eine anschließende Homilie vertieft das in der vierten Lesung Gehörte. Seit Jahrhunderten sind solche Homilien in einem Buch aufgezeichnet und gesammelt. Diese Sammlung ist im Laufe der Zeit so sehr angewachsen, das für sie der Name *Gannat Bussame* („Garten der Wonnen") geprägt wurde.

Auf die Homilie folgt eine Reihe von Fürbitten (*Karozuta*, Interzessionen), welche für die verschiedenen Anliegen der Kirche und ihrer Stände bittet. Mit der Segnung und der Entlassung der Katechumenen (Taufwerber, die noch nicht in die Kirche aufgenommen wurden) bzw. der Poenitenten (Christen im Büßerstand) endet der Wortgottesdienst.

Die Darbringung, Qurbana, Anaphora

Am Beginn der Eucharistiefeier im engeren Sinn steht die rituelle Reinigung. Zelebrant und gegebenenfalls Konzelebranten waschen sich die Hände, ehe sie zum Altar treten. Zugleich wird ein Gesang angestimmt, der das eucharistische Geheimnis zum Inhalt hat, das *Onita d-raze*. Die Prozession führt nun vom Bema, dem Ort des Wortgottesdienstes, zum Altarraum. Kreuz und Evangeliar werden an ihren Platz gelegt. Der Diakon bringt Brot und Wein, um sie auf den Altar zu stellen und mit einem Tuch zu bedecken. Der Zelebrant verharrt betend davor, bevor er das Glaubensbekenntnis anstimmt. Danach lädt der Diakon ein, im Gedenken an die Verstorbenen zu beten, für die Hierarchen und für alle Gläubigen. Der Zelebrant tritt auf den Altar zu und neigt sich zum Altarkuss.

Es beginnt das, was die westliche Tradition „Hochgebet" nennt. Dessen Grundstruktur sind vier Vorstehergebete (*G^{e}hanta*).

Im ersten *G^ehanta* dankt der Zelebrant Gott dafür, dass er ihn für würdig befunden hat, diesen Dienst zu tun. Und er bittet die Diakone, für ihn zu beten. Dann wendet sich der Zelebrant an die Gemeinde, um den Friedensgruß zu entbieten. Dieser wird durch das Reichen der Hände weitergetragen. Der Friede kommt „vom Altar der Versöhnung". Nach dem Friedensgruß verliest der Diakon die Namen der Lebenden und der Verstorbenen, die in den Diptychen eingeschrieben sind. Damit verbindet die Feier die großen Namen der Heiligen Schrift und der Kirchengeschichte mit denen der jetzt feiernden Gemeinde.

Die eucharistischen Gaben werden enthüllt. Der Priester beräuchert den Altar, der Diakon sodann die versammelte Gemeinde. Es folgt der Einleitungsdialog, der dem anaphorischen Gebet vorausgeht.

> [Priester]   *„Richtet empor Euren Sinn!"*
> [Antwort]   *„Zu Dir, Gott Abrahams und Isaaks und Israels, glorreicher König!"*

Dieser Teil heißt in der lateinischen Tradition „Praefation". In dem daran anschließenden zweiten *G^ehanta* heißt es:

> *„Würdig des Lobpreises aus jedem Mund*
> *und des Dankes von jeder Zunge*
> *ist der anbetungswürdige und herrliche Name*
> *des Vaters und des Sohnes und des heiligen Geistes,*
> *der die Welt in seiner Gnade erschaffen hat*
> *und deren Bewohner in seiner Barmherzigkeit,*
> *der die Menschensöhne in seiner Milde gerettet*
> *und der mit großer Güte an den Sterblichen gehandelt hat."*

Das zweite *G^ehanta* führt zum *Sanctus* über. Das dritte *G^ehanta* nimmt das Motiv der Menschwerdung auf, um die gefallene Menschheit aufzurichten, wofür Dank und Lobpreis dargebracht werden.

An dieser Stelle fügen die *Anaphoren des Nestorios* und *des Theodor* den in der *Addai und Mari*-Liturgie nicht vorhandenen Einsetzungsbericht ein. Das vierte *G^ehanta* gedenkt

> *„all der Reinheit und Heiligkeit der Propheten und Apostel,*
> *und der Märtyrer, und der Bekenner,*
> *und der Bischöfe, und der Priester, und der Diakone,*
> *und aller Kinder der heiligen katholischen Kirche,*
> *jener, die mit dem Siegel der heiligen Taufe gezeichnet sind."*

Dieses vierte Vorstehergebet mündet ein in die Epiklese, der Herabrufung des Heiligen Geistes. Das ehrwürdige Alter dieser Anaphora von *Addai und Mari* kann auch an der frühen Form der Epiklese, wie der Heilige Geist herabgerufen wird, abgelesen werden. Anders als in der späteren Tradition, in der „Sende deinen Geist" gerufen wird, heißt es in den ostsyrischen Epiklesen, der Geist möge „kommen":

> *„Und es möge kommen, mein Herr, dein Heiliger Geist,*
> *und er möge ruhen auf der Darbringung deiner Diener,*

und segne sie, und heilige sie,
damit es uns, mein Herr,
zur Vergebung unserer Sünden gereiche,
und zum Nachlass der Schuld,
und zur großen Hoffnung auf die Auferstehung der Toten,
und zum neuen Leben im himmlischen Königreich,
mit allen, die Wohlgefallen fanden vor Dir. "

Der Kommunionteil

Psalm 50 rezitierend, bereitet sich der Zelebrant auf die Kommunion vor; Weihrauch wird gebracht. Während der Diakon inzensiert, betet der Vorsteher, dass der Weihrauch als Zeichen der Erneuerung und der Vergebung angenommen werde:

„Mach wohlgefällig, unser Herr und unser Gott,
den Duft unserer Seelen mit der annehmlichen Süße Deiner Liebe!"

Nach mehrmaligem Bekenntnis seiner Unwürdigkeit hebt der Zelebrant die Hostie empor und dankt Gott für das Brot, das ewiges Leben verleiht. Er spricht ein auf sehr frühe Zeit zurückgehendes priesterliches Gebet und bricht das Brot. Mit einer Brothälfte zeichnet er ein Kreuz, dann legt er die Hälften kreuzförmig übereinander. Nach dem Brot wird in gleicher Weise der Kelch mit dem Wein emporgehoben. Dann zeichnet er ein Kreuz, das auch der Gemeinde gilt. Eine Proklamation des Diakons und ein Still-gebet des Zelebranten gehen dem nun folgenden Vaterunser voran. Es schließt sich das *Sancta sanctis*, der Aufruf: „Das Heilige den Heiligen", an:

[Zelebrant]	*„Das Heilige den Heiligen!"*
[Antwort]	*„Oh, einziger heiliger Vater,*
	oh, einziger heiliger Sohn,
	oh, einziger Heiliger Geist,
	Lobpreis dem Vater und dem Sohn und dem Heiligen Geist,
	in der Ewigkeit der Ewigkeiten!"

Dann singen, zuerst die Feiernden im Altarraum, hernach – bei zugezogenem Vor-hang – die ganze versammelte Gemeinde den „Canon ‚terribilis‘" (*dhil a[n]t*), Ausdruck der Gottesfurcht und des nicht endenden Lobpreises, welchen die himmlischen Mächte für die Heilstaten Gottes darbringen. Nun werden die Vorhänge des Altarraumes wiederum aufgezogen und der Vorsteher der Feier zeigt die heiligen Gestalten von Brot und Wein. Zur Kommunion des Vorstehers singen Festgemeinde und Diakon ein festli-ches Responsorium, das *Onaya d-bem*. Es erfolgt die Kommunion der Gläubigen. Sie wird als Teilhabe am himmlischen Königtum Christi verstanden. Priesterliche Dankgebete und Akklamationen der feiernden Versammlung beschließen den Kommunionritus. Das Vaterunser wird noch einmal von allen rezitiert, und der Zelebrant spricht den Schlusssegen: Wie Christus seine Jünger segnet, bevor er in die Himmel hinauffährt, so besiegelt der Vorsteher, Priester oder Bischof, die Gemeinde und entlässt sie. Bisweilen wird nach der Messe gesegnetes Brot gereicht (*Eulogion*). Die liturgischen Gefäße werden gereinigt, abschließende Gebete bringen erneut die heiligende Kraft der Eucharistie zum Aus-druck.

Die Anaphora von *Addai und Mari* galt aus römisch-katholischer Sicht lange Zeit als defekt und häretisch, weil ihr der für den Westen so unerlässlich gewordene Einsetzungsbericht fehlte. Aus diesem Grunde wurde ihr vor allem in der mit Rom unierten Chaldäischen Kirche und bei den Thomaschristen in der Malabarischen Kirche in Indien dieser Einsetzungsbericht hinzugefügt. Auch andere Teile wurden latinisiert. Aus heutiger wissenschaftlicher Sicht und nach zahlreichen theologischen Klärungen muss diese althergebrachte Anaphora – auch ohne die Rezitation des Einsetzungsberichtes – als authentisch betrachtet werden. Viel mehr noch mahnt uns die Anaphora von *Addai und Mari*, die Vielfalt der frühen eucharistischen Liturgien als Modell *par excellence* für Ökumene anzusehen.

Die reiche Welt der Liturgiekommentare

Um das Verständnis der Liturgiefeier zu vertiefen, für Zwecke der Unterweisung und um das Mitfeiern zu erleichtern, hat es in allen Kirchen Interpreten gegeben, welche den liturgischen Ablauf erläutert und ausgedeutet haben. Es ist erstaunlich zu sehen, dass das erste Jahrtausend der ostsyrischen Liturgietradition bereits eine stattliche Anzahl großer Liturgiekommentatoren hervorgebracht hat. Sie machen den liturgischen Raum, in welchem gefeiert wird, mit seiner besonderen Ausstattung verstehbar. Sie ordnen den liturgischen Raum, die Träger der liturgischen Handlung und die Zeit der Heilsgeschichte dem liturgischen Vollzug zu. Die reichen Liturgiekommentare der Apostolischen Kirche des Ostens sind ein besonderer Schatz, in dem sich ein authentisches Selbstverständnis ausdrückt. Man könnte von einer allegorischen Deutung der liturgischen Vollzüge sprechen.

Die Reihe der Interpreten beginnt mit Theodor von Mopsuestia, dessen *Katechetische Homilien* ein liturgiegeschichtliches Denkmal darstellen, das nicht nur für die Apostolische Kirche des Ostens von größter Bedeutung ist. Narsai von Nisibis († 502), Gabriel Qatraya († 615) und ein Anonymus des 9./10. Jahrhunderts geben bedeutende Interpretationen des gesamten liturgischen Lebens. Es ist vor allem der hier letztgenannte anonyme Kommentator, der seine Deutung in einer großen systematisch angelegten theologischen Schau, mit spiritueller Tiefe und einem ausgeprägten Sinn für die Symbolik darlegt. Auf diese Schriften werden sich die großen Stimmen der späteren Jahrhunderte berufen: Johannes bar Zobi († ca. 1250); Abdischo bar Brikha, auch Ebedjesu genannt († 1318) oder Timotheos II. († 1332). Deren Liturgieerschließungen sind bis heute gültig geblieben.

Die Eucharistiefeier – Bild der himmlischen Liturgie

Die ostsyrische Liturgieerklärung ist biblisch-heilsgeschichtlich orientiert. Ihr liegt die Schau zweier Welten zugrunde: hier die irdische, sichtbare Welt des Sterblichen, des Vergänglichen und des Unvollkommenen; dort die himmlische, unsichtbare Welt, unsterblich, unvergänglich und vollendet. Christus, der in der Liturgie gefeiert wird, macht durch seine Auferstehung diese andere Welt zugänglich. Die Kirche ist Abbild des Himmels. So ist die irdische Liturgie das Abbild der himmlischen Liturgie. Und es ist vorab die Eucharistiefeier hier auf Erden, durch welche die Teilhabe an jener himmlischen Liturgie geschieht.

Diese theologische Sichtweise findet in der Choreographie des Kirchenraumes ihre anschauliche Entsprechung. Ihr liegt die Theologie des *Hebräerbriefes* zugrunde. Der Priester steht für Christus, der Altarraum ist der Tempel des Alten Bundes als Vorwegnahme des Allerheiligsten im Himmel, wo Christus selbst sein Priestertum ausübt.

Der Altarraum befindet sich ganz im Osten des Gebäudes, das Kirchenschiff ist westseitig. Die Südseite ist für gewöhnlich auf einen Hof hin offen. Im südöstlichen Bereich liegt das Baptisterium, im nordöstlichen Bereich das Diakonikon. Hier werden die heiligen Öle aufbewahrt, die Wegzehrung für die Kranken, sowie die liturgischen Bücher.

Mitten im Kirchenschiff ist das Bema platziert, ein erhöhter Ort für den Vollzug des Wortgottesdienstes, mit einem kleinen Altar (*Golgotha*), mit Pulten für den Vortrag der Lesungen und mit Stühlen für den Bischof und die anderen Offizianten. Bema und Altarraum verbindet eine Art Weg, genannt *Bet schqaqona*. Der Altarraum ist in der Regel um ein paar Stufen gegenüber dem Niveau des Kirchenschiffes erhöht. Dieser Übergangsbereich vom Kirchenschiff zum Altarraum wird *Qestroma* genannt. Im Altarraum selbst befindet sich außer dem Altar in der Mitte der Sitz für den Bischof und eine Nische für die Gaben von Brot und Wein (*Bet gaze*, „Schatzhaus").

Der Altarraum steht – wie bereits angedeutet – für den Himmel, den Ort der ewigen Liturgie. Das Kirchenschiff steht für die irdische Welt. Der Vorhang trennt diese Welten wie das Firmament. Das *Qestroma* bedeutet das irdische Paradies, das Bema weist auf Jerusalem hin, den Ort der Verkündigung und der Kreuzigung. Darum heißt der kleine Altar in dessen Mitte auch *Golgotha*. Die ganze feiernde Gemeinde blickt in ihrem Gebet nach Osten, dem Herrn entgegen. Aus dem Osten wird der Herr am Ende der Zeiten wiederkommen, um Gericht zu halten.

Den großen liturgischen Abschnitten entsprechen jeweils eigene Handlungsorte:

- Prozession vom Altarraum zum Bema, wo der WORTGOTTESDIENST stattfindet.
- Prozession vom Bema zum Altar, wo die DARBINGUNG (ANAPHORA) stattfindet.
- Heraustreten aus dem Altarraum zum Qestroma, wo die KOMMUNION stattfindet.

Diese Bewegung ahmt die Heilsgeschichte in einer großen Dramaturgie nach: vom Himmel zur Erde ins irdische Paradies, um von den ewigen Früchten zu kosten. Es sind diese Grundgedanken, die in den ostsyrischen Liturgiekommentaren breit entfaltet werden.

Der eucharistische Ritus ist das auch anderen Riten und Feiern zugrundeliegende Modell. Von all diesen ist er jedoch der am breitesten angelegte. Die Begegnung mit den Liturgien der ostsyrischen Tradition ist lohnend. Sie tragen Spuren des frühen Christentums mit einer sonst kaum erlebbaren Unmittelbarkeit an sich. Die Begegnung mit den Feiern der Apostolischen Kirche des Ostens ist heute nicht nur ein solidarischer Akt mit einer in ihrer Existenz bedrohten Kirche, sie ist mehr noch von eindrücklich ökumenischer Zeichenhaftigkeit.

1.5 Die Liturgie der Syrisch-Orthodoxen Kirche

Unter allen Kirchen ist es die Syrisch-Orthodoxe, also die westsyrische Kirche, die die größte Vielfalt von Anaphoren überliefert hat. Die Produktion setzte mit den ersten christlichen Jahrhunderten ein und endete im 16. Jahrhundert. Heute lassen sich mehr als 80 Liturgieformulare zählen. Die genaue Anzahl ist noch nicht bekannt, denn das Gros der Anaphoren wartet noch immer auf eine wissenschaftliche Edition. Bei aller Vielfalt zeigen sich textliche Abhängigkeiten. Man kann davon ausgehen, dass die altehrwürdige Jerusalemer *Jakobusliturgie* die Vorlage für zahlreiche spätere westsyrische Anaphoren bildet. Systematische Studien dazu gibt es bis dato kaum.

Eine derart große Anzahl von Anaphoren wirft die hier nicht zu klärende Frage auf, wann und wo diese Liturgien gefeiert wurden. Es ist lediglich festzustellen, dass die syrisch-orthodoxe Tradition keine allzu strengen Vorschriften hatte, um die Verwendung der Formulare zu regulieren. Manche Liturgien wurden insgesamt sehr selten verwendet, andere je nach Region mehr oder weniger häufig.

Ignatios Ephraem Barsaum, der hochgelehrte Patriarch (1933-1957) der Syrisch-Orthodoxen Kirche, fasst die Eigenart dieser Anaphoren mit folgenden Worten treffend zusammen: „Wiewohl einfach, ist der Stil der Liturgien schwer zu imitieren. Er verbindet die Klarheit des Ausdrucks mit der Tiefe der Bedeutung. Die Liturgien sind mit Eleganz geschrieben, mit Kunstfertigkeit und unübertroffener Lieblichkeit, welche Ehrfurcht und Ergebenheit in den Hörern hervorrufen, ihre Herzen mit dem Göttlichen verbinden und ihren Sinn durch die Eucharistiefeier hindurch fesseln".

Die syrisch-orthodoxe Liturgie besteht wie jene der anderen Liturgiefamilien auch aus zwei großen Teilen: die vor-anaphorischen Riten und die Anaphora (die Eucharistiefeier im engeren Sinne). Der vor-anaphorische Teil schließt die Vorbereitung der Gaben ein, den Wortgottesdienst mit den biblischen Lesungen, den Antwortgesängen und die Homilie.

Der jeweiligen Anaphora geht ein *Hussoyo* voran, ein Eingangsgebet, das vor dem Glaubensbekenntnis vollzogen wird. Von diesen Gebeten gibt es an die 30 verschiedene. Sie werden auf herausragende Gestalten der syrisch-orthodoxen Tradition zurückgeführt. Friedensgruß und Eröffnungsdialog („Erhebet die Herzen!") gehen dem ersten anaphorischen Gebet des Vorstehers (Gebet vor dem Sanctus) voraus. Es folgt das Sanctus mit dem Benedictus in der auch bei uns bekannten Form. Die Gebete vor und nach dem Sanctus haben die Heilsgeschichte zum Inhalt. Ein anamnetischer Teil mit dem Einsetzungsbericht mündet in die Epiklese, in die Herabrufung des Geistes auf die dargelegten Gaben und die versammelte Gemeinde. Die anschließende Reihe von Bittgebeten sucht Fürsprache für die Lebenden, insbesondere Hierarchen, Regierende usw., und die Verstorbenen, vor allem aus der Gemeinde; es erfleht Fürbitte bei der Gottesmutter Maria, bei Märtyrern, Patriarchen und Heiligen.

Die Liturgie setzt mit den Kommunionriten fort: Brotbrechung, Mischung von Wein und Wasser, Emporheben der eucharistischen Gaben, Vaterunser, Kommunion und abschließende Gebete.

Unter den zahlreichen westsyrischen Anaphoren gibt es einige, die frühen römischen Päpsten zugeschrieben werden: die Anaphora des *Clemens* von Rom († 102) oder des *Xystus* († 251), des *Julius* († 356) und des *Coelestin* († 440). Nach 451, dem Jahr der schicksalsschweren Entscheidungen von Chalkedon, figuriert kein römischer Papst mehr als Verfasser einer syrischen Anaphora. Es mag als ein bedeutendes ökumenisches Zeichen gesehen werden, dass das Messbuch der Syrisch-Orthodoxen Kirche, das im Jahre 1991 in den Vereinigten Staaten zweisprachig, also in englischer und syrischer Fassung, herausgegeben wurde, auch die Anaphoren des *Xystus* und des *Julius* von Rom beinhaltet, neben elf weiteren: die Anaphora des *Jakobus* von Jerusalem, des Evangelisten *Markus*, *Petrus*, des Oberhaupts der Apostel, der *Zwölf Apostel*, des Evangelisten *Johannes*, des *Johannes Chrysostomos*, des *Kyrill* von Alexandreia, des *Jakob* von Sarugh, des *Philoxenos* von Mabbug, des *Severos* von Antiocheia und schließlich des Exegeten und Kommentatoren *Dionysios bar Salibi*.

Von all diesen Anaphoren nimmt die *Jakobus*-Anaphora den Ehrenplatz ein. Deren überaus alte Gebete werden auf apostolischen Ursprung zurückgeführt. Dieses sehr häufig benutzte Formular wurde vom großen Jakob von Edessa († 708) in einem gräzisierenden Stil überarbeitet. Bar Hebraeus († 1286) erstellte davon eine gekürzte Version.

Zweifelsohne sind zahlreiche Anaphoren aus dem Griechischen ins Syrische übertragen worden: die Anaphora des *Athanasios, Johannes Chrysostomos, Kyrill, Proklos, Dioskur* von Alexandreia, des *Severos* von Antiocheia etc. Andere Anaphoren wiederum sind aus dem Syrischen ins Armenische, Arabische, Koptische und in andere Sprachen übersetzt worden. Die syrische Tradition zeigt sich also als kulturvermittelnd, was vor allem für den Kulturtransfer in die arabische Welt von besonderem Gewicht sein sollte.

1.6 Die Liturgie der Armenisch-Apostolischen Kirche

Armenien war immer ein Land an der Grenze, Brücke zwischen Orient und Okzident. Die Armenische Apostolische Kirche entfaltete sich am Rande des Imperium Romanum. Die politischen Grenzen hatten sich über die Jahrhunderte mehrfach verschoben. Teile des armenischen Gebietes kamen im Persischen Reich zu liegen, andere Teile auf oströmisch-byzantinischem Boden. Diese historischen Gegebenheiten mit ihren kulturellen Implikationen haben mehr oder weniger deutliche Spuren in der armenischen Liturgie hinterlassen.

In den Jahrzehnten nach der Entwicklung einer eigenen armenischen Schrift durch Mesrop Maschtotz († 440) zu Beginn des fünften Jahrhunderts werden die biblischen Bücher und die Liturgieformulare ins Armenische übertragen. Grundlage für diese Übersetzungen dürften teilweise syrische als auch griechische Vorlagen gewesen sein. Der Ort, an dem dies geschah, war Edessa mit der so bedeutenden syrischen Akademie. Hier flossen jüdische, aramäisch-syrische und hellenistische Kulturströme zusammen.

Die älteste armenische Liturgie, von der wir Kenntnis haben, wird in der handschriftlichen Überlieferung *Gregor dem Erleuchter* († um 325) zugeschrieben. Mit seinem Namen verbindet sich die Hinwendung des Herrscherhauses und des armenischen Volkes zum Christentum. Tatsächlich handelt es sich bei dieser Liturgie um eine frühe, vorbyzantinische Fassung der *Basileios*-Liturgie. Glücklicherweise existiert ein sehr altes Zeugnis, das ihre Verwendung in der armenischen Kirche belegt. In den „Epischen Geschichten" *(Buzandaran Patmutʿiwnkʿ)*, deren Kompilation einem Anonymus des späten fünften Jahrhunderts zu verdanken ist, wird im fünften Buch ein langer Abschnitt aus dieser Anaphora zitiert.

Großen Einfluss auf die armenische Tradition besaßen die Jerusalemer liturgischen Gebräuche jener Zeit. Das konnte eindrücklich für die Entwicklung des Festkalenders und des Lesezyklus *(Jerusalemer Lektionar)* sowie für das Stundengebet gezeigt werden.

Aus dieser Zeit sind uns aber noch andere frühe armenische Anaphoren bekannt: jene, die den Namen *Sahak* des Großen trägt, eine unter dem Namen des *Gregor* von Nazianz, eine andere, die mit dem Namen des *Kyrill* von Alexandreia überschrieben ist. Über deren Entstehung und ihre tatsächliche Verwendung in der armenischen Kirche sind wir nicht hinreichend unterrichtet.

Aus der Mitte des zehnten Jahrhunderts datiert der Liturgiekommentar des Khosrov Andzewatzi (*Xosrov Anjewacʿi,* † um 963). Diesem liegt bereits jene Anaphora zugrunde, die bis heute in der Armenisch-Apostolischen Kirche in Gebrauch ist. Sie trägt den Namen des *Athanasios* und hat ganz offensichtlich die ältere Liturgie verdrängt. Wann und aus welchen Gründen dies geschah, wissen wir nicht. Die Interpretation des Khosrov erfährt durch Nerses Lambronatzi († 1198) eine beträchtliche Erweiterung. Spätere Kommentatoren, wie Moses Erznkatzi († um 1323), Johannes Artschischetzi († um 1330) kompilieren die älteren Interpretamente.

In den ersten Jahrhunderten des zweiten Milleniums ist es offenbar zu einer breiten Übersetzungstätigkeit in Hinsicht auf die Anaphoren gekommen. So werden die *Jakobus*-Anaphora, die *Basileios*-Anaphora, die *Chrysostomos*-Anaphora, die Liturgie der *Vorgeweihten Gaben* sowie die Anaphora des *Ignatios* von Antiocheia aus syrischen bzw. griechischen Quellen ins Armenische übertragen. Über eine tatsächliche liturgische Verwendung dieser Formulare erfahren wir kaum etwas.

In der Zeit des kleinarmenischen Kilikischen Königreichs (1198-1375) werden auch lateinische Liturgien, der Canon missae, ebenso wie Pontifikalliturgien ins Armenische übersetzt. In jener Zeit wurden auch zahlreiche Gebete aus dem Lateinischen in das eigene *Euchologion* übernommen.

> „*Der du in Licht gekleidet bist, gleich einem Gewand, unser Herr, Jesus Christus,*
> *der du in unaussprechlicher Erniedrigung auf Erden erschienst und unter den Menschen*
> *wandeltest [...].*
> *Allmächtiger Herr, der du uns gewährt hast, uns mit demselben himmlischen Gewand zu*
> *kleiden, mache auch mich in dieser Stunde würdig, deinen unnützen Diener,*
> *der ich es wage und hinzutrete zu diesem geistlichen Dienst deiner Herrlichkeit,*
> *damit ich allen Frevels entblößt werde, welcher das Gewand der Befleckung ist,*
> *und geschmückt werde mit deinem Licht.*"

(aus dem Gebet zur Ankleidung des Priesters)

Die älteste Gestalt des armenischen Stundengebetes ist uns aus den Werken des Johannes Odznetzi bekannt, der von 717-728 Katholikos der armenischen Kirche war. Seine Schrift *De officiis ecclesiae* bildet die liturgische Ordnung seiner Zeit ab und erlaubt uns einen profunden Einblick in sein Reformwerk innerhalb eines festen konstitutionellen Rahmens.

Die armenische Kirche ist überaus reich an Segensfeiern. Jenes Buch, das die Benediktionen aufzeichnet, trägt den Namen *Maschtotz*, gleichlautend mit dem Namen des Mesrop Maschtotz, der die armenische Schrift entwickelt hat. Möglicherweise geht der Name aber auf den Katholikos Maschtotz zurück, der das gesamte Rituale redigiert hat. Das *Hayr Maschtotz* beinhaltet die Liturgien, die dem Katholikos vorbehalten sind (Handauflegung der Bischöfe, Myronweihe, Salbung des Katholikos und andere bedeutende Weihen). In der lateinischen Tradition würde dieses Buch Pontifikale genannt werden. Dem stehen das *Mayr Maschtotz* und das *Kleine Maschtotz* gegenüber, ersteres für die bischöflichen Liturgien, letzteres für die Liturgien, die der Priester zu vollziehen hat.

Sucht man nach einem Spezifikum der armenischen liturgischen Tradition, so kann die Gepflogenheit angeführt werden, dem eucharistischen Wein kein Wasser hinzuzufügen – jahrhundertelang Anlaß zahlreicher Kontroversen. Ein anderer Gegenstand dauernder Auseinandersetzung war der liturgische Kalender der Armenisch-Apostolischen Kirche, die das Fest der Erscheinung des Herrn (Epiphanie) zusammen mit dem der Geburt des Herrn am 6. Januar feiert.

1.7 Die Liturgie der Koptisch-Orthodoxen Kirche

In den frühen Jahrhunderten der Kirchengeschichte gingen von Ägypten bedeutende Impulse auf die gesamte Kirche des Imperium Romanum aus. Insbesondere im hellenistisch geprägten Alexandreia (kopt. *Rakote*), der am westlichen Rande des Nildeltas gelegenen Metropole, mischten sich kulturelle Einflüsse aus Nordafrika, aus der Levante und Syrien sowie aus dem ganzen östlichen Mittelmeerraum. Zwischen Alexandreia und Rom bestanden enge Beziehungen.

Außerhalb Alexandreias entstand eine Vielzahl von Klöstern, weiteren Zentren der spirituellen wie liturgischen Bildung. In ihnen wurden liturgische Texte – man hat beinahe den Eindruck jedweder Provenienz – gesammelt, kopiert und übersetzt, zumeist aus dem Griechischen. Die geistige Auseinandersetzung wurde aber auch gegenüber gnostischen Strömungen geführt.

Die koptische Liturgie dürfte in ihrer Frühzeit über eine ungeahnte Fülle liturgischer Gebete und ganzer Formulare verfügt haben. Ein Zeuge kann in dem sogenannten *Euchologion* (Sammlung von Gebeten) des Serapion von Thmuis (4. Jh.) gesehen werden. Ein anderes Beispiel dafür liegt mit dem *Euchologion* des „Weißen Klosters" (s.u.) vor, welches eine Reihe von noch nicht identifizierten anaphorischen Texten enthält, obwohl das Buch nur sehr fragmentarisch in mehreren Blättern erhalten ist.

Mit dem Patriarchen Gabriel II. ibn Turaik († 1145/46) kommt es zu einer nachhaltigen Regulierung. Er ordnete an, dass aus den vielen Anaphoren nur noch jene drei zu verwenden sind: die Anaphora des *Basileios* von Kaisareia († 379), die Anaphora des *Kyrill* von Alexandreia, welche die Übersetzung und Bearbeitung der griechischen *Markus*-Anaphora ist, sowie die *Gregorios*-Anaphora, die nach Gregor von Nazianz († um 390) benannt ist. Letztere weist die Eigenart auf, dass ihre Gebete nicht an Gott-Vater gerichtet sind, sondern an Christus.

Das Liturgieformular des *Basileios* wird heute am häufigsten herangezogen. Mag sein, dass dies an der Kürze oder an der besseren Singbarkeit liegt. An den großen Herrenfesten Palmsonntag, Ostern, Weihnachten, Epiphanie und Pfingsten wird die *Gregorios*-Anaphora verwendet. Bisweilen werden einzelne Abschnitte der *Basileios*-Anaphora durch die entsprechenden Teile der anderen beiden Formulare ersetzt. Diese noch heute geübte Praxis kann als Indiz dafür genommen werden, wie über die Jahrhunderte hinweg einzelne Gebete aus einer Liturgie in eine andere eingebaut wurden. Das macht die Aufgabe für die liturgiegeschichtliche Forschung komplex und schwierig.

Für den ordnungsgemäßen Vollzug der Eucharistiefeier in der koptisch-orthodoxen Tradition ist neben dem Priester auch ein Diakon bzw. ein Altardiener vonnöten. Letzterer ist in der Regel ein Laie, welcher zugleich den Dienst des Lektors oder des Psaltisten verrichtet. Die koptisch-orthodoxe Liturgie ist wenig an den sonst im Osten häufigen Ausdrucksformen des höfischen Zeremoniells orientiert, sie ist gewissermaßen eine sehr volksnahe Liturgie geblieben.

Der eigentlichen Eucharistiefeier gehen nach dem koptischen Ritus zwei Weihrauchgottesdienste voraus, ein Abendweihrauch am Vorabend und ein Morgenweihrauch unmittelbar vor der Messfeier. Diese haben einen büßerisch-reinigenden und lobpreisend-fürbittenden Charakter.

> *„O Gott, der sich der Opfergaben des rechtschaffenen Abel angenommen hat,*
> *des Schlachtopfers des Noah und des Abraham,*
> *des Weihrauchs des Aaron und des Zacharia,*
> *nimm dich dieses Weihrauchs an aus unseren Händen,*
> *von uns Sündern als Rauchduft zur Vergebung der Sünden,*
> *mit Deinem übrigen Volk.*
> *Denn gesegnet sei dein ruhmreicher und heiliger Name,*
> *Vater, Sohn und Heiliger Geist,*
> *jetzt und jederzeit und in alle Ewigkeit. Amen."*

(aus dem Gebet zum Morgenweihrauch)

Das alte in den südlicheren Landesteilen verwendete Sahidisch verliert sich um die Mitte des zweiten Jahrtausends vollends. Spätestens seit dem bereits genannten Patriarchen Gabriel II. ist das Bohairische, der koptische Dialekt des westlichen Nildeltas, Liturgiesprache und ist es bis heute geblieben. Zwischenzeitlich hatte es auch eine Renaissance des Griechischen gegeben. Umgangssprache ist jedoch das Arabische, welches in die heute verwendeten zweisprachig gedruckten Liturgiebücher Eingang gefunden hat.

1.8 Die Liturgie der Äthiopisch-Orthodoxen Kirche

Die Entwicklungsgeschichte der äthiopischen Liturgie muss insgesamt als noch wenig erforscht gelten, wiewohl in den letzten Jahren auf diesem Gebiete manches erarbeitet wurde. Allzu viele Quellentexte sind noch nicht systematisch erforscht. Dennoch lassen sich grobe Entwicklungslinien nachzeichnen.

Die liturgischen Gebräuche der äthiopischen Kirche haben sich aus mehreren Traditionen gespeist. Bereits in aksumitischer Zeit (4./5. bis 7. Jahrhundert) wurden zahlreiche biblische und liturgische Bücher ins Geez übersetzt. Geez ist heute noch Liturgiesprache, es gehört zur Familie der semitischen Sprachen. Neben dem, was man als Übersetzungsliteratur aus dem Griechischen, Syrischen und Koptischen (vermittelt durch arabische Übersetzungen) bezeichnen kann, ist eine Überfülle von eigengeprägten Hymnen und Gebeten hervorzuheben. Man kann davon ausgehen, dass die meisten liturgischen Formulare in mehreren höchst unterschiedlich angereicherten Rezensionen vorliegen. Nicht nur diese Vielfalt macht das Studium jener altorientalischen afrikanisch-christlichen Tradition so schwierig. Die zahlreichen Kriege haben auch einen „kulturellen Genozid" zur

Folge gehabt, so dass handschriftliche Quellen kaum vor das 16. Jahrhundert zurückreichen.

In der Äthiopisch-Orthodoxen Kirche sind vierzehn Anaphoren (*Qeddase*) in Gebrauch. Ihre Namen seien nach einer Handschrift aus einem der Inselklöster im Tana-See aufgezählt: „die Apostelanaphora, die Anaphora unseres Herrn Jesus Christus, die Marienanaphora des Kyriakos von Behnesa, die Anaphora des Evangelisten Johannes, die Weihnachtsanaphora des Gregorios, die Anaphora der 318 Rechtgläubigen [die Väter des Konzils von Nikaia 325], die Epiphaniosanaphora, die Athanasiosanaphora, die Dioskorosanaphora, die Anaphora des Jakob von Sarug, die Hosannaanaphora des Gregorios, die Anaphora des Johannes Chrysostomus, die große Kyrillosanaphora, die Basileiosanaphora". Die Reihenfolge dieser Eucharistieformulare ist nicht ausschlaggebend, sie variiert in den Quellen. Es wird allenthalben erwähnt, dass neben diesem Kanon an Liturgieformularen auch noch weitere Eucharistiegebete in den Quellen zu finden sind. Auffällig ist jedenfalls, dass es eine *Marienanaphora* gibt, deren Gebete an die Gottesmutter gerichtet sind. Dieses Formular findet denn auch an den mehr als 30 Marienfesten des Kirchenjahres und einigen weiteren Festtagen seine Anwendung – Sediment einer ausgeprägten Marienfrömmigkeit.

Die *Marienanaphora* setzt ein mit dem überquellenden Wort des Verfassers (alle Zitate nach Böll: *Marienanaphora*): „Es sprudelte mein Herz ein gutes Wort. Es sprudelte mein Herz ein gutes Wort. Es sprudelte mein Herz ein gutes Wort, und ich werde verkündigen die Heiligpreisung (*Qeddase/Anaphora*) Mariens." Es klingt geradezu hymnisch, wenn es dann vor dem Sanctus heißt – an die Gottesmutter gerichtet: „Wahrlich, es schaute Gott der Vater vom Himmel nach dem Osten und dem Westen, nach dem Norden und dem Süden und nach allen Grenzen der Erde, er zog die Luft ein und witterte, aber er fand nicht deinesgleichen, und es gefiel ihm dein Wohlgeruch und er liebte deine Schönheit und sandte zu dir seinen Sohn, den er liebt." In einer kühnen Rückschau werden Dutzende Bilder aus dem Alten Testament mit Maria identifiziert: „Du warst die Hoffnung des Adam, als er aus dem Garten vertrieben wurde, die Frömmigkeit des Abel, der ungerecht getötet wurde, die Tugend des Seth und die Taten des Henoch, die Arche des Noe, durch die er aus der Flut errettet wurde, der Segen des Sem und sein Anteil, die Wanderschaft des Abraham, der Duft des Isaak und die Leiter des Jakob, der Trost des Joseph und die Gesetzestafeln des Moses, der Dornbusch des Sinai, die Glöckchen am Gewande des Priesters Aaron und dazu noch der Stab, der sprosste, blühte und reifte […]".

Diesen hymnenartigen Marienprädikationen treten mehrere Bilder zur Seite, um die Dreifaltigkeit Gottes anzurufen: „Der Vater ist der Weinstock, der Sohn ist der Weinstock und der hl. Geist ist der Weinstock: einer ist der Wein des Lebens, in dem die Süßigkeit der ganzen Welt ist." Solche wiederholte Betonung der Trinität innerhalb des Eucharistiegebetes wird wohl auch die Frucht heftiger Dispute im 15. Jahrhundert um die Beschaffenheit der Dreifaltigkeit sein.

Der Eucharistiefeier geht die Stundenliturgie voran. Für den gültigen Vollzug der Messe sind zwei Priester und drei Diakone erforderlich. Die Diakone werden vielfach bereits in jugendlichem Alter geweiht, was Anlass für zahlreiche Kontroversen war. Einer der Diakone hat vor der Messfeier im Brothaus („Bethlehem") das eucharistische Brot zu backen – ein Brauch, der auch in der koptischen Kirche gepflegt wird. Ein anderer Diakon macht Wein aus Rosinen. Die Kommunion wird unter beiderlei Gestalt gereicht.

Die Taufe findet durch dreimaliges Untertauchen statt, die postbaptismale Salbung folgt unmittelbar auf den Wasserritus, sofern Salböl zur Verfügung steht. Die Weiheliturgien werden wie im koptischen Ritus vollzogen.

1.9 Die Allegorie von Raum und Zeit

Im vorliegenden Rahmen muss es genügen, einige wenige Andeutungen zu den liturgischen Räumen zu geben. Dabei wird in allen orientalischen Kirchen eine Fülle von Kommentarliteratur tradiert, die hilfreich ist, das liturgische Interieur der Räume und ihre Symbolik zu erschließen.

Zunächst ist es bemerkenswert, dass die syrische Tradition für ihren Feierraum eine Einrichtung hervorgebracht hat, die in allen anderen Kirchen nicht ihresgleichen hat: das Bema. Es handelt sich dabei um eine erhöhte Plattform, mitten im Versammlungsraum der feiernden Gemeinde: der Ort der Wortverkündigung. Hier haben für den Wortgottesdienstteil Zelebrant und Assistenz ihren Handlungsort. Allein die Apostolische Kirche des Ostens hat diese Einrichtung bis in die Gegenwart bewahrt. Vermutlich handelt es sich um ein Stück sehr alter Tradition, das aus dem jüdischen Erbe übernommen worden sein könnte. Bedeutend ist das Bema vor allem deswegen, weil damit das Kommen unseres Herrn Jesus Christus in die Welt und das Wohnen unter den Menschen sinnenfällig inszeniert wird, wie sonst niemals mehr in der Geschichte der liturgischen Architektur.

Wie sehr der Kirchenbau als Nachbildung des Kosmos *en miniature* gesehen wurde, kann an zahlreichen interpretativen Texten abgelesen werden. Es sei an dieser Stelle die *Sogita* (ein metrischer Gesang) auf die Kathedrale von Edessa herausgegriffen. Wie wir aus dem folgenden Canticum erschliessen können, muss dieses nicht erhaltene Kirchengebäude von unglaublicher Pracht gewesen sein. Jenes feierliche Canticum besingt – hier als Akrostichon gebildet, bei dem die Anfangsbuchstaben der einzelnen Strophen die Reihe des Alphabetes ergeben – ihre Architektur und Ausstattung:

> *„Ihre Decke ist weitgedehnt wie der Himmel,*
> *gewölbt und ohne alle Säulen,*
> *sie ist geschmückt mit goldenen Mosaiken*
> *mit leuchtenden Sternen, wie das Firmament.*
>
> *Ihre stolze Kuppel ähnelt den höchsten Himmeln ...*
> *Die Pracht ihrer weiten Bögen*
> *Bildet die vier Enden der Erde ab ...*
>
> *Das Bema, platziert in der Mitte der Kirche,*
> *stellt den oberen Bereich des Berges Zion dar;*
> *unter ihm befinden sich elf Säulen,*
> *wie die elf Apostel, die dort verborgen waren.“*

(zit. nach: Brock: *Die verlorene Perle II*, 210)

Möglicherweise handelt es sich dabei um ein Kirchweihlied. Das Canticum verwebt Schöpfungs- und Heilswirklichkeit ineinander. Ort und Zeit werden in die Gestaltung des liturgischen Raumes hineingelegt. Die jeweils im Hier und Jetzt gefeierte Liturgie ist eingebettet in ein Ambiente, welches Zeit und Raum von ihrem Beginn an nachbildet und den Augenblick ausweitet, ihn transzendiert. Mit dem programmatischen Buchtitel eines syro-indischen Theologen könnte man dies als „liturgical space-time" bezeichnen.

1.10 Myron

Die orientalischen Kirchen kennen ein Symbol von höchster Aussagekraft, das Inbegriff der Heiligung und der damit verbundenen liturgischen Vollzüge ist: das Myron, das heilige Salböl.

> *„Von allen Mysterien, Symbolen und Gleichnissen*
> *ist das Öl, das Jakob auf den Stein goss* [vgl. Gen 28,18], *das erste.*
> *Es stellte dir das Bild einer mit Myron reichen Flasche dar,*
> *die in deine Hände, ehrwürdiger Vater, gelegt ist*
> *und uns mit Heiligkeit besprengt."*

> (Strothmann: *Hymnen zur syrische Myronweihe*, 63)

Das Myron ist Christussymbol selbst und deutet als Salböl auf den Christusnamen (Christus, „der Gesalbte"). Die Salbung mit Myron, dem „Öl der Freude" (Cyrill von Jerusalem, *Myst. cat.* 3,2) ist Teilhabe an Christus. „Ihr aber wurdet mit Myron gesalbt und wurdet so Teilhaber und Gefährten Christi" (ebd.). Das Weihegebet, das in der armenischen Kirche der Katholikos zur Konsekration des Myrons darbringt, besingt facettenreich die Wirkungen dieses erlesenen Öles:

> *„Nun, Herr, durch die Kraft deines hochheiligen Geistes, werde dieses Öl zum Öl des Jubels, zum leuchtenden Kleid, zur Salbung der Königsschaft, zur Reinigung der Geister und der Leiber, zur geistlichen Gnade, zum Wächter des Lebens, zum Siegel der Gerechtigkeit, zur Waffe des Glaubens."*

Ein anderer Hymnus aus der syrischen Tradition deutet die liturgischen Vollzüge mit dem Myron an, deren wichtigste die Salbung im Zusammenhang mit dem Wasserritus der Taufe ist, ferner die Weihe von Altar und liturgischen Geräten:

> *„Reines und heiliges Myron,*
> *das die Kirche mit Wohlgeruch erfüllt! ...*

> *Ausgegossenes und gesegnetes Myron,*
> *das die Kirche mit lieblichem Geruch erfüllt! ...*

> *Die Kirche ist mit Myron gesalbt*
> *Und all ihre Kinder sind mit ihm bezeichnet. ...*

> *Christus, wohlriechendes Myron,*
> *versöhne deine Knechte, die auf deinen Namen hoffen! ...*

> *Mit diesem heiligen Myron*
> *sind Könige, Priester und Propheten gesalbt worden. ...*

> *Mache deine heilige Kirche,*
> *Gott, Christus, mit auserwähltem Myron wohlriechend!"*

(Strothmann: Hymnen zur syrischen Myronweihe, 3-7)

In mehreren christlich-orientalischen Kirchen war neben der Taufsalbung auch eine Salbung mit Myron im Zusammenhang mit dem Begräbnisritus üblich, in der Armenisch-Apostolischen Kirche, in der ostsyrischen Kirche, in der Syrisch-Orthodoxen Kirche. Eine Totensalbung ist in der armenischen Tradition beim Priesterbegräbnis erhalten geblieben. Der große geistliche Interpret Gregor von Tatev († 1411) gibt dafür in seinem *Buch der Fragen* eine schöne Erklärung: „Wie bei der Taufe zuerst gesalbt und dann mit Wasser begraben wird, so auch hier: zuerst wird [der Tote] gesalbt und dann in der Erde begraben." (*Buch der Fragen* X, 672; Schmidt: *Kanon der Entschlafenen*, 90). Die Salbung bei der Begräbnisfeier ist weniger die Salbung des Toten als vielmehr die Salbung des in die Herrlichkeit des ewigen Lebens eingehenden Verstorbenen. So heißt es im Totengebet der Begräbnisliturgie: „Laß ruhen den Geist deines Dieners an einem Ort des Lichts und an einem Ort der Ruhe, von wo gewichen sind alle Schmerzen und Klagen und Seufzer." (Schmidt: *Kanon der Entschlafenen*, 115)

Das Myron wird nach strengen Regeln hergestellt, oftmals in einer tagelangen Prozedur nach wochenlanger Vorbereitung. Die Liste der Zutaten weist bespielsweise bei den Armeniern mehr als 40 Ingredienzien aus – in einer Handschrift gar 58 –, neben Olivenöl und Balsam so klingende Namen wie: „Jasminwasser, Safran, Kirschlorbeer, Zitronella-Gras, März-Veilchen, Lotosblume, Limettenblüte, Myrtenblatt ...". So vielfältig die Zutaten sind, so vielfältig mag die geistliche Wirkung sein, die man aus dem Salböl erfährt.

In der Tradition der Apostolischen Kirche des Ostens kommt der Myronweihe diese große Bedeutung nicht zu. Man geht hier davon aus, dass niemals alles verbraucht wird, so dass immer ein Teil des Öles im Gefäß zurückbleibt. Diesem wird nach Bedarf jeweils neues Öl hinzugefügt, eine Praxis, die auf älteste apostolische Zeit zurückgeführt wird. Es wird im Zusammenhang des Taufritus vom Priester konsekriert. Damit korrespondiert die Tatsache, dass die Weihe nicht wie in den Nachbarkirchen dem Patriarchen vorbehalten ist. Auch in diesem Punkt hat die ostsyrische Kirche älteste Tradition bis heute bewahrt.

2. Spiritualität

Aus den vielfältigen Wesensäußerungen dessen, was unter dem Titel „Spiritualität" zusammengeführt werden mag, sollen einige grundlegende Aspekte herausgegriffen werden: Fasten, Gebet, Askese, Mönchtum, Mystik. Manches davon ist für die individuelle, persönliche Frömmigkeit Orientierungshilfe, anderes wiederum dient der Erbauung der Gemeinde, des Konventes, des Zusammenlebens überhaupt.

2.1 Fasten und Gebet

Bereits in den Schriften des Neuen Testaments ist mehrfach davon die Rede, dass die Gemeinde bei „Fasten und Gebet" zusammenkommt (z.B. *Apg* 14,23) und einmütig im Glauben versammelt ist. Die *Didache*, eine Art Gemeinderegel von wohl palästinisch-syrischer Provenienz, erlaubt uns den Blick in eine christliche Gemeinde zu Beginn des zweiten Jahrhunderts. Sie liegt in mehreren Übersetzungen vor, Teile von ihr werden zudem von mehreren späteren Kirchenordnungen und Gemeinderegeln aufgenommen – von der *Apostolischen Kirchenordnung* (Anfang 4. Jh., Ägypten) bis hin zur *Äthiopischen Kirchenordnung*. Die Schrift fand somit weite Verbreitung im ganzen christlichen Osten. Der achte Abschnitt der *Didache* setzt mit Weisungen über die Fasten- und Gebetspraxis ein. Hier finden wir erstmals niedergeschrieben, dass am „vierten Tag und am Rüsttag" zu fasten sei, das ist, anders als die jüdische Praxis, am Mittwoch und Freitag. Das Gebet des Herrn ist dreimal am Tag zu verrichten – Grunddaten, die die späteren Jahrhunderte variantenreich weiterentwickeln sollten. Die aquitanische Pilgerin *Egeria* kann gegen Ende des vierten Jahrhunderts bereits von diesbezüglich ausgeprägten Gebräuchen in Jerusalem und aus Stätten des gesamten Vorderen Orients berichten.

Fasten

Aphrahat († nach 345), bekannt als der „persische Weise", hat mit seinen Unterweisungen ein Stück spiritueller Literatur von bleibendem Wert geschaffen. Entsprechend den 22 Buchstaben des syrischen Alphabets legt er ebenso viele Abhandlungen in zwei Teilen (datiert 337 und 344) dar, um im Sommer des darauf folgenden Jahres ein Nachtragskapitel anzufügen – ein Buch, das den spirituellen Durst heute noch zu stillen vermag.

Über das Fasten heißt es in der dritten Unterweisung, dass diesem eine profunde Schutzfunktion zukommt (alle Zitate nach Bruns: Aphrahat, *Unterweisungen*).

> *„Erlesen ist das reine Fasten vor Gott und gehütet wie ein Schatz im Himmel, eine Waffe gegen den Bösen, ein Schild, der die Pfeile des Feindes auffängt.* (3,1)

Damit ist neben dem Motiv des Fastens auch jenes der Auseinandersetzung mit einer bedrohlichen Welt genannt, womit an dieser Stelle zunächst nicht die politische Situation des Christentums im Perserreich gemeint ist. Das christliche Leben wird insgesamt als Bewährung im Kampf gegen die Macht des Bösen angesehen – ein in vielen Entwürfen der christlichen Askese wiederkehrendes Motiv. Von den vielfältigen Formen des Fastens heißt es in einem anderen Passus:

> *„Fasten bedeutet nämlich, mein Lieber, nicht nur die* [Enthaltsamkeit] *von Brot und Wasser, sondern zahlreich sind die Beobachtungsformen des Fastens. Es gibt nämlich welche, die sich des Brotes und des Wassers enthalten, bis sie Hunger und Durst verspüren, und es gibt welche, die fasten, um jungfräulich zu bleiben, die hungern und nicht essen, die durstig sind und nicht trinken; dieses Fasten ist vorzüglicher. Und es gibt welche, die in Heiligkeit* [sexuelle Enthaltung] *fasten; auch das ist ein Fasten. Es gibt welche, die sich des Fleisches enthalten und des Weines und jeglicher Speise. Es gibt welche, die fasten, indem sie eine Sperre für ihren Mund errichten, damit er keine hässlichen Worte spricht."* (3,1)

Unter den vielen anderen Beispielen für Fasten aus dem biblischen Schrifttum findet sich bei Aphrahat auch jenes der Niniviten. Es interpretiert die Umkehr der Bewohner von Ninive, so wie es im Buch des „kleinen Propheten" Jona geschildert ist. Das historische Ninive liegt gegenüber der heutigen nordirakischen Stadt Mosul auf der anderen Seite des Tigris mit ihren mehr als gefährdeten christlichen Gemeinden. Das Ninive-Fasten hat Eingang gefunden in die Kalender der orientalischen Kirchen.

> *„Ein reines Fasten hielten ferner die Niniviten, nachdem Jona ihnen Umkehr gepredigt hatte. So steht nämlich geschrieben, dass sie, als sie die Predigt des Jona gehört hatten, ein beständiges Fasten ansetzten und ein inständiges Flehen um Gnade, wobei sie in Sack und Asche saßen."* (3,7)

Gebet

Sieht man von Abhandlungen über das Vaterunser als das Gebet, das zu beten der Herr aufgetragen hat, ab, so bietet der persische Weise Aphrahat auch einen ersten richtiggehenden Traktat über das christliche Beten.

> *„Die Reinheit des Herzens ist ein hervorragenderes Gebet als alle (anderen) Gebete, die mit lauter Stimme gesprochen werden, und die Stille, wenn sie gepaart ist mit einem reinen Sinn, ist mehr wert als das laute Geschrei, wenn jemand brüllt. (4,1)*

> *Seine [des Gebetes] Macht ist gewaltig überragend wie die Macht des reinen Fastens (4,1)*

> *Wie ich dich oben ermahnt habe, erhebe, wenn du betest, dein Herz nach oben, deine Augen aber nach unten und tritt ein in deinen inneren Menschen und bete im Verborgenen zu deinem Vater im Himmel (vgl. Mt 6,6)".* (4,13)

Aphrahat bietet sogar eine Art Typologie des Gebetes (Bittgebet, Dankgebet, Lobpreis), setzt diese zudem in Bezug zu Befindlichkeit und Stimmung, die eben dieses oder jenes Gebet hervorbringen lassen:

> *„Wenn du Kummer hast, bringe eine Bitte vor! Wenn du reichlich versorgt bist durch seine guten Gaben, sollst du dem Geber danken! Wenn der Sinn heiter ist, bring Lobpreis dar!"* (4,17)

Schließlich findet auch die biblische Weisung zu unablässigem Gebet (*Lk* 18,1 u.ö.) bei Aphrahat ihren Niederschlag, eine Forderung, die in besonderer Weise das Mönchtum verwirklichen wird:

> *„Um Wachsamkeit sei bemüht, entferne von dir Schläfrigkeit und Schwerfälligkeit, bleibe wachsam Tag und Nacht und lass dich nicht lähmen!"* (4,16)

2.2 Askese und Mönchtum, Mystik

Askese

Der Begriff „Askese" wird höchst unterschiedlich verwendet. In seiner christlichen Prägung hat er mit Übungen zu tun, die zu einem Leben in der Nachfolge Christi und in die Gottesnähe führen sollen. Von zwei asketischen Grundübungen – dem Beten und dem Fasten – war vorhin bereits die Rede. Im besonderen werden markante asketische Existenzweisen von spirituellen Persönlichkeiten in den alten Kirchen des Orients ausgeprägt. Dabei gesellt sich allem Anschein nach zum Suchen der vielen Einzelnen (Eremiten- bzw. Anachoretentum) bald das Suchen nach spiritueller Nähe zu Gott in der Gemeinschaft (koinobitisches Mönchtum). Beide Formen bleiben über die Jahrhunderte nebeneinander bestehen. Und sie werden sich, von ägyptischem Boden ausgehend, über die gesamte Christenheit in Ost und West ausbreiten, vor allem, nachdem ihre Ideale schriftlich niedergelegt waren. Sind es zuerst kurze weise Ratschläge, biographische Notizen, Antworten, die in Form einfacher Sprüche und Sentenzen aufgeschrieben werden (*Apophtegmata Patrum, Gerontika, Alphabetika, Meterika, Ascetika* u.a.), so entsteht daraus bald ein komplexes Gebilde von Weisungen, die man dann als Mönchsregel bezeichnet. Solche Mönchsregeln werden früh von großen Persönlichkeiten redigiert und tragen deren Namen: die Regel des Pachomios, die Regel des Basileios usw.

Eremiten, Anachoreten

Die beiden Begriffe „Anachoreten" und „Eremiten" sind austauschbar. Denn sie bezeichnen jene Mönche oder Nonnen, die in der Abgeschiedenheit ein Leben in der Nachfolge Jesu führen.

Man kann in einem gewissen Sinne den großen Kirchenvater Origenes († 253/54) als den Ahnherrn der christlichen Mönchsbewegung betrachten. Ohne einen theologisch-spirituellen Traktat darüber zu verfassen, zeugt dennoch sein Leben von dem, was bald als monastisches Ideal ausformuliert sein wird: Sehnsucht nach dem Entfliehen aus dieser dinglichen Welt; unablässiges Gebet; Vertiefung in die Heilige Schrift als geistliche Nahrung; Jungfräulichkeit und Enthaltsamkeit, welche die künftige Heilswelt vorauszeichnen.

Am Anfang der literarisch fassbaren Entwicklung des Mönchtums steht im vierten Jahrhundert Antonios († 356), der sein Leben in der Abgeschiedenheit östlich des Nils zum Roten Meer hin verbringt. Ihm werden Briefe zugeschrieben, welche eine Art Einführung in das Mönchtum geben. Vor allem aber überliefert uns der große alexandrinische Patriarch Athanasios († 373) die Lebensgeschichte des Antonios. Die mit seinem Namen verknüpfte Mönchsregel ist wohl eine spätere Redaktion, die aber auf sein Gedankengut zurückgeht.

Neben diesem geistlichen Vater, der dem „antonitischen Mönchtum" seinen Namen gegeben hat, ist Makarios der Große († ca. 380/90) zu nennen – er gründet die Mönchskolonie in der sketischen Wüste, ferner im vierten Jahrhundert der Eremit Paulos von Theben († um 341).

Es scheint, dass die Formen des Anachoretentums auf syrischem Gebiet besonders reiche Gestaltungen hervorgebracht haben. Es wird bei mehreren antiken Autoren geschildert. Eine Stimme ist die des Theodoret von Kyrrhos († um 460), welcher das besonders eindrücklich in seiner *Historia religiosa* beschreibt. Zurückgezogenheit und Welt-flucht bilden hier ein Reklusentum, das bisweilen bizarr anmutende und extravagante Formen annimmt: Nichtschläfer (Akoimeten), auf Bäumen Lebende (Dendriten), Säulen-steher (Styliten) u.a. Gerade von letzteren erblicken wir im hl. Simeon († 459) ein bedeu-tendes Beispiel. Seine Säule wird gegen Ende des fünften Jahrhunderts zum Ziel der Pilgerfahrt, ein richtiggehendes Wallfahrtszentrum (*Qalat Siman,* südöstlich von Antocheia gelegen). Man sucht ihn auf, um Trost und Zuspruch zu erhalten, um seine Predigt zu hören und um dieses Vorbild des Büßertums in der Nachfolge Christi zu erleben.

Die Motivationen und Ideale für diese kompromisslose Selbstentäußerung des Eremitentums sind vielfältig. Ein Grundton ist jedoch erkennbar: der fortwährende Kampf gegen das Böse in einer Welt, welche als von Dämonen bedroht gesehen wird. So wurde auch Jesus in der Wüste herausgefordert und versucht. Auf einer psychologischen und individuellen Ebene ist der Kampf gegen die Leidenschaften zu führen, um zur inneren Stille (Hesychia) zu gelangen und so die Vereinigung mit Gott zu erreichen. Inniges Gebet und Kontemplation sind die Stufen auf dem Weg dorthin.

Koinobitisches Mönchtum

Selbst aus jahrelanger anachoretischer Erfahrung schöpfend, ist es Pachomios (um 290-346), der das *Koinobion* für alle Zeiten begründen sollte, die monastische Existenzweise als Mönchsgemeinschaft. In Tabennesi, einem Ort etwas nördlich von Theben, bildet er um das Jahr 323 eine Mönchsgemeinschaft und regelt deren Zusammenleben mit starker Hand. Er fügt den Idealen eines moderaten Eremitenlebens die Weisung zur körperli-chen Arbeit hinzu und schärft das beständige Gebet ein. Alle tragen das gleiche einfache Gewand. Zwar lebt man nicht unter einem einzigen gemeinsamen Dach, aber eine Mau-er friedet nunmehr die Häuser ein und bildet den Klosterbezirk mit nur einem Zugang. Einige Gebäude dienen gemeinsamen Zwecken (Kirche, Küche, Refektorium). Man hält Mahlgemeinschaft. Das Morgengebet verrichtet der Mönch oder die Nonne allein, die anderen Gebete werden gemeinsam unter der Leitung des Oberen vollzogen. Es gibt auch festgelegte Zeiten des Schweigens. Das Kennenlernen der Heiligen Schrift, der Schriften der Kirchenväter und der liturgischen Texte ist obligatorisch, vieles muss auswendig ge-lernt werden. Ein Krankendienst wird fest eingerichtet. Mit der Forderung, lesen und schreiben zu können, leistet die pachomianische Regel einen damals ungeahnten kulturge-schichtlichen Beitrag.

Die sogenannte *Regel des Pachomios* ist kein systematisches Lehrgebäude. Sie zielt viel-mehr auf die Pragmatik des täglichen Zusammenlebens ab. Sie gründet in einer tiefen Biblizität und in einer maßvollen Askese, im Kontrast etwa zur fast übertriebenen Stren-ge eines Schenute von Atripe († 466).

Basileios, der große kappadokische Theologe († 379), kennt das Einsiedlerwesen aus eigener Erfahrung. Er übt herbe Kritik und stellt es der gemeinschaftlichen Lebensweise der Mönche und Nonnen gegenüber. Wesentliche Punkte seiner Argumentation kann er aus den biblischen Schriften ableiten: das eremitische Leben stehe im Widerspruch zum Gebot der brüderlichen Liebe, es übe nicht die Vergebung ein und die Barmherzigkeit; niemand genüge allein sich selbst; manche Weisung des Herrn könne so schlechthin nicht erfüllt werden: der Besuch der Kranken, die Sorge um die Gefangenen, der Dienst der Gastfreundschaft; der Eremit vergrabe seine Gaben und mache sie nicht nutzbar.

Das Gewicht, welches das koinobitische Mönchtum durch die breite Rezeption der großen Regeln in Ost und West erhält, kann das Anachoretentum keineswegs auslöschen. Es erhält aber im Gegenüber einen neuen Stellenwert. Schließlich entstehen auch Formen, die als „idiorrhythmisch" bezeichnet werden: eine relative Eigenständigkeit und Unabhängigkeit einzelner, wiewohl innerhalb eines Verbandes lebend.

Söhne und Töchter des Bundes

Eine von Anachorese und Koinobium zu unterscheidende Form spiritueller Existenzweise hat sich bereits in den ersten christlichen Jahrhunderten auf syrischem Gebiet herausgebildet, die Söhne des Bundes (*bnai qyama*) und die Töchter des Bundes (*bnat qyama*). Dabei handelt es sich um Menschen, die sich durch freiwilliges Gelübde zu Ehelosigkeit oder im Falle bereits erfolgter Eheschließung zu Enthaltsamkeit, zu oftmaligem Fasten und Gebet verpflichten.

Wiederum ist es der persische Weise Aphrahat, der uns zuerst von diesem asketischen Stand berichtet. Nach ihm werden dann andere wie Ephraem der Syrer († 373) erneut von den Söhnen und Töchtern des Bundes Zeugnis geben.

Die Berufung in diesen Stand erfolgt grundsätzlich bereits durch die Taufe. Söhne und Töchter des Bundes in einem allgemeinen Sinn sind somit alle Getauften. In der spezifischen Verwendung des Ausdrucks aber kommt bei manchen Menschen eben noch diese neuerliche Bindung in Form des Gelöbnisses hinzu. Aphrahat findet dutzende Bilder, mit welchen er die neue Seinsweise andeutet, in einer Reihe von 53 Sinnsprüchen:

> „*Wer Engelsgestalt trägt* [vgl. *Mt.* 22,30], *werde unter den Menschen fremd.*
> *Wer das Haus im Himmel liebt, mühe sich nicht um den Lehmbau, der zerfällt.*
> *Wer die Demut liebt, wird Erbe im Land des Lebens* [*Mt* 5,5].
> *Wer den Geist Christi empfängt, schmücke seinen inneren Menschen.*
> *Wer den neuen Menschen anzieht, bewahre sich vor jeglichem Dreck* [vgl. *Eph* 4,24].
> *Wer über das Gesetz des Herrn nachsinnt, lasse sich durch die Gedanken der Welt nicht beirren.*
> *Wer das Joch der Heiligen trägt, setze sich hin und schweige* [*Klgl* 3,27f].
> *Wer die Ruhe liebt, hoffe auf den Herrn die Hoffnung des Lebens.*"

(Aphrahat: *Unterweisungen*, 6,1)

Der persische Weise bietet gar eine endzeitliche Perspektive, die er wiederum in mehreren Bildern ausmalt.

> „*Erwählte, bereitet euch! Das Licht ist aufgestrahlt, herrlich und schön, die Gewänder, die nicht von Menschenhand gemacht sind, liegen bereit. Der Lärm kommt näher, die Gräber öffnen sich* [vgl. *Mt* 27,52], *was in sie gelegt worden ist, wird offenbar, Tote stehen auf, und Lebende fliehen dem König entgegen. Das Gastmahl ist bereitet, das Horn ermuntert, die Posaunen mahnen zur Eile. Die Engel des Himmels eilen dahin, der Thron für den Richter ist bereit.* [...] *Die Gnade zieht vorüber, es herrscht die Gerechtigkeit; Umkehr gibt es an jenem Ort nicht mehr. Der Winter hat sich genaht, der Sommer ist vorüber. Der Sabbat der Ruhe kommt, die Mühe ist zu Ende. Die Nacht weicht, das Licht kommt zur Herrschaft.*"

(Aphrahat: *Unterweisungen*, 6,1)

Mit manchen seiner Ausführungen lässt Aphrahat dann an eine Art Tugendkatalog denken, wenn er nicht nur vom eschatologischen Ausblick kündet, sondern von den Verhaltensweisen, die in dieser Welt schon mit dem künftigen Aeon korrespondieren:

> *„Höre nun, mein Lieber, was ich dir schreibe, all das, was sich für die einzelnen schickt, die Bundessöhne, die Jungfrauen und Heiligen. [...] dass er eifrig um Fasten und Beten bemüht ist, dass er in der Liebe Christi glüht, dass er demütig, bescheiden und verständig ist, dass sein Wort ruhig und angenehm ist, dass sein Sinn mit jedem rein ist, dass er seine Worte abgewogen spricht, dass er einen Zaun um seinen Mund macht, [um] keine verletzenden Worte [hervorzubringen], dass er voreiliges Gelächter von sich fernhält, dass er keinen Schmuck für seine Kleidung liebt.“*

(Aphrahat: Unterweisungen, 6,8)

Mystische Schau

Zahlreich und vielfältig sind die Formen der christlichen Askese. Ihre Ausprägungen konsequent und systematisch zu Ende denkend, entstehen Perspektiven einer mystischen Schau, Entwürfe einer mystischen Vereinigung mit Gott.

In den orientalischen Kirchen ist solche Gottesschau vor allem mit einem Namen verbunden: Evagrios vom Pontos († 399/400). Seine asketische Erfahrung wurde von den Anachoreten Ägyptens geprägt. Aus all dem, was er hier aufnimmt, formt er ein ganzes Lehrgebäude (vgl. etwa die *Kephalaia gnostika*, den *Praktikos* und *De oratione*).

Die erste Stufe ist die asketische Praxis. Dies ist der spirituelle Weg, die Seele von ihren Leidenschaften zu reinigen. Als Ziel winkt die Leidenschaftslosigkeit (*apatheia*). Freilich, der Weg dorthin ist gefährdet, vor allem durch die Macht der Dämonen, denn diese sind es, welche die Begierden fortwährend neu entfachen.

Hat man diese Stufe bewältigt, so gelangt man zur Schau (*theoria*) der physischen und geistigen Wesenheiten. Diese Schau ist bereits spirituelle Erkenntnis, sie lässt jene Weisheit erkennen, die Gott hinter die Dinge gelegt hat. Der Weg führt schließlich zur Gottesschau (*theologia*), wenngleich hier auf Erden noch nicht direkt, so doch als das formlose Licht, als das Licht der heiligen Dreifaltigkeit, welches sich im Gebet als Ort Gottes erhebt – Vereinigung im göttlichen Licht, jenseits aller Begrifflichkeit.

Wenngleich die Lehre des Evagrios auf dem Konzil von Konstantinopel im Jahre 553 des Origenismus angeklagt und verurteilt wurde, sollte sich seine asketische Doktrin über den ganzen Osten verbreiten und sie wird auch im Westen rezipiert werden. Seine asketischen Schriften werden fortan unter einem Pseudonym Verbreitung finden.

In der syrischen Tradition wird seine mystische Lehre von Stephan bar Sudaili (6. Jahrhundert) weitergeführt und auf die Spitze getrieben. Dessen *Buch des heiligen Hierotheos* spricht schließlich von der „Vermischung“ und der Aufhebung jeglicher Unterschiede im göttlichen Wesen:

> *„Du aber, mein Sohn, wisse, dass die Natur von allem dazu bestimmt ist, mit dem Vater vermischt zu werden. Nichts geht zugrunde, nichts wird zerstört, nichts geht verloren. Alles kehrt zuück, alles wird geheiligt, alles vereinigt, alles vermischt.“*

(5,2; Pinggéra: All-Einheit, 187)

*„Die Höllen werden vergehen, die Qualen ein Ende finden, die Gefangenen befreit wer-
den, den Verworfenen wird nämlich vergeben werden, die Verstoßenen werden wiederkeh-
ren und die Fernen werden in die Nähe gebracht werden."*

(5,2; Pinggéra: All-Einheit, 189)

*„Denn Gott wird vergehen, Christus wird ein Ende finden und der Geist wird nicht mehr
‚Geist' genannt werden. Denn die Namen vergehen, nicht aber das Wesen."*

(5,2; Pinggéra: All-Einheit, 193)

Diese radikal zu Ende gedachte Vision der Allversöhnung blieb in der syrischen Theologie nicht ohne Widerspruch, sie fand aber auch Zuspruch. Der Versuch, das *Buch des
heiligen Hierotheos* in rechtgläubigen Sinne zu interpretieren, findet sich in dem ihm ge-
widmeten Kommentar des Gregor Bar Hebraeus († 1286).

Gregor von Narek († 1010)

Aus der Fülle von Verfassern mystischer Gebete und Texte der orientalisch-christlichen
Tradition sei der Name des Gregor von Narek herausgegriffen. Sein *Buch der Klage-
gesänge* – „Worte zu Gott aus der Tiefe des Herzens" – kann zu Recht als ein Stück
Weltliteratur betrachtet werden. Dieses Werk, der „Narek", wird in der armenischen
Tradition gleich neben die biblischen Schriften gestellt. Es wurde in viele Sprachen über-
setzt und wird bis in die Gegenwart überaus gerne gelesen.

Gregor erhält seine theologische und spirituelle Bildung in dem Kloster von Narek. Es
liegt südlich des Van-Sees in der historischen Provinz Mokk, in der heutigen Südosttürkei.
Gregor ist ein ungemein belesener Mönch von tiefer Spiritualität.

In seinen Klagegesängen, den Zwiegesprächen mit Gott, sind 95 Gebete von unterschiedlicher Länge wie an einer Perlenschnur aufgereiht. Gregor besingt in einem elegi-
schen Ton die Verfallenheit der sündhaften menschlichen Natur und stellt diese der göttlichen allerbarmenden *Majestas Domini* gegenüber, in hunderten, in tausenden Sprach-
bildern. In seinen Lieder flicht er das Bekenntnis zu seiner Kirche ein – gewiss auch ein
Reflex auf die dogmatischen Herausforderungen seiner Zeit, denn sein Kloster stand im
Einflussbereich der byzantinischen, d.h. chalkedonensischen Theologie. Aus dem Buch
spricht der häufig variierte brennende Wunsch nach innerer Vereinigung mit Christus. Es
ist zugleich Heilmittel, das zur Tröstung gereicht. In das Ich des Schreibers sind alle künftigen Lesenden und Hörenden aufgenommen, sie stehen dem Du Gottes gegenüber:

*„Laß, o Erbarmer, ungelegen den letzten Tag nicht kommen,
dass ich mich nackt und arm nicht auf den Weg ans Ende begebe,
reiche den bitteren Becher nicht in der Stunde des Dürstens,
verwehre mir nicht, o Barmherziger,
den Vorzug des Seelenheils,
mach, dass nicht wie ein plötzlicher Eindringling
über mich die Nacht des Todes hereinbricht, [...]*

*Dass nicht das Ende zur unrechten Zeit mich ereilt,
dass nicht mein Atem, verhauchend,
verlassen ist."*

(Nachdichtung A. Bostroem)

2.3 Eine reiche Klosterlandschaft

An entlegenen Orten fernab der Städte und zuweilen am äußersten Rande des besiedelbaren Gebietes entsteht im dritten Jahrhundert eine asketische Bewegung *en grand stile*. Aus dieser erwächst schließlich eine ungemein reiche Landschaft an Einsiedeleien, Klausen, Zellen und Klöstern. Die Kargheit wüstennaher oder anderer unwirtlicher Orte korrespondiert offenbar mit den asketischen Idealen. Alle altorientalischen Kirchen blicken auf ein reiches Klosterleben in vielfältiger Form zurück. Zahlreiche historische Klosteranlagen sind heute nur mehr archäologisch fassbar, von vielen haben wir Kenntnis aus dem alten Schrifttum, können sie aber nicht lokalisieren. Einige Klöster bestehen aber auch seit vielen Jahrhunderten ununterbrochen bis in die Gegenwart.

Die großen Klöster mit ihren Skriptorien und Akademien waren nicht nur die theologischen Bildungsstätten schlechthin, Orte der Bewahrung des Kulturerbes und dessen Weiterentwicklung. Sie waren Vermittler zwischen den Kulturen, Brücke zwischen den Sprachen, spirituelle und theologische Impulsgeber. Sie bildeten das Personalreservoir für die hierarchische Organisation der Kirchen. Sie gaben den Kirchen die geistliche Stetigkeit, wenn die politische Lage wieder einmal bedrohlich oder gar katastrophal war. Keine der altorientalischen Kirchen wäre ohne ihr Klosterleben denkbar. Im Folgenden kann ein flüchtiger Blick das ganze Panorama lediglich erahnen lassen.

Koptische Klöster

Die Koptisch-Orthodoxe Kirche kann auf die ersten Anfänge des christlichen Mönchtums überhaupt zurückblicken. Von hier aus wurde das spätere Mönchtum in Ost und West maßgeblich befruchtet.

In der Sketischen Wüste, südöstlich von Alexandreia im Wadi Natrun, sind vier frühe Klöster bis heute in Betrieb: das „Römerkloster" (*Dair al-Baramus*); das Makarioskloster (*Dair Anba Maqar*), nach Makarios dem Großen († 390) benannt; das Bischoikloster (*Dair Anba Bischoi*) um 400 entstanden; sowie das Syrerkloster (*Dair al-Suryan*), das eigentlich der Gottesgebärerin Maria geweiht ist. Interessant ist natürlich, dass es auf ägyptischem Boden bereits seit dem sechsten Jahrhundert ein „Syrer-Kloster" gibt – Ausdruck der geschwisterlichen Beziehungen der Syrisch- und der Koptisch-Orthodoxen Kirche. Es war jedoch nicht das einzige Kloster, in dem die syrisch-orthodoxe Tradition gepflegt wurde. Das Syrerkloster wurde im Jahr 1636 in koptische Obhut übernommen. In seinen elfhundert Jahren als Hort der syrischen Bildung wurden an diesem Ort über tausend syrische Handschriften gesammelt, darunter das älteste datierte syrische Manuskript aus dem Jahre 411. Die Syriaca der British Library und der Biblioteca Vaticana haben weidlich aus diesem Fundus geschöpft.

Von den Klöstern der östlichen Wüste zum Roten Meer hin seien das Antonioskloster (*Dair Anba Antuniyus*), benannt nach Antonios dem Großen († 359), und das Pauloskloster (*Dair Anba Bula*), nach dem Einsiedler Paulos von Theben († 341), hervorgehoben.

Neben dem „Roten" ist das „Weiße Kloster" (*Dair al-Abyad*), auf der Westseite des Nils bei Sohag gelegen, zu erwähnen. Es erfuhr mit der Persönlichkeit des Schenute von Atripe († 466) einen ungemein kulturellen und wirtschaftlichen Aufschwung. Das Weiße Kloster von Atripe war Zentrum der koptischen Literatur im sahidischen Dialekt

Oberägyptens. Schenute kann als Schöpfer des Sahidischen als Schriftsprache angesehen werden. Wenig ist geblieben von jener bedeutenden Bibliothek, die mehr als 500 Handschriften umfasst haben mochte: einige tausend Seiten, viele Einzelblätter, die in aller Welt zerstreut sind – darunter eine höchst bedeutende Sammlung liturgischer Gebete, die wahrscheinlich aus dem Griechischen ins sahidische Koptisch übertragen worden waren, ein Euchologion aus dem 10./11. Jh., freilich auch nur fragmentarisch erhalten.

Aus der Reihe der von Pachomios (290-346) gegründeten Klöster seien hervorgehoben: Tabennese, Pbow und Chenoboskion. Unter den Gründungen des Pachomios befanden sich auch zwei Frauenklöster.

Syrisch-Orthodoxe Klöster

Neben den vielfältigen Formen des Asketentums gab es seit jeher ein bedeutendes syrisches Mönchtum, das koinobitisch organisiert war. Einzigartig ist jenes bergige Gebiet in der heutigen Südosttürkei, welches man den „Berg der Gottesknechte" (*Tur Abdin*) nennt, mit seinen zahlreichen Klosteranlagen, von denen manche in die frühchristliche Zeit zurückreichen (vgl. S. 86). – Wiederum mögen einige der für die Syrisch-Orthodoxe Kirche wichtigen Klöster genannt sein:

- Das Kloster Mor Barsaumo liegt südöstlich von Malatya im Südosten der Türkei. Seinen Namen trägt es nach einem im fünften Jahrhundert weithin bekannten asketischen Mönch. Bis ins 12. Jahrhundert war das Kloster immer wieder Sitz des Patriarchen. Ein berühmter Abt des Klosters war Patriarch Michael der Große (1166-1199), der hier seine letzte Ruhestätte fand.

- Das Kloster Mor Gabriel (bei Qartmin, östlich von Midyat im Gebiet des Tur Abdin) wurde gegen Ende des vierten Jahrhunderts gegründet. Seine Kirche wurde im Jahre 512 fertiggestellt. Mor Gabriel hatte Katastrophen wie die Zerstörung durch die Mongolen im 14./15. Jh. und die Massaker von 1915 zu überdauern. Heute ist der Fortbestand des Klosters durch die türkische Religionspolitik akut gefährdet.

- Mor Mattai, eine Gründung des sechsten bzw. siebten Jahrhunderts und auf Älterem aufbauend, liegt hoch über dem Tal des Tigris im Nordirak. Eine Blüte erlangte das Matthäuskloster im achten Jahrhundert. Hier liegt Gregor Bar Hebraeus († 1286), der bedeutendste westsyrische Gelehrte, begraben.

- Das Safran-Kloster (*Dair al-Zafaran*), eine Wegstrecke ostwärts von Mardin (Südosttürkei), wurde der Überlieferung nach im ausgehenden vierten Jahrhundert gegründet. Es war einst Mar Augen gewidmet und dessen Erneuerer Mar Hanania (um 800). Über mehr als sieben Jahrhunderte hinweg war es bis zum Jahr 1923 Sitz des Patriarchen. Hier muss es eine vorzüglich sortierte Handschriftenbibliothek gegeben haben. Johannes von Dara hat hier im achten bzw. neunten Jahrhundert gewirkt. Ihm verdanken wir u.a. einen umfangreichen Liturgiekommentar. Aus dem Safran-Kloster stammt schließlich Ignatios Ephraem Barsaum, der von 1933 bis 1957 Patriarch war (vgl. S. 86).

- Das Kloster von Qenneschrin am Ostufer des Euphrat wurde von Johannes bar Aphtonia († 537) gegründet. Es war in den folgenden Jahrhunderten hochgeachtet. Hier studierte u.a. der große syrische Theologe und Gelehrte Jakob von Edessa

(† 708) klassisches Griechisch, ebenso Thomas von Harqel, der das syrische Neue Testament auf der Grundlage alter griechischer Handschriften penibel überarbeitet hat (616). Von Severos Sebokht († 667) und seinem Schülerkreis stammen wichtige Arbeiten zur Logik und Rhetorik des Aristoteles, aber etwa auch zur Astronomie.

- Das Markuskloster in Jerusalem ist seit dem 15. Jahrhundert Sitz eines Metropoliten der Syrisch-Orthodoxen Kirche. Durch Mor Athanasius Samuel († 1995) war es maßgeblich an der Erschließung hebräischer Schriftrollen nach den Funden am Toten Meer beteiligt.
- Auf das Syrerkloster (*Dair al-Suryan*) wurde bereits bei der Darstellung der ägyptischen Klöster hingewiesen.

Ostsyrische Klöster

Die Apostolische Kirche des Ostens kann auf eine reiche monastische Tradition zurückblicken, vor allem im Norden des Irak in der Gegend von Mossul. Die Geschichte der ostsyrischen Klöster ist in vielen Fällen eine Abfolge von Bedrohung und Zerstörung, von Wiederaufbau, erneuter Verfolgung und schlussendlicher Aufgabe. Viele Kirchen und Klöster wurden bereits im Mittelalter aufgelassen, sind heute verfallen oder gänzlich verschwunden. Was zu einem Teil überlebt hat, sind ihre literarischen Produkte, ihre Handschriften und die beredten Zeugnisse der archäologischen Relikte.

- Das Kloster des Rabban Hormizd, eines asketischen Mönches, wurde im frühen siebten Jahrhundert gegründet. Es liegt „wie ein Vogelnest" in den Bergen knapp nördlich von Alqosch im Nordirak, nördlich von Mosul. Eine Reihe von Katholikoi-Patriarchen hat hier ihre Grablege. Neben einer in der Blütezeit bedeutenden Bibliothek finden sich heute an diesem Ort in Stein geschnittene Kalligramme mit theologischen Texten in der alten syrischen Estrangelo-Schrift.
- Die Anfänge des Klosters von Mar Augen, in den Izla-Bergen nordöstlich von Nisibis gelegen, reichen weit ins erste Jahrtausend zurück. Wie aus Kolophonen (Nachschriften am Ende eines Manuskriptes) zu ersehen ist, gab es an diesem Ort seit der Jahrtausendwende eine Schreibertradition. Mar Augen stand in engem Kontakt zum Kloster des Rabban Hormizd. Heute ist Mar Augen der Syrisch-Orthodoxen Kirche zugehörig. Dieses Beispiel zeigt die Beziehungen der syrischen Kirchen untereinander, die als Nachbarn über Jahrhunderte hinweg trotz der dogmatischen Differenzen in einer arabischen Welt zu bestehen hatten.
- Vom Berg Izla ging um die Mitte des sechsten Jahrhunderts eine monastische Reformbewegung aus, an deren Spitze Abraham von Kaschkar stand. Er hatte das ägyptische Mönchtum kennengelernt und war an der Schule von Nisibis ausgebildet worden. Im Jahre 571 gab er dem von ihm gegründeten Kloster eine Regel, welche das Leben der Mönche ordnete, vom Gebet bis zu den liturgischen Diensten, von der brüderlichen Sanftmut bis zur klösterlichen Ruhe und dem Schweigen. Die Mönche wohnten in Zellen und in Höhlen. Eine Abgrenzung des Klosterbezirkes durch eine umfassende Mauer gab es nicht. In der Regel traf sich die Mönchsgemeinschaft am Sonntag zur Liturgie. Abraham führte für seine Mönche die kreuzförmige Tonsur ein. – Mit diesem Modell sollte Abraham prä-

gend werden für die gesamte weitere Geschichte der Mönchsbewegung innerhalb der Apostolischen Kirche des Ostens.

Armenische Klöster

Ähnlich wie in den anderen christlich-orientalischen Kirchen, kommt auch den Klöstern der armenischen Tradition in den Unbilden der historischen Ereignisse eine besondere identitätsstiftende und -erhaltende Rolle zu. Sie waren zudem die Bildungsträger schlechthin, Orte an denen die Wissenschaften ebenso gepflegt wurden wie das spirituelle Leben. Bereits um das Jahr 600 wird die Regel des Basileios ins Armenische übertragen. Sie wird im Weiteren die gesamte armenische Klosterdisziplin prägen. Eine nachhaltige Tradition von Nonnenklöstern hat sich in Armenien niemals herausgebildet.

Immer wieder nehmen wir heute noch im Nahbereich der historischen Klöster auch die Spuren einstigen Eremitentums wahr – so etwa bei der Anlage von Geghard (s.u.). Für diese Einsiedler wird in einem Bittgebet der aus dem Griechischen übersetzten *Basileios*-Anaphora gebetet: „Gedenke, Herr, derer, die auf den Bergen, in den Einöden, in Höhlen und Erdlöchern wohnen." Neben dem koinobitischen Mönchtum hat es über die Zeiten hinweg auch in der armenischen Kirche den eremitischen Weg in der Nachfolge Christi gegeben.

Das Augenmerk kann hier nur auf einige herausragende Klöster gelegt werden, die im Folgenden mit grobem Strich vorzustellen sind – die Auswahl aus einer Tausendschaft:

- Edschmiatzin, das alte Vagharschapat, bildet heute so etwas wie einen Kirchenbezirk. Hier, 20 km südwestlich der Hauptstadt Erevan, ist nicht nur der Sitz des Kirchenoberhauptes, des Katholikos aller Armenier. An diesem Ort gibt es auch ein kirchliches Seminar, eine Druckerei, eine wichtige Bibliothek, ein Museum sowie eine reich bestückte Reliquienkammer. Von hier gehen heute anhaltende Impulse für die Erneuerung der theologischen Wissenschaft und für die Wiedereinrichtung des Mönchswesens aus. – Zu diesem Kirchenbezirk und der sie umgebenden gleichnamigen Stadt gehören auch die alten Klosterkirchen, die den heiligen Märtyrinnen *Hripsime* und *Gajane* gewidmet sind. Deren Kirchen wurden 618 und 630 errichtet. Ihr Martyrium und das ihrer Begleiterinnen steht im Zusammenhang mit der Bekehrungsgeschichte des armenischen Volkes.

- Das „Lanzenkloster" Geghard oder „Höhlenkloster" (*Ayrivank'*, weil ganze Räume aus dem Stein herausgehauen wurden) ist seit dem neunten Jahrhundert in den Quellen belegt. Es liegt eine Wegstrecke östlich der Hauptstadt Erevan. Hier wurde für lange Zeit die Reliquie jener Lanze (armen. *geghard*) aufbewahrt, welche VonJesus in die Seite gestoßen wurde. Heute befindet sie sich in einem edelmetallenen Reliquiar in Edschmiatzin. Geghard ist eines von wenigen armenischen Klöstern, die wieder in Betrieb sind. Es ist das Ziel einer bedeutenden Wallfahrt.

- Das Tatev-Kloster, aus dem 10./11. Jh., in der südarmenischen Provinz Siwnik gelegen, war zeitweise Sitz eines Metropoliten. Es sah seinen Rang von dem benachbarten Kloster „Neukloster" (*Norawank'*) herausgefordert, insbesondere nach dem desaströsen Erdbeben des Jahres 1138. Dennoch brachte die hiesige Akademie eine der größten spirituellen und theologischen Persönlichkeiten der armenischen Kirche hervor, Gregor von Tatev († 1411).

- Gandzasar, in Karabach (Arzach) gelegen, war bis 1786 Sitz des kaukasus-albanischen Katholikos (vgl. S. 52f.) mit einem bedeutenden Skriptorium sowie einer Vardapetenschule (Akademie). Von hier aus leitet der Bischof von Karabach seine Diözese.

- Sanahin und Haghbat sind zwei äußerst wichtige Klosteranlagen ganz im Norden des armenischen Staatsgebietes, in einer reizvollen Landschaft über dem canyonartigen Taleinschnitt des Flusses Debed gelegen. Sanahin war bereits zu Ende des 10. Jahrhunderts Sitz eines Bischofs. Hier gründete der große Gregor Magistros (11. Jh.) eine Akademie. Ihm verdanken wir zahlreiche theologische, philosophische und naturwissenschaftliche Übersetzungen und Traktate, zudem zahlreiche Briefe sowie eine Geschichte des Alten und Neuen Testamentes in tausend gereimten Zeilen – hervorgegangen aus dem Wettstreit mit einem Araber.

- Das „Psalmenkloster" (*Saghmosavank'*), eine Autostunde nördlich von Erevan gelegen, thront über der Talkante des Flusses Kazach, zu Füßen des höchsten armenischen Berges Aragats. Der Name des Klosters verweist auf die einst berühmte Gesangschule, womit ein im 14./15. Jahrhundert höchst angesehenes Skriptorium einherging.

Zahlreich sind die Namen der großen Klöster aus kilikischer Zeit (1080/1198-1375), welche heute in der Türkei liegen: Drazark, Skevra, Akner u.a. In die Reihe der berühmten armenischen Klöster ordnen sich auch jene auf der Insel Aghtamar im Van-See (Türkei) ein, von den vielen Anlagen der Bagratiden-Stadt Ani (heute ebenfalls auf türkischem Territorium) ganz zu schweigen. Sie trug den Beinamen „Stadt der 1001 Kirchen".

In der Zeit des kleinarmenischen Königreichs Kilikien waren es besonders die Klöster des armenischen Kernlandes, welche sich den latinisierenden und manchmal auch vereinnahmenden Tendenzen der römischen Kirche widersetzten. Hier sind vor allem die nordarmenischen Klöster Haghbat und Sanahin zu nennen, ebenso wie Gandzasar und das in der Geschichte so plötzlich aus dem Blickfeld verschwundene Gladzor mit seiner hochangesehenen Universität.

Gegenwärtig liegen die wichtigsten Klöster außerhalb Armeniens in Jerusalem und Antelias (nördlich von Beirut/Libanon). In Antelias hat eines der beiden armenischen Katholikate seinen Sitz. Für die gesamte armenische Kultur und ihre wissenschaftliche Erschließung waren die armenisch-katholischen Klöster der Mechitaristen in Venedig und Wien äußerst bedeutsam. Der Orden ist nach seiner Gründerfigur Mechitar von Sebaste († 1749) benannt.

Äthiopische Klöster

Bereits in aksumitischer Zeit (5.-7. Jahrhundert) wurde die Regel des Pachomios aus dem Griechischen ins Geez übersetzt, möglicherweise auch die Vita Antonii und die Lebensgeschichte Paulos' des Eremiten, freilich mit nachträglichen äthiopischen Zusätzen. Neben diesen Regeln finden sich indes noch weitere, deren Urheber wir nicht kennen.

Im 13. Jahrhundert kommt es durch Abba Iyasus Moa († 1292) zu einer Reform des althergebrachten Mönchtums. Auf ihn geht die Gründung des Stephanusklosters im Hayq-See zurück. Deren Äbte hatten von da an den Vorrang unter allen Klöstern, sie nahmen nach dem kirchlichen Oberhaupt („Abunä") den zweiten Platz in der Hierarchie ein.

Dreihundert Jahre später geht dieses Amt unter dem Titel „Etschäge" auf die Äbte des Klosters Däbrä Libanos in Schäwa über. Heute sind die beiden Ämter vereinigt (vgl. S. 45).

Bei der Vielzahl äthiopischer Klöster (mehr als 800 werden gezählt) setzt um jene Zeit eine Tendenz zur Bildung von Großklöstern ein. Besondere Bedeutung erlangten etwa Däbrä Damo, das noch auf altkirchliche Zeit zurückgeht oder das bereits genannte Däbrä Libanos, das vom hl. Täklä Haymanot um 1284 gegründet wurde. Däbrä Bizän entwickelte sich zu einem monastischen Zentrum im Norden, gegründet von Filpos (Philippos), einem Schüler des Ewostatewos (Eustathios, † 1352), wohingegen es im Süden kaum ältere Gründungen gibt. Das Kloster am Berge Zeqwälä ist Ziel einer großen Wallfahrt zum hl. Abbo. Das Gebiet des Tana-Sees entwickelte sich zu einer blühende Klosterlandschaft mit mehr als einem Dutzend Inselklöstern. Ihr reiches Handschriftenerbe ist bereits wissenschaftlich erfasst worden. Zu erwähnen ist schließlich das äthiopische Kloster in Jerusalem.

Die Klöster sind oft als Doppelklöster organisiert, wobei Mönche und Nonnen in getrennten Bereichen leben, bisweilen haben die Nonnen ihr Zuhause unweit der Mönche, manchmal auch fernab von diesen. Über einen langen Zeitraum hinweg war es üblich, dass ein Mitglied aus der Familie in ein Kloster eintritt. Häufig waren es Kinder, die so in ein Kloster kamen, auch um einen älteren Mönch dort zu beerben, d.h. von ihm unterwiesen zu werden und seine Bücher zu bewahren.

Nach den Jahrzehnten gravierender politischer Brüche und Umbrüche ist das äthiopische Mönchtum gegenwärtig dabei, seine Identität aus der Tradition neu zu bestimmen. Zweifelsohne kommt der äthiopischen Mönchstradition eine bleibende Bedeutung bei der Missionierung und der theologischen wie spirituellen Bildung des Landes zu.

2.4 Dienst und Frömmigkeit der Schreiber

Manche Erscheinungsformen christlich-orientalischer Frömmigkeit mussten in diesem Überblick ausgespart werden, etwa das Pilgerwesen, der Reliquienkult, die Ikonenkunst und die Malerei in Handschriften, die ganz eigene Tradition der armenischen Kreuzsteine („Chatschkare") oder die wunderbar vielfältige Welt der kirchlichen Kalender. Stattdessen soll am Ende dieses Beitrages noch von einer Spiritualität die Rede sein, die zur Bewahrung des Wissens beitrug und dem aufgezeichneten Wort eine eigene Kultur gegeben hat. Zumeist kennen wir Namen der Schreiber nicht, noch weniger als die Namen derer, die diese Bücher studiert haben, um ihnen Sinn und Bedeutung abzuringen. Doch manchmal erfahren wir von der Mühsal und Beschwernis des Schreibens aus den Nachschriften („Kolophonen"), den am Ende der Arbeit angefügten Vermerken des Kopisten.

In diesen Kolophonen wird oft eine ganze Welt ausgebreitet. Aus ihnen erfahren wir so manches über die historische Stunde, die ein Buch hat entstehen lassen, wir erfahren von Krieg und Not, von Schönheit und von mancher Katastrophe. Ungezählt sind die Gebete, die oft kunstvoll gestaltet sind, ungezählt aber auch die Verwünschungen, welche der Kopist jenen an den Kopf wirft, die das nun vollendete Buch entehren, es missbrauchen oder zerstören. Und vielgestaltig sind schließlich die Bitten, die der Schreiber für sich selbst ausspricht, für begangene Fehler und Unachtsamkeiten. Wir hören von der Last, die heiligen Schriften fehlerlos abzuschreiben und von der ermattenden Hand, die doch an ihr Ziel gelangt. Aus alledem spricht eine große Ehrfurcht, die vor dem Heiligen, insbesondere den biblischen Schriften und den liturgischen Gebeten, empfunden wurde. Aus einem Kolophon des sogenannten *Lemberger Evangeliars*, einer armenischen Prachthandschrift vom Ende des 12. Jahrhunderts, finden wir das hehre Ziel der Schreibschule zum Ausdruck gebracht: die Worte des Herrn „in überaus herrlicher Zierde und prächtigem Glänzen den Augen zum Anblick darzubieten." (Übersetzung von Andrea B. Schmidt in: *Das Lemberger Evangeliar*, 101).

In den Kirchen des christlichen Orients wurde der Dienst des Schreibers hoch geachtet. Es war ein Dienst in der Nähe des Heiligen. Der Akt des Schreibens war beinahe ein liturgischer, er begann oft mit dem Gebet auf den Lippen und endete mit einem solchen. In vielen Kolophonen finden sich schöne Metaphern, die vom langen Atem des Schreibers erzählen, wenn er am Ende angekommen ist. Mit einem Zitat aus einem solchen Kolophon soll auch dieser Beitrag und mit ihm das vorliegende Buch beschlossen sein:

> *„So wie der Seemann sich freut, wenn sein Schiff den Hafen erreicht hat,*
> *so jubelt auch der Schreiber bei der letzten Zeile, die er schreibt."*

(Brock: Die verborgene Perle II, 260)

Glossar

Abunä	(äth. „unser Vater") Traditioneller Titel für das geistliche Oberhaupt der Äthiopisch-Orthodoxen Kirche (bis 1959 → der Metropolit, seither der Patriarch).
Adoptianismus	Eine christologische Lehrauffassung, nach der Jesus ein gewöhnlicher Mensch war, der während der Taufe von Gott als Sohn angenommen („adoptiert") worden ist.
Akklamation	In der Liturgie der Kirche eine Bekräftigungsformel der Gemeinde für das soeben Gesagte (z.B. „Amen").
Anamnese	(adj. anamnetisch) In der Liturgie der Kirche die lobpreisende „Erinnerung" (griech. *anamnesis*) an die Heilstaten Gottes. Sie ist Teil des eucharistischen Hochgebetes.
Anachoret	Vertreter einer frühen Form des christlichen Mönchtums, der alleine und losgelöst von einer Gemeinschaft für sich lebt. Als Begründer dieser Form gilt Antonios.
Anaphora	(griech. „Darbringung") In den Ostkirchen übliche Bezeichnung für das eucharistische Hochgebet.
Anathema	Kirchenbann.
Apostasie	Abfall vom Glauben.
Approbation	Im Kirchenrecht die Bestätigung einer Ernennung oder eines kirchlichen Rechtsaktes.
Assistenz	In der Liturgie: Zusammenfassende Bezeichnung aller Inhaber liturgischer Dienste neben dem Hauptzelebranten.
Autokephalie	Die in den → östlich-orthodoxen und → orientalisch-orthodoxen Kirchen übliche Bezeichnung für Kirchen, die von einem eigenen Oberhaupt regiert werden.
Bema	Im ostsyrischen Ritus der erhöhte liturgische Ort in der Mitte des Kirchenschiffs.
Benediktion	Segenshandlung.
Canticum	Hier: Allgemeine Bezeichnung für einen liturgischer Lobgesang.
Chrismation	Salbung mit dem geweihten Öl (→ Myron) im Rahmen der → Initiation.
Communio	(lat. „Gemeinschaft") Hier: Kirchliche oder sakramentale Gemeinschaft.
Däbtära	Bezeichnung für den Angehörigen eines bestimmten Standes in der äthiopischen Kirche, dem die Ausführung des Kirchengesanges, des liturgischen Tanzes, von Lesungen und von Schreibarbeiten obliegt.
Doketismus	Eine frühe christologische Lehrauffassung, nach der der von Gott gesandte Erlöser nur zum „Schein" einen menschlichen Leib angenommen hat.
Dualismus	Hier: Auffassung, dass es nicht einen einzigen Gott gibt, sondern dass sich zwei (göttliche) Prinzipien einander gegenüber stehen.
Dynamistischer Monarchianismus	→ Adoptianismus.
Einsetzungsbericht	Die Worte, mit denen Jesus Christus das heilige Abendmahl bzw. die Feier der Eucharistie „eingesetzt" hat (*Mk* 14,22-25 parr. und 1*Kor* 11,23-26). Ihre Rezitation fehlt in der ostsyrischen → Anaphora nach Addai und Mari.
Ekklesiologie	Die Lehre vom Wesen der Kirche (griech. *ekklesia*).
Epiklese	In der Liturgie der Kirche ein Gebet, mit dem der Heilige Geist über eine Sache oder eine Person herabgerufen wird (griech. *epiklesis*, „Herabrufung").

Episkopat	Die Gesamtheit der Bischöfe (griech. *episkopos*, „Bischof").
Eschatologie	Die Lehre von den „letzten Dingen" (griech. *ta eschata*) wie Tod, Auferstehung, Gericht, ewiges Leben.
Etschäge	Titel des Abtes, dem die Aufsicht über sämtliche Klöster in der Äthiopisch-Orthodoxen Kirche übertragen war. Nach dem Metropoliten galt der Etschäge als zweithöchster Geistlicher der Kirche. Das Amt wurde 1951 mit dem des Metropoliten vereinigt
Euchologion	In den Ostkirchen eine Bezeichnung für das liturgische Buch, welches die Gebete beinhaltet, die der Vorsteher der Gemeinde zu sprechen hat.
Evangeliar	Ein liturgisches Buch, welches die Texte der vier Evangelien für den liturgischen Gebrauch der Kirche beinhaltet.
Filoque	Die von den Ostkirchen abgelehnte Lehre der abendländischen Kirche, wonach der Heilige Geist aus dem Vater „und dem Sohn" (lat. *filioque*) hervorgeht.
G^ehanta	(syr. „Verneigung") In der ostsyrischen Tradition ein Gebet des Priesters vor dem Altar in geneigter Haltung.
Heilsgeschichte	Eine Bezeichnung für Gottes Heilshandeln am Menschen.
Heilsökonomie	Ein anderes Wort für die → Heilsgeschichte.
Hermeneutik	Die Lehre vom Verstehen (griech. *hermenaia*).
Hierarch	Ein kirchlicher Würdenträger, der die → Jurisdiktion über ein bestimmtes Gebiet ausübt.
Homilie	Hier: Allgemeine Bezeichnung für die Predigt im christlichen Gottesdienst.
Hore	(lat. „Stunde") Eine Gebetszeit des → Stundengebetes.
Illuminator	Hier: Künstler, der bildliche Darstellungen („Illuminationen") in Handschriften anfertigt.
Inauguration	Hier: Feierliche Einführung in ein geistliches Amt.
Initiation	Bezeichnung für die Gesamtheit der liturgischen Riten, mit denen ein Mensch vollständig in die Gemeinschaft der Kirche aufgenommen wird.
Inkarnation	Die Menschwerdung Gottes in Jesus Christus.
Inzensieren	Das Beräuchern von Personen oder Gegenständen mit Weihrauch („Inzens").
Jurisdiktion	Die Rechts- und Verwaltungshoheit eines → Hierarchen über seine (Teil-) Kirche.
Kalif	Titel für den „Nachfolger" (arab. *khalifa*) des Propheten als Oberhaupt der Muslime.
Katechese	(adj. katechetisch) Kirchliche Glaubensunterweisung.
Katholikos	(pl. Katholikoi) Ursprünglich die Bezeichnung für den Ersthierarchen einer Kirche oder eines Kirchengebietes außerhalb des Römischen Reiches. Heute in manchen altorientalischen Kirchen ganz allgemein der Titel des leitenden Geistlichen.
Kollekte	Ein Fürbittgebet, bei dem der Priester die Anliegen der Gemeinde zusammenführt.
Komplet	Die Gebetszeit zur Nachtruhe im Rahmen des → Stundengebetes.
Konsekration	Liturgische Weihe einer Person oder Sache (hier: die Weihe des → Myrons).
Konvent	Hier: Klösterliche Gemeinschaft.
Legat	Hier: Ein bevollmächtigter Gesandter des römischen Bischofs.
Lektor	Vorleser der nicht dem Priester oder Diakon vorbehaltenen biblischen Lesungen.
Malka	(syr. „König") In der Eucharistiefeier der Apostolischen Kirche des Ostens wird ein Teil des konsekrierten Brotes immer zurückbehalten und in den Brotteig für die

	nächste Feier gemischt. Dieses Stück Sauerteig (*malka*) wird so in seiner Substanz stets bewahrt und geht nach kirchlicher Überlieferung bis auf das Abendmahl Jesu mit seinen Jüngern zurück.
Maphrian	Im 12. Jahrhundert aufgekommener Titel für den → syrisch-orthodoxen Katholikos, der nach dem Patriarchen als zweithöchster Geistlicher seiner Kirche galt und der die Leitungsvollmacht über das „östliche" (östlich der ehemaligen römischen Reichsgrenze) gelegene Kirchengebiet inne hatte. Im 19. Jahrhundert wurde das Amt abgeschafft, im 20. Jahrhundert aber unter anderen Vorzeichen in Indien neu belebt.
Markionitismus	Als Häresie verurteilte Lehre des Markion von Sinope († 160), die gekennzeichnet ist von dem Gegensatz zwischen dem bösen Gott des Alten Testamentes (Abwertung von Schöpfung und Gesetz) und dem Gott der Liebe, den erst Jesus offenbart hat. Anhänger dieser Lehre sind im Orient noch im fünften Jahrhundert bezeugt.
Metropolit	Bezeichnung für einen „Oberbischof", der einem Verband von einzelnen Bistümern vorstand und seinen Sitz in einer Provinzhauptstadt (=„Metropolis") hatte. In manchen Kirchen heute Bezeichnung für jeden Bischof.
Miaphysitismus	(adj. miaphysitisch) Die Lehre von der „einen (gott-menschlichen) Natur" (griech. *mia physis*) Christi, wie sie von den Anhängern Kyrills von Alexandrien vertreten wurde. Heute wird der früher übliche Begriff „Monophysitismus" zur Bezeichnung dieser Lehrform in der Forschung vermieden.
Myronweihe	Weihe des vornehmsten Salböles (Myron) der Ostkirchen; das Myron entspricht dem Chrisamöl des lateinischen Ritus.
Östlich-ortho- **doxe Kirchen**	Ostkirchen, die das Konzil von Chalkedon (451) anerkennen und eine (auch „byzantinisch" genannte) Kirchenfamilie bilden. In ihr kommt dem Ökumenischen Patriarchen von Konstantinopel der Ehrenvorsitz zu. Einen unumstrittenen → autokephalen Status genießen in dieser Kirchenfamilie die Kirchen von Konstantinopel, Alexandreia, Antiocheia, Jerusalem, Russland, Serbien, Rumänien, Bulgarien, Georgien, Zypern, Griechenland, Polen, Albanien sowie die Kirche von Tschechien und der Slowakei. In anderen Fällen ist der Anspruch auf Autokephalie innerhalb der östlich-orthodoxen Kirchengemeinschaft umstritten. Andere Kirchen besitzen nur einen „autonomen" Status: In ihren inneren Angelegenheiten sind sie selbständig, der Patriarch einer autokephalen Kirche besitzt aber Mitwirkungsrechte bei der Einsetzung ihres Kirchenoberhauptes.
Offiziant	Hier: Geistlicher, der einem Gottesdienst vorsteht.
Offizium	Andere Bezeichnung für → Stundengebet.
Orientalisch-ortho- **doxe Kirchen**	Kirchen mit → miaphysitischem Bekenntnis. Zu ihnen gehören: die Äthiopisch-Orthodoxe Kirche, die Armenisch-Apostolische Kirche, die Eritreisch-Orthodoxe Kirche, die Koptisch-Orthodoxe Kirche, die Malankara-Orthodoxe Syrische Kirche und die Syrisch-Orthodoxe Kirche.
Pneumatologie	Die Lehre vom Heiligen Geist (griech. *pneuma*).
Poenitent	Ein Christ im Büßerstand.
Pontifikale	Liturgisches Buch mit den dem Bischof vorbehaltenen liturgischen Funktionen.

Postbaptismale Salbung	Die Salbung nach dem Untertauchen im Taufwasser.
Praebaptismale Salbung	Die Salbung vor dem Untertauchen im Taufwasser.
Präexistenz	Hier: Existenz des Sohnes Gottes vor seiner Geburt aus der Jungfrau bzw. vor Erschaffung der Welt.
Präfation	Dankgebet am Beginn des eucharistischen Hochgebetes.
Presbyter	Im Kontext dieses Buches eine andere Bezeichnung für den Priester.
Primat	Die römisch-katholische Lehre von der höchsten Rechts- und Lehrgewalt des Bischofs von Rom über die Gesamtkirche.
Purgatorium	(lat. „Reinigungsort") Bezeichnung für das Fegefeuer.
Responsorium	Bezeichnung für einen Wechselgesang in der Liturgie, bei dem eine Chorhälfte der anderen „antwortet" (lat. *respondere*); hier als Äquivalent für das syrische *Onita* („Antwort") gebraucht.
Sakramentalien	In der Römisch-Katholischen Kirche eine Bezeichnung für Zeichenhandlungen, die nicht zu den Sakramenten gezählt werden, denen aber auch geistliche Wirkungen zugeschrieben werden (z.B. Weihe- und Segenshandlungen).
Sanctus	Der Gesang „Heilig, Heilig, heilig ist der Herr" aus *Jes* 6,3 am Ende der → Präfation.
Schisma	Eine Spaltung einer oder mehrerer Kirchen.
Skriptorium	Die Schreibstube eines Klosters.
Soteriologie	(adj. soteriologisch) Die Lehre von der Erlösung der Menschen durch Jesus Christus.
Stundengebet	Wortgottesdienste zu festgelegten Tagzeiten. Andere Bezeichnungen: Stundenliturgie, Tagzeitenliturgie.
Suffragane	Bischofssitze, die zur Kirchenprovinz eines → Metropoliten gehören.
Sukzession	Die Nachfolge der Bischöfe, besonders in der Vorstellung ihrer ununterbrochenen Nachfolge der Apostel („apostolische Sukzession").
Synoptische Evangelien	Die in Inhalt und Aufbau ähnlichen Evangelien von Matthäus, Markus und Lukas, die in einem bestimmten Abhängigkeitsverhältnis zueinander stehen.
Taufkatechesen	Kirchliche Unterweisung (→ Katechese), die im Rahmen der Taufvorbereitung gehalten wird.
Tonsur	Das rituelle Scheren des Haupthaares beim Eintritt in den Kleriker-/ Mönchsstand.
Unbefleckte Empfängnis	Die von der Römisch-Katholischen Kirche 1854 zum Dogma erhobene Lehre, dass Maria ohne Erbsünde empfangen wurde und so seit dem ersten Moment ihres Daseins von der Macht der Sünde befreit war.
Vardapet	Titel für einen armenischen Mönchspriester, der besondere theologische Kenntnisse erworben hat und u.a. zur Lehre in der Kirche berechtigt ist.
Zoroastrismus	Die auf den Religionsstifter Zarathustra (griech. „Zoroaster") zurückgehende dualistische Religion Irans (nach dem Schöpfergott Ahura Mazda auch „Mazdaismus" genannt).

Quellen- und Literaturverzeichnis

1. Quellen

1.1 Einzelne Autoren / Texte

Aphrahat

hom.   BRUNS, P.: *Aphrahat: Unterweisungen/Demonstrationes*, 2. Bde., Freiburg i. Br. 1991
                 (FC 5/1+2).

Bardaisan

                 NAU, F.: „Bardesanes: Liber legum regionum", *PS* I/2 (1907), 490-658.

Basileios von Kaisareia

ep. 236   MIGNE, J.-P.: „S.P.N. Basilii, Caesareae Cappodociae Archiepiscopi, Opera Omnia Quae
                 Exstant, Vel Quae Sub Ejus Nomine Circumferuntur, Tomus Quartus", *PG* 32 (1886),
                 883-884.

Benedictus Polonus

rel.   VAN DEN WYNGAERT, A.: *Sinica Franciscana I. Itinera et relationes fratrum minorum saeculi XIII
                 et XIV,* Quaracchi, Florenz 1929, 135-143 (= „Relatio fr. Benedicti Poloni").

Benjamin I.

                 MÜLLER, C.D.G.: *Die Homilie über die Hochzeit zu Kana und weitere Schriften des Patriarchen
                 Benjamin I. von Alexandrien*, Heildelberg 1968.

Chronik von Zuqnin

                 PALMER, A./ BROCK, P./ HOYLAND, R.: *The Seventh Century in the West-Syrian Chronicles*,
                 Liverpool 1993, 53-70.

Doctrina Addai

doct. Addai   ILLERT, M.: *Doctrina Addai. De imagine Edessena/Die Abgarlegende. Das Christusbild von Edessa*,
                 Turnhout 2007 (FC 45).

Egeria

itin. Eger.   RÖWELKAMP, G.: *Itinerarium/Reisebericht*, Freiburg i. Br. 1995 (FC 20).

Euseb von Kaisareia

h.e.   SCHWARTZ, E.: *Eusebius Werke II,1-3*, Leipzig 1903-1909 (GCS).

vita Const.   SCHNEIDER, H.: *Eusebius von Caesarea: De vita Constantini/Über das Leben Konstantins*, Turnhout
                 2007 (FC 83).

Evagrios Scholastikos

h.e.   HÜBNER, A.: *Evagrius Scholasticus: Historia Ecclesiastica/Kirchengeschichte*, 2 Bde., Turnhout 2007
                 (FC 57/1+2).

Gregor Bar Hebraeus

Buch der Taube BEDJAN, P.: *Ethicon seu Moralia Gregorii Barhebraei*, Paris, Leipzig 1898, 519-599 (= „Liber
                 columbae seu directorium monachorum Gregorii Barhebraei").

Hippolyt von Rom

ref.   WENDLAND, P.: *Hippolytus Werke III, Refutatio Omnium Haeresium*, Leipzig 1916, 239-265.

Ischoyahb III.

ep.   DUVAL, R.: *Ishoyahb Patriarchae III Liber Epistularium*, Paris 1905 (CSCO 11/12 Syr. 11/12).

Kyrill von Alexandreia

ep.   „Cyrilli epistula altera ad Nestorium", in: WOHLMUTH, J. (Hrsg.): *Conciliorum Oecumenicorum Decreta I: Konzilien des ersten Jahrtausends. Vom Konzil von Nizäa (325) bis zum Vierten Konzil von Konstantinopel (869/79)*, Paderborn u.a. 1998, 40-44.

     „Cyrilli epistula tertia ad Nestorium", in: Ebd., 50-61

Leo der Große

ep.   „Epistula Papae Leonis ad Flavianum Episcopum Constantinopolitanum de Eutychem" [= *Tomus Leonis*], in: WOHLMUTH, J. (Hrsg.): *Conciliorum Oecumenicorum Decreta I: Konzilien des ersten Jahrtausends. Vom Konzil von Nizäa (325) bis zum Vierten Konzil von Konstantinopel (869/79)*, Paderborn u.a. 1998, 77-82.

     SCHWARTZ, E.: „ Ad Pulcheriam Augustam (ep. 95)", *ACO*, I.2,4 (1932), 50-55.

Michael der Syrer

chron.   CHABOT, J.-B.: *Chronique de Michel le Syrien, Patriarche jacobite d'Antioche (1166-1199)*, 4 Bde., Paris 1899-1910, Nachdruck: Bruxelles 1963.

Nestorios

ep.   „Nestorii epistula altera ad Cyrillum", in: WOHLMUTH, J. (Hrsg.): *Conciliorum Oecumenicorum Decreta I: Konzilien des ersten Jahrtausends. Vom Konzil von Nizäa (325) bis zum Vierten Konzil von Konstantinopel (869/79)*, Paderborn u.a. 1998, 44-50.

Nikephoros

brev. hist.   MANGO, C.: *Nikephoros Patriarch of Constantinople, Short History (Nicephori Patriarchae Constantinopolitani Breviarium Historicum)*, Washington, D.C. 1990 (CFHB).

Pseudo-Methodios

apoc. Meth.   REININK, G. J.: *Die syrische Apokalypse des Pseudo-Methodius*, Louvain 1993 (CSCO 540/541 Syr. 220/221).

Severos von Antiocheia

ep.   BROOKS, E.W.: „A Collection of Letters of Severus of Antioch from Numerous Syriac Manuscripts", *PO* 12 (1985), 175-342.

hom.cat   BRIÈRE, M.: „Les Homiliae Cathedrales de Sévère d'Antioche", *PO* 29 (1960), 74-262.

Theodor von Mopsuestia

hom. cat.   TONNEAU, R./ DEVREESSE, R.: *Les Homélies Catéchétiques de Théodore de Mopsueste*, Città del Vaticano 1949, Nachdruck: Modena 1981.

Theodosios, Kaiser

C.Th.   MOMMSEN, Th.: *Codex Theodosianus I*, Berlin ²1954.

Timotheos I.

ep. 59   HEIMGARTNER, M.: *Die Disputation des ostsyrischen Patriarchen Timotheos (780-823) mit dem Kalifen al-Mahdi. Einleitung, Textedition, Übersetzung und Anmerkungen,* Habil.schr. Halle, Wittenberg 2006.

Timotheos Ailuros

contr. eos   NAU, F.: „Contra eos qui dicunt duas naturas", *PO* 13 (1919), 202-218.

ref. syn.   NAU, F.: „Refutatio synodi Chalcedonensis et tomi Leonis", *PO* 13 (1919), 218-238.

Wilhelm von Rubruk

itin.   VAN DEN WYNGAERT, A.: *Sinica Franciscana I. Itinera et relationes fratrum minorum saeculi XIII et XIV,* Quaracchi, Florenz 1929, 164-332 (= „Itinerarium Willelmi de Rubruc").

1.2 Synodalakten und Glaubensbekenntnisse

Bekenntnis des Areios an Alexander von Alexandreia, ca. 320

OPITZ, H.G.:   *Athanasius Werke, Dritter Band, Erster Teil: Urkunden zur Geschichte des Arianischen Streites 318-328,* Berlin, Leipzig 1934, 318-328.

Glaubensbekenntnis des Ökumenischen Konzils von Nikaia, 325

WOHLMUTH, J. (Hrsg.): *Conciliorum Oecumenicorum Decreta I: Konzilien des ersten Jahrtausends. Vom Konzil von Nizäa (325) bis zum Vierten Konzil von Konstantinopel (869/79),* Paderborn u.a. 1998, 5.

Glaubensbekenntnis des „Kirchweihkonzils" von Antiocheia, 341

KELLY, J.N.D.:   *Altchristliche Glaubensbekenntnisse Geschichte und Theologie,* Göttingen 1972, 266f.

Glaubensbekenntnis der Doppelsynode von Seleukeia und Ariminum, 359/360

KELLY, J.N.D.:   *Altchristliche Glaubensbekenntnisse Geschichte und Theologie,* Göttingen 1972, 287.

Glaubensbekenntnis der Synode von Seleukeia-Ktesiphon, 410

HALLEUX, A. de: „Le symbole des évêques perses au synode de Séleucie-Ctésiphon (410)", in: WIESSNER, G.: *Erkenntnisse und Meinungen II,* Göttingen 1978, 283-294 (deutsche Übersetzung in: BAUM/WINKLER: *Die Apostolische Kirche* [s.u. 2.3], 21).

Ökumenisches Konzil von Ephesos, 431, Urteil über Nestorios

SCHWARTZ, E.:   „Ἀπόφασις⬚ἐξενεχθεῖσα⬚κατὰ⬚Νεστορίου⬚ἣ⬚καθαιροῦσα⬚αὐτόν", *ACO* I.1,1.2 (1927), 54.

Einigungsformel zwischen Kyrill von Alexandreia und Johannes von Antiocheia, 433

Johannes von Antiocheia in seinem Brief „Πρώιην⬚ἐκ⬚θεσπίσματος" an Kyrill von Alexandreia:
SCHWARTZ, E.:   „Πρώιην⬚ἐκ⬚θεσπίσματος", *ACO* I.1,4 (1928), 7-9.

Kyrill von Alexandreia, Brief „Εὐφραινέσθωσαν⬚οἱ⬚οὐρανοί" an Johannes von Antiocheia:
SCHWARTZ, E.:   „Ἐπιστολὴ⬚Κυρίλλου⬚ἐπισκόπου⬚Ἀλεξανδρείας⬚πρὸς⬚Ἰωάννην", *ACO* I.1,4 (1928), 15-19.

Johannes von Antiocheia, Brief „Ἐπί⬚καλῶι" an Papst Xystus III:
SCHWARTZ, E.:   „Τοῦ⬚αὐτοῦ⬚ἐπιστολὴ⬚πρὸς⬚Ξύστον⬚ἐπίσκοπον⬚Ῥώμης ", *ACO* I.1,7 (1929), 158-160.

Synode von Ephesos, 449 (so genanntes „Räuberkonzil")

SCHWARTZ, E.:   „Gesta Ephesi 152-157", *ACO*, I.2,1.1 (1933), 90f..

Glaubensentscheidung des Ökumenischen Konzils von Chalkedon, 451

WOHLMUTH, J. (Hrsg.): *Conciliorum Oecumenicorum Decreta I: Konzilien des ersten Jahrtausends. Vom Konzil von Nizäa (325) bis zum Vierten Konzil von Konstantinopel (869/79)*, Paderborn u.a. 1998, 83-87

Henotikon des Kaisers Zenon, 482

SCHWARTZ, E.:   „Liberati Breviarum XVII: De ordinatione Iohannis catholici et damnatione Acacii", *ACO* I.2,5 (1936), 127,17-129,117.

Glaubensbekenntnis der Synode von Seleukeia-Ktesiphon, 486

CHABOT, J. B.:   *Synodicon Orientale ou Recueil de Synodes Nestoriens*, Paris 1902, 55.

Anathematismen des Ökumen. Konzils von Konstantinopel, 553, über die „Drei Kapitel"

WOHLMUTH, J. (Hrsg.): *Conciliorum Oecumenicorum Decreta I: Konzilien des ersten Jahrtausends. Vom Konzil von Nizäa (325) bis zum Vierten Konzil von Konstantinopel (869/79)*, Paderborn u.a. 1998, 114-122.

Glaubensbekenntnis Babais des Großen, 612

CHABOT, J.B.:   *Synodicon Orientale: ou Recueil de Synodes Nestoriens*, Paris 1902, 575.

2. Literatur

2.1 Nachschlagewerke, Überblicksdarstellungen

ALBERT, M./ BEYLOT, R./ COQUIN, R.-G./ OUTTIER, B./ RENOUX, Ch.: *Christianismes orientaux. Introduction à l'étude des langues et des littératures*, Paris 1993.

BADR, H. (Hrsg.): *Christianity. A History in the Middle East*, Beirut 2005.

BILLIOUD, J.-M.: *Histoire des chrétiens d'Orient*, Paris 1995.

DÖPP, S./ GEERLINGS, W. (Hrsg.): *Lexikon der antiken christlichen Literatur*, Freiburg i. Br. ³2002 [mit breiter Berücksichtigung christlich-orientalischer Autoren und Werke].

FARRUGIA, E.G. (Hrsg.): *Dizionario enciclopedico dell' Oriente cristiano*, Rom 2000.

FREND, W.H.C.: *The Rise of the Monophysite Movement, Chapters in the History of the Church in the Fifth and Sixth Centuries*, Cambridge 1972.

GRAF, G.: *Geschichte der christlichen arabischen Literatur*, 5 Bde., Città del Vaticano 1944-1953.

HAGE, W.: *Das orientalische Christentum*, Stuttgart 2007 [gründliche, gut lesbare und aktuelle Gesamtdarstellung der orientalischen Kirchengeschichte unter Einbeziehung der chalkedonensischen und unierten Kirchen – wer durch die Lektüre des vorliegenden Bandes „auf den Geschmack" am Christlichen Orient gekommen ist, sollte als nächstes zu dem wesentlich umfangreicheren Buch von Hage greifen]. *Pdh (Kirchen...)*

HEYBERGER, B. (Hrsg.): *Chrétiens du monde arabe. Un archipel en terre d'Islam*, Paris 2003.

KAUFHOLD, H. (Hrsg.): *Kleines Lexikon des Christlichen Orients*. 2. Auflage des Kleinen Wörterbuches des Christlichen Orients, Wiesbaden 2007 [das grundlegende Nachschlagewerk zu allen Aspekten des orientalischen Christentums].

KAWERAU, P.: *Amerika und die Orientalischen Kirchen. Ursprung und Anfang der amerikanischen Mission unter den Nationalkirchen Westasiens*, Berlin 1958.

KAWERAU, P.: *Ostkirchengeschichte*, 4 Bde., Louvain 1982-1984.

MÜLLER, C.D.G.: *Geschichte der orientalischen Nationalkirchen*, Göttingen 1981.

NYSSEN, W./ SCHULZ, H.-J./ WIERTZ, P.: *Handbuch der Ostkirchenkunde*, 3 Bde., Düsseldorf 1984-1997.

OELDEMANN, J.: *Die Kirchen des christlichen Ostens. Orthodoxe, orientalische und mit Rom unierte Ostkirchen*, Kevelaer ²2008.

O'MAHONY, A. (Hrsg..): *Eastern Christianity. Studies in Modern History, Religion and Politics*, London 2004.

— (Hrsg.): *Christianity in the Middle East. Studies in Modern History, Theology and Politics*, London 2008.

Orthodoxia, hrsg. vom Ostkirchlichen Institut Regensburg, Bd. 1ff., 1982ff. [Verzeichnis sämtlicher Hierarchen und Bischofssitze der nichtkatholischen Ostkirchen einschließlich der altorientalischen Kirchen; erscheint jährlich].

PARRY, K. (Hrsg.): *The Blackwell Companion to Eastern Christianity*, Oxford 2007.

QUACQUARELLI, A. (Hrsg.): *Complementi interdisciplinari di patrologia*, Rom 1989.

SINISCALCO, P. (Hrsg.): *Le antiche chiese orientali. Storia e letteratura*, Rom 2005.

TAMCKE, M.: *Das orthodoxe Christentum*, München 2004.

VALOGNES, J.-P. : *Vie et mort des chrétiens d'Orient. Des origines à nos jours*, Paris 1994.

WINKLER, D.W./ AUGUSTIN, K.: *Die Ostkirchen. Ein Leitfaden*, Graz 1997.

2.2 Allgemeine Voraussetzungen

2.2.1 Dogmengeschichtliche Orientierung

ABRAMOWSKI, L.: *Untersuchungen zum Liber Heraclidis des Nestorius*, Löwen 1963.

BIENERT, W.: *Dogmengeschichte*, Stuttgart u.a. 1997.

BEYSCHLAG, K.: *Grundriß der Dogmengeschichte I. Gott und Welt*, Darmstadt ²1988.

—: *Grundriß der Dogmengeschichte II/1. Gott und Mensch – Das christologische Dogma*, Darmstadt 1991.

BROCK, S.: „The Christology of the Church of the East in the Synods of the Fifth to Early Seventh Centuries. Preliminary Considerations and Materials", jetzt in: S. BROCK: *Studies in Syriac Christianity. History, Literature, and Theology*, Ashgate 1992, XII.

CHESNUT, R.: *Three Monophysite Christologies. Severus of Antioch, Philoxenus of Mabbug, and Jacob of Sarug*, Oxford 1976.

DÜNZL, F.: *Kleine Geschichte des trinitarischen Dogmas in der Alten Kirche*, Freiburg i. Br. 2006.

ELERT, W.: *Der Ausgang der altkirchlichen Christologie. Eine Untersuchung über Theodor von Pharan und seine Zeit als Einführung in die alte Dogmengeschichte*, Berlin 1957.

FRAISSE-COUÉ, Chr.: „Der Streit um die Lehre und seine Auswirkung im Osten und im Westen", in: *Die Geschichte des Christentums. Religion – Politik – Kultur III. Der Lateinische Westen und der byzantinische Osten (431-642)*, Freiburg i. Br. 2001, 3-89.

—: „Die zunehmende Entfremdung zwischen Ost und West (451-518), in: ebd., 158-212.

FRANK, K.S.: *Lehrbuch der Geschichte der Alten Kirche,* Paderborn ²1997.

GRAY, P.T.R.: *The Defense of Chalcedon in the East (451-553),* Leiden 1979.

GRILLMEIER, A.: *Jesus der Christus im Glauben der Kirche, Band 1. Von der Apostolischen Zeit bis zum Konzil von Chalcedon (451),* Freiburg i. Br. 1979.

—: *Jesus der Christus im Glauben der Kirche Band 2/1. Das Konzil von Chalcedon (451). Rezeption und Widerspruch (451-518),* Freiburg i. Br. 1986.

—: *Jesus der Christus im Glauben der Kirche Band 2/2. Die Kirche von Konstantinopel im 6. Jahrhundert,* Freiburg i. Br. 1989.

GRILLMEIER, A./ HAINTHALER, T.: *Jesus der Christus im Glauben der Kirche Band 2/3. Die Kirchen von Jerusalem und Antiochien nach 451 bis 600,* Freiburg i. Br. 2002.

—: *Jesus der Christus im Glauben der Kirche Band 2/4. Die Kirche von Alexandrien mit Nubien und Äthiopien nach 451,* Freiburg i. Br. 1990.

HANSON, R.P.C.: *The Search for the Christian Doctrine of God. The Arian Controversy 318-381,* Edinburgh 1988.

LAGA, C. u.a. (Hrsg.): *After Chalcedon. Studies in Theology and Church History,* Löwen 1985.

LANGE, Ch.: „So daß wir miteinander jenen Glauben bekennen können, der uns gemeinsam ist", in: *Ostkirchliche Studien* 53 (2004), 287-308.

LEBON, Joseph: *Le Monophysisme sévérien. Étude historique, littéraire, et théologique sur la résistance monophysite au concile de Chalcedoine jusqu'à la constitution de l'église jacobite,* Paris 1909.

—: „La christologie du monophysisme syrien", in: GRILLMEIER, A./ BACHT, H. (Hrsg.): *Das Konzil von Chalkedon I,* Würzburg 1951, 425-580.

MARAVAL, P.: „Das Konzil von Chalkedon", in: *Die Geschichte des Christentums. Religion – Politik – Kultur III. Der Lateinische Westen und der byzantinische Osten (431-642),* Freiburg i.Br. 2001, 90-119.

—: „Die Rezeption des Chalcedonense im Osten des Reiches", in: ebd., 120-157.

McGUCKIN, J.A.: *St. Cyril of Alexandria. The Christological Controversy. Its History, Theology, and Texts,* Leiden, New York 1994.

MOELLER, Ch.: „Le chalcédonisme et le néo-chalcédonisme en Orient de 451 à la fin du VIe siécle", in: GRILLMEIER, A./ BACHT, H. : *Das Konzil von Chalkedon I,* Würzburg 1951, 637-720.

TORRANCE, I.: *Christology after Chalcedon. Severus of Antioch and Sergius the Monophysite,* Norwich 1988.

UTHEMANN, K.-H.: „Der Neuchalkedonismus als Vorbereiter des Monotheletismus. Ein Beitrag zum eigentlichen Anliegen des Neuchalkedonismus", in: *Studia Patristica* 29 (1997), 373-413.

WINKELMANN, F.: *Die östlichen Kirchen in der Epoche der christologischen Auseinandersetzungen (5. bis 7. Jahrhundert),* Leipzig ⁴1994.

2.2.2 Die Kirche im Haus des Islam

BAT YE'OR: *Der Niedergang des orientalischen Christentums unter dem Islam. 7.-20. Jahrhundert,* Gräfelfing 2002.

BINSWANGER, K.: *Untersuchungen zum Status der Nichtmuslime im Osmanischen Reich des 16. Jahrhunderts. Mit einer Neudefinition des Begriffes „dhimma",* München 1977.

BOBZIN, H.: „Islam II. Islam und Christentum. II/1: 7.-19. Jahrhundert", *Theologische Realenzyklopädie* 16 (1987), 336-349.

FATTAL, A.: *Le statut légal des non-musulmans en pays d'Islam*, Beirut ²1995.

GRIFFITH, S.: *The Church in the Shadow of the Mosque*, Princeton, Oxford 2008.

GRYPEOU, E. u.a. (Hrsg.): *The Encounter of Eastern Christianity with Early Islam*, Leiden 2006.

HOYLAND, R.G.: *Seeing Islam as Others Saw It. A Survey and Evaluation of Christian, Jewish and Zoroastrian Writings on Early Islam*, Princeton 1997.

KALLFELZ, W.: *Nichtmuslimische Untertanen im Islam. Grundlage, Ideologie und Praxis der Politik frühislamischer Herrscher gegenüber ihren nichtmuslimischen Untertanen*, Wiesbaden 1995.

KHOURY, A.Th.: *Christen unterm Halbmond. Religiöse Minderheiten unter der Herrschaft des Islams*, Freiburg i. Br. 1994.

PACINI, A. (Hrsg.): *Christian Communities in the Arab Middle East. The Challenge of the Future*, Oxford 1998.

SAMIR, S. Kh./ NIELSEN, J. S. (Hrsg.): *Christian Arabic Apologetics during the Abbasid Period (725-1258)*, Leiden 1994.

SPULER-STEGEMANN, U.: *Feindbild Christentum im Islam. Eine Bestandsaufnahme*, Freiburg i. Br. ²2009.

TAMCKE, M. (Hrsg.): *Christians and Muslims in Dialogue in the Islamic Orient of the Middle Ages*, Beirut, Würzburg 2007.

TAMCKE, M.: *Christen in der islamischen Welt. Von Mohammad bis zur Gegenwart*, München 2008.

THOMAS, D. (Hrsg.): *Christians at the Heart of Islamic Rule. Church Life and Scholarship in Abbasid Iraq*, Leiden 2003.

TROUPEAU, G.: „Kirchen und Christen im muslimischen Orient", in: *Die Geschichte des Christentums. Religion – Politik – Kultur IV. Bischöfe, Mönche und Kaiser (642-1054)*, Freiburg i. Br. 1994, 391-472.

2.3. Die Apostolische Kirche des Ostens der Assyrer

BAUM, W./ WINKLER, D.W.: *Die Apostolische Kirche des Ostens. Geschichte der sogenannten Nestorianer*, Klagenfurt 2000.

BAUMER, Ch.: *Frühes Christentum zwischen Euphrat und Jangtse. Eine Zeitreise entlang der Seidenstraße zur Kirche des Ostens*, Stuttgart 2005.

BROCK, S.: *An Introduction to Syriac Studies*, Piscataway NJ ²2006 [u.a. zu sprachlichen Hilfsmitteln, Literatur-geschichten, Bibliographien, Quellensammlungen, Reihen und Zeitschriften].

COAKLEY, J.F./ PARRY, K. (Hrsg.): *The Church of the East: Life and Thought = Bulletin of the John Rylands Library* 78,3 (1996).

GILMAN, I./ KLIMKEIT, H.-J.: *Christians in Asia before 1500*, Richmond 1999.

HAGE, W.: „Der Weg nach Asien. Die ostsyrische Missionskirche", in: SCHÄFERDIEK, K. (Hrsg.): *Die Kirche des früheren Mittelalters I*, München 1978, 360-393.

JABRE-MOUAWAD, R. (Hrsg.) : *Nos sources. Art et littérature syriaques*, Antélias 2005.

JOSEPH, J.: *The Modern Assyrians of the Middle East. Encounters with Western Missions, Archaeologists, and Colonial Powers*, Leiden 2000.

KLEIN, W.: *Syrische Kirchenväter*, Stuttgart 2004.

LANDRON, B.: *Chrétiens et Musulmans en Irak. Attitudes Nestoriennes vis-à-vis de l'Islam*, Paris 1994.

LE COZ, R. : *Histoire de l'Église d'Orient. Chrétiens d'Irak, d'Iran et de Turquie*, Paris 1995.

MALEK, R. (Hrsg.): *Jingjiao. The Church of the East in China and Central Asia*, Nettetal 2006.

Moffett, S.H.: *A History of Christianity in Asia*, 2. Bde., Maryknoll, NY ²1998/2005.

Selb, W.: *Orientalisches Kirchenrecht I. Die Geschichte des Kirchenrechts der Nestorianer (von den Anfängen bis zur Mongolenzeit)*, Wien 1981.

Tamcke, M.: „Der Genozid an den Assyrern/Nestorianern (Ostsyrische Christen)", in: Hofmann, T. (Hrsg.): *Verfolgung, Vertreibung und Vernichtung der Christen im Osmanischen Reich 1912-1922*, Münster 2004, 95-110.

Tang, L.: *A Study of the Nestorian Christianity in China and Its Literature in Chinese. Together with a New English Translation of the Dunhuang Nestorian Documents*, Frankfurt a. M. ²2004.

Teule, H.: *Les Assyro-Chaldéens. Chrétiens d'Irak, d'Iran et de Turquie*, Turnhout 2008.

Wilmshurst, D.: *The Ecclesiastical Organisation of the Church of the East, 1318-1913*, Louvain 2000.

Xu, L.: *Die nestorianische Stele in Xi'an. Begegnung von christlicher und chinesischer Kultur*, Bonn 2004.

2.4 Die Äthiopisch-Orthodoxe Kirche und die Eritreisch-Orthodoxe Kirche

Brakmann, H.: *To para tois barbarois ergon theion. Die Einwurzelung der Kirche im spätantiken Reich von Aksum*, Bonn 1994.

Cerulli, E.: *La letteratura etiopica. L'oriente cristiano nell'unità delle sue tradizioni*, Mailand ³1968.

Chaillot, Ch.: *The Ethiopian Orthodox Tewahedo Church Tradition*, Paris 2002.

Derat, M.-L.: *La domaine des rois éthiopiens (1270-1527). Espace, pouvoir et monachisme*, Paris 2003.

Encyclopaedia Aethiopica, hrsg. von S. Uhlig u.a., Bd. 1ff., Wiesbaden 2003ff.

Hammerschmidt, E.: *Äthiopien. Christliches Reich zwischen Gestern und Morgen*, Wiesbaden 1967.

Heyer, F.: *Die Kirche Äthiopiens. Eine Bestandsaufnahme*, Berlin, New York 1971.

Kaplan, S.: *The Monastic Holy Man and the Christianization of Early Solomonic Ethiopia*, Wiesbaden 1984.

—: *The Beta Israel (Falasha) in Ethiopia*, New York, London 1992.

Munro-Hay, S.: *Ethiopia and Alexandria. The Metropolitan Episcopacy of Ethiopia*, 2 Bde., Warschau, Wiesbaden 1997, 2005.

—: *Ethiopia, the Unknown Land. A Cultural and Historical Guide*, London, New York 2003.

Stoffregen-Pedersen, K.: *Les Éthiopiens*, Turnhout 1990.

Ullendorff, E.: *The Ethiopians. An Introduction to Country and People*, London ³1973.

—: *Ethiopia and the Bible*, London 1967.

Voigt, R.: „Die Erythräisch-Orthodoxe Kirche", in: *Oriens Christianus* 83 (1999), 187-192.

Zelleke, K./ Heyer, F.: *Das orthodoxe Äthiopien und Eritrea in jüngster Geschichte*, Heidelberg 2001.

2.5 Die Armenisch-Apostolische Kirche

Armenia sacra. Mémoire chrétienne des Arméniens IV-XVIII siècle, Paris 2007.

Augé, I.: *Byzantins, Arméniens & Francs au temps de la croisade. Politique religieuse et reconquête en Orient sous la dynastie des Comnènes 1081-1185*, Paris 2007.

Bais, M.: *Albania Caucasica. Ethnos, storia, territorio attraverso le fonti greche, latine e armene*, Mailand 2001.

Baumann, A.: *Der Orient für Christus. Johannes Lepsius. Biographie und Missiologie*, Gießen 2007.

BELEDIAN, K.: *Les Arméniens*, Turnhout 1994.

DÉDÉYAN, G. (Hrsg.): *Histoire des Arméniens*, Toulouse 1982.

GARSOÏAN, N.: *L'Église arménienne et le grand schisme d'Orient*, Louvain 1999.

GAZER, H.R.: *Die Armenische Kirche in Sowjetarmenien zwischen den Weltkriegen. Anatomie einer Vernichtung*, Münster 2001.

GOLTZ, H. (Hrsg.): *Deutschland, Armenien und die Türkei 1895-1925. Dokumente und Zeitschriften aus dem Dr.-Johannes-Lepsius-Archiv an der Martin-Luther-Universität Halle-Wittenberg*, 3 Bde., München 1998-2004.

HEWSEN, R. A.: *Armenia. A Historical Atlas*, Chicago, London 2001.

HEYER, F. (Hrsg.): *Die Kirche Armeniens*, Stuttgart 1978.

KRIKORIAN, M. K.: *Die Armenische Kirche. Materialien zur armenischen Geschichte, Theologie und Kultur*, Frankfurt a. M. ²2007.

MAHÉ, A./ J.-P.: *L'Arménie à l'épreuve des siècle*s, Paris 2004.

PEHLIVANIAN, M. (Hrsg.): „*Armeni syn die menschen genant...* " *Eine Begegnung mit dem historischen Armenien*, Berlin ²2001 [Ausstellungskatalog Staatsbibliothek Berlin 2000/Wissenschaftszentrum Bonn 2001].

SEIBT, W. (Hrsg.): *Die Christianisierung des Kaukasus. Referate des Internationalen Symposiums (Wien, 9.-12. Dezember 1999)*, Wien 2002.

THIERRY, J.-M.: *Armenien im Mittelalter*, Regensburg 2002 (franz. Paris 2000).

THOMSON, R.W.: *Bibliography of Classical Armenian Literature to 1500 AD*, Turnhout 1995.

2.6 Die Koptisch-Orthodoxe Kirche

BOOCHS, W. (Hrsg.): *Geschichte und Geist der Koptischen Kirche*, Langwaden 2004.

CANNUYER, Ch.: *Les Coptes*, Turnhout ²1996.

CHAILLOT, Ch.: *The Coptic Orthodox Church. A Brief Introduction to Its Life and Spirituality*, Paris 2005.

CUOQ, J. : *Islamisation de la Nubie chrétienne VIIe-XVIe siècle*, Paris 1986.

DAVIS, S.J.: *Coptic Christology in Practice. Incarnation and Divine Participation in Late Antique and Medieval Egypt*, Oxford 2008.

ELLI, A.: *Storia della Chiesa Copta*, 3 Bde., Kairo, Jerusalem 2003.

GERHARDS, A./ BRAKMANN, H. (Hrsg.): *Die koptische Kirche. Einführung in das ägyptische Christentum*, Stuttgart 1994.

HAMILTON, A.: *The Copts and the West, 1439-1822. The European Discovery of the Egyptian Church*, Oxford 2006.

HASAN, S.: *Christians versus Muslims in Modern Egypt. The Century-Long Struggle for Coptic Equality*, Oxford 2003.

MEINARDUS, O.F.A.: *Two Thousand Years of Coptic Christianity*, Kairo, New York 1999.

MÜLLER, C.D.G.: *Grundzüge des christlich-islamischen Ägypten von der Ptolemäerzeit bis zur Gegenwart*, Darmstadt 1968.

ORLANDI, T.: *Elementi de Lingua e Letteratura Copta. Corso di lezioni universitarie*, Mailand 1970.

PINGGÉRA, K. (Hrsg): *Christentum im Schatten von Pyramiden und Minaretten. Beiträge zur Geschichte und Gegenwart der Koptischen Kirche*, Hofgeismar 2009.

REISS, W.: *Erneuerung in der Koptisch-Orthodoxen Kirche. Die Geschichte der koptisch-orthodoxen Sonntagsschulbewegung und die Aufnahme ihrer Reformansätze in den Erneuerungsbewegungen der Koptisch-Orthodoxen Kirche der Gegenwart*, Hamburg 1998.

RICHTER, S.G.: *Studien zur Christianisierung Nubiens*, Wiesbaden 2002.

TAGHER, J.: *Christians in Muslim Egypt. An Historical Study of the Relations between Copts and Muslims from 640 to 1922*, Altenberge 1998.

The Coptic Encyclopedia, hrsg. von A.S. ATIYA, 8 Bde., New York 1991.

2.7 Die Kirchen der syrisch-orthodoxen Tradition

BROCK, S.: *An Introduction to Syriac Studies* [s.o. 2.3].

BROCK, S./ TAYLOR, D. (Hrsg.): *Die verborgene Perle. Die Syrisch-Orthodoxe Kirche und ihr antikes aramäisches Erbe*, 4 Bde., Rom 2001.

CHAILLOT, Ch.: *The Syrian Orthodox Church of Antioch and All the East. A Brief Introduction to Its Life and Spirituality*, Genf 1998.

—: *The Malankara Orthodox Church. Visit to the Oriental Malankara Orthodox Syrian Church of India*, Genf 1996.

COURTOIS, S. de: *The Forgotten Genocide. Eastern Christians, the Last Arameans*, Piscataway, NJ 2004.

HAGE, W.: *Die syrisch-jakobitische Kirche in frühislamischer Zeit. Nach orientalischen Quellen*, Wiesbaden 1966.

HOLLERWEGER, H.: *Lebendiges Kulturerbe Turabdin. Wo die Sprache Jesu gesprochen wird*, Linz ³2006.

JABRE-MOUAWAD, R. (Hrsg.): *Nos sources. Art et littérature syriaques* [s.o. 2.3].

KAWERAU, P.: *Die jakobitische Kirche im Zeitalter der syrischen Renaissance*, Berlin 1955.

KLEIN, W.: *Syrische Kirchenväter,* Stuttgart 2004.

MENZE, V.L.: *Justinian and the Making of the Syrian Orthodox Church*, Oxford 2008.

NABE-VON SCHÖNBERG, I.: *Die westsyrische Kirche im Mittelalter (800-1150)*, Diss. theol. Heidelberg 1976.

PERCZEL, I.: „Language of Religion, Language of the People, Language of the Documents: The Legendary History of the Saint Thomas Christians of Kerala", in: BREMER, E. u.a. (Hrsg.): *Language of Religion – Language of the People. Medieval Judaism, Christianity and Islam*, München 2006, 387-428.

SELB, W.: *Orientalisches Kirchenrecht II. Die Geschichte des Kirchenrechts der Westsyrer (von den Anfängen bis zur Mongolenzeit)*, Wien 1989.

SÉLIS, C.: *Les Syriens orthodoxes et catholiques*, Turnhout 1988.

TALAY, Sh.: „Die syrisch-orthodoxe Kirche in der Türkei", in: PINGGÉRA, K. (Hrsg.): *Die Türkei und ihre christlichen Minderheiten*, Hofgeismar 2008, 17-35.

2.8 Die altorientalischen Kirchen im ökumenischen Dialog

CHAILLOT, Ch./ BELOPOPSKY, A. (Hrsg.): *Towards Unity. The Theological Dialogue between the Orthodox Church and the Oriental Orthodox Churches*, Genf 1998.

Chalzedon und die Folgen. Dokumentation des Dialogs zwischen der armenisch-apostolischen und der römisch-katholischen Kirche, sowie des Dialogs zwischen chalzedonensischer und nicht-chalzedonensischer Orthodoxie. FS M. K. Krikorian, hrsg. im Auftrag der Stiftung PRO ORIENTE von R. KIRCHSCHLÄGER und A. STIRNEMANN, Innsbruck 1992.

GREGORIOS, P./ LAZARETH, W.H./ NISSIOTIS, N.A. (Hrsg.): *Does Chalcedon Divide or Unite? Towards Convergence in Orthodox Christology*, Geneva 1981.

NATIONAL CONFERENCE OF CATHOLIC BISHOPS/ STANDING CONFERENCE OF ORIENTAL ORTHODOX CHURCHES (Hrsg.): *Oriental Orthodox-Roman Catholic Interchurch Marriages and other Pastoral Relationships*, Washington, D.C. 1995.

Orthodoxie im Dialog. Bilaterale Dialoge der orthodoxen und der orientalisch-orthodoxen Kirchen 1945–1997. Eine Dokumentensammlung, in Verb. mit M.M. GARIJO GUEMBE (†) hrsg. und bearb. von Th. BREMER, J. OELDEMANN und D. STOLTMANN, Trier 1999.

PRO ORIENTE (Hrsg.): *Syriac Dialogue 1-6*, Vienna 1994, 1996, 1998, 2001, 2003, 2004.

PRO ORIENTE (Hrsg.): *The Vienna Dialogue*, Vienna 1993 (Booklet 4: „On Primacy. First Study Seminar" 1991); Vienna 1993 (Booklet 5: „Councils and Conciliarity. Second Study Seminar" 1992); Vienna 1995 (Booklet 7: „On Ecclesiology. Third Study Seminar" 1994).

SAMUEL, V.C.: *The Council of Chalcedon Reexamined. A Historical and Theological Survey*, Madras 1977.

SARKISSIAN, K.: *The Council of Chalcedon and the Armenian Church*, London 1965.

TAMCKE, M./ HELLER, D. (Hrsg.): *Was uns eint und was uns trennt. 5. theologische Konsultation zwischen der EKD und den Orientalisch-Orthodoxen Kirchen*, Münster 2005.

„Vienna Consultations between Theologians of the Oriental Orthodox Churches and the Roman Catholic Church. Papers and Minutes", in: *Wort und Wahrheit. Supplementary Issues 1-5* (1971, 1973, 1976, 1978, 1988).

WENDEBOURG, D.: „Chalkedon in der ökumenischen Diskussion", in: *Zeitschrift für Theologie und Kirche* 93 (1995), 207–237.

WINKLER, D.W.: *Koptische Kirche und Reichskirche. Altes Schisma und neuer Dialog*, Innsbruck 1997.

—: *Ostsyrisches Christentum. Untersuchungen zu Christologie, Ekklesiologie und zu den ökumenischen Beziehungen der Assyrischen Kirche des Ostens*, Münster 2003.

—: „Ökumenischer Neubeginn. Der Dialog zwischen der katholischen Kirche und den orientalisch-orthodoxen Kirchen", in: *Catholica 58* (2004), 22-39.

2.9 Liturgie und Spiritualität

BEULAY, R.: *La lumière sans forme. Introduction à l'étude de la mystique chrétienne syro-orientale*, Chevetogne [1987].

BLUM, G.G.: „Mystik im christlichen Orient", in: *Kleines Lexikon des Christlichen Orients* [s.o. 2.1], 363-368.

BÖLL, V.: *‚Unsere Herrin Maria'. Die traditionelle äthiopische Exegese der Marienanaphora des Cyriacus von Behnesa*, Wiesbaden 1998.

BROCK, S.: *Die Weisheit Isaaks des Syrers. Eine Auswahl aus seinem Werk*, Würzburg 2003.

BROCK, S./TAYLOR, D.G.K. (Hrsg.): *Die verborgene Perle II* [s.o. 2.7].

BRUNS, P.: „Spiritualität", in: *Kleines Lexikon des Christlichen Orients* [s.o. 2.1], 446-448.

Les liturgies syriaques, hrsg. von F. CASSINGENA-TRÉVEDY/ I. JURASZ, Paris 2006.

Dictionnaire d'Archéologie Chrétienne et de Liturgie (DACL), Paris.

Dictionnaire de Spiritualité, Ascétique et Mystique, Doctrine et Histoire (DSp), Paris.

GAMBER, K./ NYSSEN, W.: *Verweilen im Licht. Kult und Bild der Kirche Armeniens*, Köln 1986.

GELSTON, A. (Hrsg.): *The Eucharistic Prayer of Addai and Mari,* Oxford 1992.

HAMMERSCHMIDT, E. u.a. (Hrsg.): *Symbolik des orthodoxen und orientalischen Christentums,* Stuttgart 1962.

HEYER, F.: *Die Kirche Äthiopiens* [s.o. 2.4].

HEINZ, A.: *Feste und Feiern im Kirchenjahr nach dem Ritus der Syrisch-Orthodoxen Kirche von Antiochien,* Trier 1998.

—: *Die Eucharistiefeier in der Deutung syrischer Liturgieerklärer,* Trier 2000.

—: *Licht aus dem Osten. Die Eucharistiefeier der Thomas-Christen, der Assyrer und der Chaldäer mit der Anaphora von Addai und Mari,* Trier 2008.

KRIKORIAN, M.K.: *Die Armenische Kirche* [s.o. 2.5].

MAHÉ, A. et J.-P.: *Grégoire de Narek. Tragédie. Matean olbergut'ean/Le Livre de Lamentation,* Louvain 2000.

MANIYATTU, P.: *Heaven on Earth. The Theology of Liturgical Spacetime in the East Syrian Qurbana,* Rom 1995.

PINGGÉRA, K.: *All-Erlösung und All-Einheit. Studien zum ,Buch des heiligen Hierotheos' und seiner Rezeption in der syrisch-orthodoxen Theologie,* Wiesbaden 2002.

PRINZING, G. / SCHMIDT, A.B. (Hrsg.): *Das Lemberger Evangeliar. Eine wiederentdeckte armenische Bilderhandschrift des 12. Jahrhunderts,* Wiesbaden 1997.

RENHART, E.: *Das syrische Bema. Liturgisch-archäologische Untersuchungen,* Graz 1995.

RENHART, E./ DUM-TRAGUT, J. (Hrsg.): *Armenische Liturgien. Ein Blick auf eine ferne christliche Kultur,* Graz, Salzburg 2001.

SCHMIDT, A.B.: *Kanon der Entschlafenen. Das Begräbnisritual der Armenier. Der altarmenische Bestattungsritus für die Laien,* Wiesbaden 1994.

SPIDLÍK, T./ TENACE, M./ CEMUS, R. : *Questions monastiques en Orient,* Rom 1999.

STROTHMANN, W.: *Syrische Hymnen zur Myronweihe,* Göttingen 1978.

TAMCKE, M.: *Der Katholikos-Patriarch Sabrisho I. (596-604) und das Mönchtum,* Frankfurt a. M. u.a. 1988.

THIERRY, J.-M.: *Armenien im Mittelalter* [s.o. 2.5].

VÖÖBUS, A.: *History of Asceticism in the Syrian Orient I-III,* Louvain 1958-1980.

Personenregister

Verzeichnis der Mitarbeiter

Christian **Lange** ist Akademischer Rat für die Fachwissenschaft Katholische Theologie im Department Fachdidaktiken der Friedrich-Alexander-Universität Erlangen-Nürnberg.

Anschrift: Didaktik des Katholischen Religionsunterrichts,
               Regensburger Str. 160, D-90478 Nürnberg

Karl **Pinggéra** ist Universitätsprofessor für Alte Kirchengeschichte am Fachbereich Evangelische Theologie der Philipps-Universität Marburg.

Anschrift: Fachbereich Evangelische Theologie,
               Lahntor 3, D-35037 Marburg

Erich **Renhart** ist Universitätsprofessor am Institut für Liturgiewissenschaft, Christliche Kunst und Hymnologie der Karl-Franzens-Universität Graz sowie Leiter des VESTIGIA - Manuscript Research Centre in Graz.

Anschrift: VESTIGIA - Manuscript Research Centre,
               Heinrichstraße 78a, A-8010 Graz

Dietmar W. **Winkler** ist Universitätsprofessor für Patristik und Kirchengeschichte an der Katholisch-Theologischen Fakultät der Paris-Lodron-Universität Salzburg, zugleich Vorstand des Mayr-Melnhof-Institutes für den Christlichen Osten am Internationalen Forschungszentrum Salzburg. Dazu ist er Mitglied des Vorstandes von Pro Oriente (Wien) sowie Konsultor beim Päpstlichen Rat zur Förderung der Einheit der Christen (Vatikan).

Anschrift: Fachbereich Bibelwissenschaft und Kirchengeschichte,
               Universitätsplatz 1, A-5020 Salzburg